Luentoja Johanneksen evankeliumista

# Herran jalanjäljet II

Dr. Jaerock Lee

"Hoosianna korkeuksissa!"
Väkijoukon suosiohuutojen keskellä
# Jeesus saapuu kärsimyspaikkaansa.

Saapumistapa (Joh. 12:12-15)
Vanhan testamentin ennustusten mukaan Jeesus tuli Jerusalemiin juuri ennen kärsimystään ratsastaen aasin varsalla.

Palmupuu (Joh. 12:13)
Palmupuu, voiton symboli.

Jerusalemin kaupunki nähtynä Dominus Flevit-kirkosta (Luuk. 19:41-44)
Tietäen, että Jerusalemista tulisi sodan ja kiistelyn keskus, ja ennustaen temppelin tuhoutumisen Jeesus oli syvästi surullinen.

Itkumuuri (Matt. 24:2)
Aivan kuin Jeesus ennusti, Jerusalemin temppelin jäänteet Rooman armeijan tuhottua sen vuonna 70 j.Kr.

Tuskan kivi (Luuk. 22:44)
Päivää ennen ristille menoa Jeesus rukoili tuskissaan hyvin palavasti Getsemanen puutarhassa. Kivi, jota vasten Hän nojasi rukouksessa, on yhä jäljellä luonnollisessa tilassaan.

Asema 2

Asema 3

Asema 4

Asema 7

Asema 8

Asema 5

Asema 10

Asema 11

Asema 6

## Via Dolorosa

Via Dolorosa tarkoittaa latinaksi "Kärsimyksen tietä." Paikasta, jossa Pilatus tuomitsi Jeesuksen, Golgatalle, jossa Hänet ristiinnaulittiin ja sitten haudalle, johon Hänet haudattiin (koko matka noin 800 m) on merkitty 14 asemaa.

Kun ruoska vuodatti
Hänen pyhän verensä ja Hänen verensä värjäsi maan,

**Jeesus** katseli niitä sieluja,

jotka Hän pelastaisi kuolemasta, ja jatkoi

# kärsimystiellään
vain kiittäen.

Asema 9

Asema 12

Asema 13

Asema 14

Asema 1

Asema 1 – Paikka, jossa Pilatus tuomitsi Jeesuksen
Asema 2 – Paikka, jossa Jeesus sai orjantappurakruunun ja purppuraisen vaipan ja Häntä pilkattiin
Asema 3 – Paikka, jossa Jeesus kaatui ensimmäisen kerran ristiä kantaessaan
Asema 4 – Paikka, jossa Jeesus tapasi surevan neitsyt Marian
Asema 5 – Paikka, jossa Simon kyreneläinen otti ristin Jeesuksen puolesta
Asema 6 – Paikka, jossa nainen nimeltään Veronika pyyhki Jeesuksen kasvot
Asema 7 – Paikka, jossa Jeesus kaatui toisen kerran
Asema 8 – Paikka, jossa Jeesus lohdutti Jerusalemin naisia
Asema 9 – Paikka, jossa Jeesus kaatui kolmannen kerran
Asema 10 – Paikka, jossa roomalainen sotilas riisui Jeesukselta Hänen vaatteensa
Asema 11 – Paikka, jossa Jeesus naulittiin ristiin
Asema 12 – Paikka, jossa Jeesus kuoli ristillä
Asema 13 – Paikka, jossa Joosef arimatialainen otti Jeesuksen ruumiin alas ja kääri sen käärinliinoihin
Asema 14 – Paikka, johon Joosef arimatialainen hautasi Jeesuksen

Pyhän haudan kirkko (Joh. 20:1-8)
Jeesuksen haudalle rakennettu kirkko.

Esipaimenen kappeli (Joh. 21:12-14)
Paikka, jossa Jeesus ilmestyi opetuslapsille kolmannen kerran ja aterioi heidän kanssaan.

Jeesuksen ja Pietarin patsas
Samoilla lempeillä silmillä, joilla Hän näki Pietarin, Herra katsoo meihin ja kysyy: "Rakastatko sinä minua?"

Taivaaseen astumisen k

Jeesus... tuli
ylösnousemuksen
ensihedelmäksi
tuhoamalla kuoleman vallan
ja täytti
pelastuksen kaitselmuksen...

ivi, jonka sanotaan
leen siinä paikassa,
ssa Jeesus astui
ivaaseen.

Taivaaseen astumisen kappeli
Öljymäellä sijaitsevan kirkon uskotaan olevan
paikka, jossa Jeesus astui taivaaseen.

Ylähuone (Ap.t. 2:1-4)
Paikka, jossa Pyhä Henki laskeutui opetuslasten päälle helluntaina
Jeesuksen astuttua taivaaseen.

Odottaessamme
Herran toista tulemista,
Herran, joka
valmistettuaan kauniin paikan
meille taivaassa,
palaa vielä kerran…
**ratsastaen kirkkauden pilvessä,**
suosionosoitusten,
arkkienkelien äänten ja trumpettien keskellä…

Gennesaretin järvellä pyhiinvaellusmatkalla

# Herran jalanjäljet II

Luentoja Johanneksen evankeliumista

# *Herran jalanjäljet II*

Dr. Jaerock Lee

**Herrens fotspår II, Kirjailija** Dr. Jaerock Lee
Julkaisija Urim Books (Edustaja: Johnny H. Kim)
73, Yeouidaebang-ro 22-gil, Dongjak-gu, Seoul, Korea
www.urimbooks.com

Kaikki oikeudet pidätetään. Tätä kirjaa tai mitään sen osaa ei saa kopioida missään muodossa, tallentaa hakujärjestelmään tai siirtää missään muodossa tai millään tavalla, elektronisesti, mekaanisesti, valokopioimalla, nauhoittamalla tai muutoin, ilman kustantajan kirjallista lupaa.

Copyright © 2020 by Dr. Jaerock Lee
ISBN: 979-11-263-0641-1, 979-11-263-0639-8(set) 04230
Kääntäjä koreasta englanniksi: Copyright © 2016 by Dr. Esther K. Chung.
Julkaistu luvalla.

Julkaistu aiemmin koreaksi Urim Books, Soul, Korea, 2009

*Ensimmäinen painos maaliskuussa 2020*

Toimittanut: Dr. Geumsun Vin
Suunnittelu: Editorial Bureau of Urim Books
Painaja: Prione Printing
Lisätietoja varten ota yhteyttä: urimbook@hotmail.com

Kirjailijan kommentti

## *Hänen jalanjäljissään...*

Seuratessani Herran jalanjälkiä pyhiinvaelluksellani Pyhässä maassa päädyin Gennesaretin järven sinisten vetten luo. Tuntui kuin olisin matkustanut ajassa 2000 vuotta taaksepäin Herramme aikaan. En voinut ohittaa yhtään pikkukiveä enkä ruohonkortta tuntematta kunnioitusta sen tärkeyttä kohtaan. Aina kun suljin silmäni muutamaksi sekunniksi, tuntui kuin olisin voinut selvästi kuulla Herran äänen. Ja katsoessani pyhiinvaeltajien jalkojen takana nousevaa pölypilveä heidän ottaessaan askeleitaan seuraten Herran jalanjälkiä, menneisyys ja nykyisyys kietoutuivat toisiinsa yhdeksi verkoksi ja tunsin kuin olisin seissyt juuri siinä paikassa, missä Herra toteutti toimintansa. Ehkä se johtui vilpittömästä halustani seurata Hänen jalanjälkiään.

Raamatussa on neljä evankeliumia, jotka seuraavat askeleita, jotka Herra otti toimintansa aikana. Nämä evankeliumit ovat: Matteus, Markus, Luukas ja Johannes. Neljän evankeliumin joukosta Johanneksen evankeliumi, jonka kirjoitti Johannes – joka oli niin läheinen Herran kanssa, että häntä kutsuttiin Herran "opetuslapseksi, jota Jeesus rakasti" ja joka koki kaiken omakohtaisesti – sisältää syvimmän hengellisen merkityksen. Juuri Johanneksen evankeliumi osoittaa selvimmin, että pelastus tulee yksin Jeesukselta Kristukselta ja että Hän on todellinen Jumalan Poika.

Joka kerta, kun luen evankeliumeja, tunteet valtaavat minut. Erityisesti silloin, kun luen Johanneksen evankeliumia ja Pyhä Henki valaisee siihen tallennetun Sanan syvän hengellisen merkityksen, en voi olla jakamatta sitä kaikkien kanssa, jotka tunnen. Aivan kuten Herra pyysi apostoli Pietaria "ruokkimaan Minun lampaitani" myös minä tunsin pakottavaa tarvetta ruokkia kaikkia uskovia Johanneksen evankeliumista löytyvillä syvällisillä hengellisillä salaisuuksilla. Siksi aloitin 221 saarnan sarjan Johanneksen evankeliumista heinäkuussa vuonna 1990.

*Luentoja Johanneksen evankeliumista: Herran jalanjäljet I & II* vangitsee selvästi Jeesuksen kuvan 2000 vuoden takaa niin kuin Hänet näki Johannes, joka todisti Jeesuksen elämää omakohtaisesti. Ja iankaikkisuuden läpi kuljettaessa paljastuvat ajan alun salaisuudet kuten myös tieto Jeesuksen alkuperästä ja Hänen rakkaudestaan ja kaitselmuksestaan, joka lopulta johti meidän pelastukseemme.

Olipa Jeesus temppelissä, kokouspaikassa, vuorilla tai pelloilla, opetti Hän ihmisiä käyttämällä esimerkkejä jokapäiväisestä elämästä niin, että kaikki pystyivät helposti ymmärtämään Häntä. Hänen sanomansa koski pääasiassa Jumalaa, Hänen tehtäväänsä Vapahtajana ja iankaikkista elämää. Vaikka ylipappi tai fariseukset eivät pystyneet ymmärtämään Hänen sanomansa hengellisistä merkitystä, hyvät ihmiset kuten Nikodeemus, samarialainen nainen Sykarin kaivolla ja Lasarus löysivät uuden elämän Herran sanoman kautta. Jakaessaan elämän sanomaa, jota ei voinut kuulla missään muualla, toi Herra lohdutusta ja toivoa sairaille, köyhille ja laiminlyödyille. Ne ihmiset, jotka kuitenkin kieltäytyivät ymmärtämästä

Herran rakkautta, käänsivät selkänsä Jeesukselle, koska Hän ei muistuttanut sellaista Messiasta, jota he odottivat. Samat ihmiset huusivat lopulta Hänen ristiinnaulitsemisensa puolesta. Mitä sitten luulet Jeesuksen ajatelleen Hänen riippuessaan ristillä?

Kun tajuamme Jeesuksen tekemän uhrauksen – kaikenlaisen kivun ja tuskan kestäminen, koska risti oli ainoa tapa täyttää Jumalan johdatus – me voimme vain kumartua nöyrästi hänen edessään. Hänen syntymästään Hänen tekemiinsä ihmetekoihin, Hänen tuomaansa sanomaan, Hänen kärsimykseensä ristillä ja lopulta hänen ylösnousemukseensa, kaikki Jeesuksen teot olivat merkittäviä. Kun tajuamme jokaisen tapauksen takana olevan hengellisen merkityksen, voimme todella ymmärtää Jumalan syvän rakkauden meihin.

Ikuisen elämän salaisuus, joka löytyy Johanneksen evankeliumista, koskee meitäkin tänään. Jos me avaamme sydämemme ja vastaanotamme Sanan hyvällä sydämellä, löydämme uskomattoman aarteen, ja jos elämme Sanan mukaan, Jumala vastaa rukouksiimme ja antaa meille uskomatonta siunausta ja voimaa.

Haluaisin kiittää erityisesti Geumsun Viniä, Käännöstoimiston johtajaa ja henkilökuntaa, jotka ovat niin tunnollisesti työskennelleet kovasti tämän kirjan julkaisemiseksi ja toivon, että kaikki, jotka lukevat tämän kirjan, kokevat Jumalan suuren rakkauden. Rukoilen myös, että seuratessasi Herran jalanjälkiä ja eläessäsi hänen opetustensa mukaan, saat vastaukset kaikkiin rukouksiisi, ja että Jumala lahjoittaa sinulle uskomattomia siunauksia ylhäältä!

Tammikuu 2009

*Jaerock Lee*

 Esipuhe

## Miten Johanneksen evankeliumi syntyi

### 1. Johanneksen evankeliumin kirjoittajasta

Johanneksen evankeliumin kirjoittaja on apostoli Johannes. Vaikka Johanneksen evankeliumissa ei ole mainintaa sen kirjoittajasta, voimme helposti tehdä johtopäätöksen, että kirjoittaja on Johannes. Siksi, että "opetuslapsena, jota Herra rakasti" (Joh. 13:23, 19:26, 20:2, 21:7, 20), Johannes koki Herran elämän omakohtaisesti.

Johannes oli Sebedeuksen ja Salomen poika ja Jaakobin nuorempi veli. Johannes oli veljensä Jaakobin kanssa yksi ensimmäisistä Jeesuksen opetuslapsista. Tulisen luonteensa takia Johannesta kutsuttiin "ukkosenjylinän pojaksi." Hän oli kuitenkin niin Herran rakastama, että hän sai mahdollisuuden todistaa Jeesuksen hengellistä muodonmuutosta

Kirkastusvuorella ja Jairuksen tyttären herättämistä kuolleista. Ja kun juutalaiset vangitsivat Jeesuksen ja kaikki muut opetuslapset olivat paenneet pois peläten, Johannes jäi Herran luo, kunnes Hän kuoli ristillä. Ja koska Jeesus näki Johanneksen luotettavuuden, Jeesus uskoi Neitsyt Marian Johannekselle hetkeä ennen kuolemaansa ristillä.

Todistettuaan Kristuksen ylösnousemuksen ja saatuaan Pyhän Hengen, Johannes oli muuttunut ihminen. Hän omisti elämänsä evankeliumin levittämiselle (Ap. t. 4:13) ja vietti viimeiset vuotensa Efesoksessa. Keisari Domitianuksen ankaran tyrannian aikana Johannes sitten karkotettiin Patmoksen saarelle. Kokonaan graniitista oleva Patmos on karu maa, jossa juomavettä on niukasti ja kasvillisuutta kasvaa tuskin lainkaan.

Päivällä Johannes joutui työskentelemään louhoksessa ankarissa olosuhteissa roomalaisten sotilaiden valvonnan alla. Ja yöllä, kun oli kylmä ja nälkä, Johannes laittoi kaiken energiansa rukoukseen. Jos nytkin vierailemme luolassa, jossa Johanneksen sanotaan rukoilleen joka päivä, voimme edelleen nähdä hänen kädenjälkensä, jotka kertovat meille, millaiset olosuhteet olivat, kun Johannes oli siellä. Domitianuksen kuoleman jälkeen Johannes palasi Efesokseen ja kuoli siellä. Kirjoituksissaan (joihin kuuluvat Johanneksen evankeliumi, Johanneksen 1., 2. ja 3. kirje ja Ilmestyskirja) Johannes mainitsee rakkauden yli 120 kertaa, minkä vuoksi häntä usein kutsutaan "rakkauden apostoliksi."

## 2. Miksi Johanneksen evankeliumi kirjoitettiin

Apostoli Johannes toteaa selkeästi Joh. 20:31:ssä, miksi hän kirjoitti Johanneksen evankeliumin.

> *"Mutta nämä ovat kirjoitetut, että te uskoisitte, että Jeesus on Kristus, Jumalan Poika, ja että teillä uskon kautta olisi elämä hänen nimessänsä."*

Siihen aikaan monet juutalaiset vihasivat Jeesusta ja kiistivät jyrkästi hänen olevan Kristus lopulta tappaen hänet ristillä. Mutta sen mukaan, mitä hän näki omakohtaisesti, apostoli Johannes todisti selkeästi, että Jeesus on tosi Jumalan Poika ja että hän on Kristus.

Johanneksen evankeliumin teema on "Kristus, rakkaus, elämä ja maailman valkeus." Ja se kertoo meille Kristuksesta, joka tuli tähän maailmaan antamaan meille elämän,

Kristuksesta, joka tuli valaisemaan pimeyden, ja Kristuksesta, joka näytti Jumalan rakkauden maailmalle uhraamalla itsensä.

### 3. Mikä tekee Johanneksen evankeliumista niin erityisen

Yleisesti ottaen kolme evankeliumia, jotka tallentavat Jeesuksen toiminnan ja opetukset (Matteus, Markus ja Luukas), ovat samanlaisia sisällöltään, rakenteeltaan ja näkökulmaltaan; siksi näitä evakeliumeja kutsutaan synoptisiksi evankeliumeiksi. Johanneksen evankeliumissa on kuitenkin ehdottomasti jotain, joka erottaa sen muista evankeliumeista.

Ensinnäkin synoptiset evankeliumit tallentavat Jeesuksen toiminnan päätapahtumapaikan ollen Galilea, kun taas Johanneksen evankeliumi tallentaa Jeesuksen toiminnan keskittyen pääasiassa Jerusalemiin ja Juudeaan.

Toiseksi lehtimajanjuhla mainitaan vain kerran synoptisissa evankeliumeissa (Matt. 26:1-5, Mark. 14:1 ja Luuk. 22:1-2), kun taas Johanneksen evankeliumi mainitsee lehtimajanjuhlan kolme kertaa (Joh. 2:13, 6:4 ja 11:55) merkiten sitä, että Jeesuksen toiminta kesti yhteensä kolme vuotta.

Kolmanneksi synoptiset evankeliumit keskittyvät taivaan valtakuntaan, kun taas Johanneksen evankeliumi keskittyy Jeesuksen ja Jumalan suhteeseen ja ikuiseen elämään (Joh. 3:16, 5:24, 11:25, 17:2-3).

Johanneksen evankeliumi selittää Jeesuksen Kristuksen alkuperän ja kuinka Hän oli alussa Jumalan kanssa, ja sanonta "Minä olen ---" esiintyy monta kertaa läpi Johanneksen evankeliumin. Sanonnat kuten *"Minä olen elämän leipä"* (Joh, 6:35), *"Minä olen maailman valo"* (Joh. 8:12), *"Minä olen tie, totuus ja elämä"* (Joh. 14:6), *"Minä olen hyvä paimen"* (Joh. 10:11) ja *"Minä olen totinen viinipuu"* (Joh. 15:1) näyttävät selvästi, kuka Jeesus oli. Ja tapahtumat kuten Jeesuksen tekemä ensimmäinen ihmeteko hääjuhlassa Kaanassa tai hänen vierailunsa Samariassa ja monet muut, joita ei ole tallennettu synoptisiin evankeliumeihin, on tallennettu Johanneksen evankeliumiin.

Erityisesti Johanneksen evankeliumissa näemme, kuinka Jeesus sanoo usein "totisesti, totisesti, minä sanon teille" monessa tilanteessa. Tämä painottaa lukijalle vahvasti Jumalan sanan ehdotonta arvoa.

# Sisällysluettelo

Kirjailijan kommentti

Esipuhe

*Luku 11*

Jeesus pelastaa Lasaruksen ■

1. Lasaruksen kuolema (11:1-16)■3
2. Lasarus kävelee ulos haudasta (11:17-44)■13
3. Salaliitto Jeesuksen tappamiseksi (11:45-57)■26

*Luku 12*

Voitollinen saapuminen Jerusalemiin ■

1. Maria valmistelee Jeesuksen hautausta (12:1-11)■35
2. Saapuminen Jerusalemiin (12:12-36)■42
3. Messiaan opetus (12:37-50)■57

*Luku 13*

Viimeinen pääsiäisateria ■

1. Jeesus pesee opetuslasten jalat (13:1-20)■69
2. "Yksi teistä on minut kavaltava" (13:21-30)■84
3. "Uuden käskyn minä annan teille" (13:31-38)■91

*Luku 14*

### Jeesus, tie, totuus ja elämä ■

1. Jeesus lohduttaa opetuslapsia (14:1-15) ■99
2. Lupaus Puolustajasta, Pyhästä Hengestä (14:16-31) ■111

*Luku 15*

### Jeesus on todellinen viinipuu ■

1. Viinipuun ja oksien vertaus (15:1-17) ■125
2. Maailma ja opetuslapset (15:18-27) ■140

*Luku 16*

### Puolustaja, Pyhä Henki ■

1. Pyhän Hengen tuleminen ja toiminta (16:1-15) ■149
2. Profetia Jeesuksen kuolemasta ja ylösnousemuksesta (16:16-24) ■157
3. Jeesus, joka voitti maailman (16:25-33) ■165

# Sisällysluettelo

*Luku 17*

## Jeesuksen esirukous ■

1. Rukous ristin kantamisen puolesta (17:1-5)■**173**
2. Rukous opetuslasten puolesta (17:6-19)■**179**
3. Rukous uskovien puolesta (17:20-26)■**191**

*Luku 18*

## Jeesus, joka kärsi ■

1. Juudas Iskariot, se, joka kavalsi Jeesuksen (18:1-14)■**201**
2. Jeesus seisoo ylipappien edessä (18:15-27)■**211**
3. Jeesus seisoo Pilatuksen edessä (18:28-40)■**219**

*Luku 19*

## Jeesus ristillä ■

1. Pilatus valtuuttaa kuolemantuomion (19:1-16)■233
2. Jeesus naulitaan ristille (19:17-30)■245
3. Jeesus haudataan (19:31-42)■258

*Luku 20*

### Jeesus, joka nousi ylös ■

1. Ihmiset, jotka tulivat katsomaan tyhjää hautaa (20:1-10) ■269
2. Ihmiset, jotka tapasivat ylösnousseen Herran (20:11-23) ■277
3. "Sentähden, että minut näit, sinä uskot" (20:24-31) ■285

*Luku 21*

### Herran rakkaus opetuslapsiinsa ■

1. Herra ilmestyy Gennesaretin järvellä (21:1-14) ■293
2. "Rakastatko sinä minua?" (21:15-25) ■300

Jälkikirjoitus

*Luku* 11

# Jeesus pelastaa Lasaruksen

1. Lasaruksen kuolema
(11:1-16)

2. Lasarus kävelee ulos haudasta
(11:17-44)

3. Salaliitto Jeesuksen tappamiseksi
(11:45-57)

# Lasaruksen kuolema

Jeesus paransi julkisen toimintansa aikana kaikenlaisia tauteja, jopa synnynnäisiä vammoja. Eikä vain niin, vaan Hän herätti jopa kuolleita jälleen eloon kuten Nainin lesken pojan ja synagoogan johtajan Jairoksen tyttären (Luuk 7-8).

Jeesus herätti henkiin jopa miehen, joka oli ollut haudattuna neljä päivää ja haisi mädäntyneeltä – Lasaruksen Betaniasta. Jeesus toimi aina Jumalan tahdon mukaan. Ja kun katsomme tätä tapahtumaa, jossa Hän herätti Lasaruksen kuolleista, voimme löytää Jumalan erityisen johdatuksen.

### Lasaruksen Betaniassa asuva perhe

"Ja eräs mies, Lasarus, Betaniasta, Marian ja hänen

sisarensa Martan kylästä, oli sairaana. Ja tämä Maria oli se, joka hajuvoiteella voiteli Herran ja pyyhki hiuksillaan hänen jalkansa; ja Lasarus, joka sairasti, oli hänen veljensä. Niin sisaret lähettivät Jeesukselle tämän sanan: 'Herra, katso, se, joka on sinulle rakas, sairastaa.'" (11:1-3)

Noin 3 kilometriä kaakkoon Jerusalemista, pienessä kylässä nimeltään Betania, asui 2 siskoa ja veli: Martta, Maria ja Lasarus. Aina kun Jeesus matkusti Betaniaan, Hän vieraili usein heidän talossaan.

Lasaruksen sisko Maria on hyvin tunnettu naisena, joka voiteli hajuvoiteella Jeesuksen jalat. Tämä tapahtui itseasiassa sen jälkeen, kun Lasarus oli herätetty kuolleista. Johanneksen evankeliumin kirjoittamisen aikaan tämä tapahtuma oli kuitenkin laajasti tunnettu, joten Maria esiteltiin sinä, "joka hajuvoiteella voiteli Herran." Ihmiset sekoittavat joskus tämän Marian Maria Magdaleenaan, mutta nämä ovat kaksi täysin eri ihmistä.

Jossain vaiheessa syntyi vakava ongelma. Lasarus sairastui. Pitkän ajan kuluttuakaan hänen sairautensa ei parantunut vaan paheni ja paheni. Martta ja Maria lähettivät kiireisesti viestin Jeesukselle, koska he tiesivät, että Jeesus voisi parantaa minkä tahansa sairauden.

"Herra, katso, se, joka on sinulle rakas, sairastaa." Jeesuksen luokse lähetetty viestin viejä ei sanonut, kuka sairas ihminen oli. Hän kutsui häntä vain "siksi, joka on sinulle rakas." Martta ja Maria tiesivät, että se oli kaikki, mitä heidän tarvitsi sanoa, ja Jeesus tietäisi, ketä he tarkoittivat. Tästä tiedämme, että tällä perheellä oli hyvin läheinen suhde Jeesukseen. Mikä saattoi olla tämän siteen syy? Se oli Maria, joka rakasti Jeesusta hyvin paljon. Jopa ennen kuin Lasarus sairastui, Maria rakasti Jeesusta ja palveli Häntä millä tahansa tavalla pystyi. Maksaakseen takaisin totuuden ja iankaikkisen elämän tien näyttämisen armon, hän pyrki tekemään mitä tahansa tarvitsi ja palveli tunnollisesti. Todistaessaan Marian ihanaa muutosta hänen perheensä tuli myös rakastamaan Jeesusta hyvin paljon ja hekin halusivat tehdä mitä vain voivat palvellakseen Häntä.

Aloitettuaan julkisen toimintansa Jeesus ei voinut edes syödä tai levätä mukavasti. Hän oli aina monien ihmisten ympäröimä ja Hänellä ei ollut mahdollisuutta levätä edes vähän aikaa. Tämän tietäen Maria ja hänen sisaruksensa miettivät aina: "Miten voimme tehdä Jeesuksen olon mukavammaksi?" Siispä milloin Jeesus oli lähellä heidän taloaan, he kutsuivat Hänet taloonsa ja palvelivat Häntä niin hyvin kuin voivat (Luuk 10:38).

He uskoivat, että Jeesus oli Jumalan Poika, ja he jakoivat kaiken Hänen kanssaan. He palvelivat Häntä ja rakastivat Häntä odottamatta mitään vastapalvelusta, ja Jeesus tiesi sen. Jeesus rakasti heitä myös hyvin paljon. Marian perhe rakasti Jeesusta, ja Jeesus rakasti myös heitä. Tämä oli avain perheen saamaan Jumalan armoon ja siunauksiin. Lasaruksen kuolemantapaus, hänen siskojensa Jeesuksen kutsuminen ja Lasaruksen herääminen kuolleista ei tapahtunut vain sattumalta.

## Jeesus kuulee Lasaruksen sairaudesta

"Mutta sen kuultuaan Jeesus sanoi: 'Ei tämä tauti

ole kuolemaksi, vaan Jumalan kunniaksi, että Jumalan Poika sen kautta kirkastuisi.' Ja Jeesus rakasti Marttaa ja hänen sisartaan ja Lasarusta. Kun hän siis kuuli hänen sairastavan, viipyi hän siinä paikassa, missä hän oli, vielä kaksi päivää." (11:4-6)

Kastaessaan Jordanilla Jeesus kuuli, että se, jota Hän rakasti, oli sairas. Mutta Jeesus vastasi viestiin aivan kuin Hän olisi jo tiennyt siitä.

"Ei tämä tauti ole kuolemaksi..." Vaikka Jeesus kuuli, että Lasarus oli vakavasti sairas, Hän ei kiirehtinyt. Sen sijaan Hän viipyi siinä paikassa, missä Hän oli, vielä kaksi päivää. Tällainen toiminta voi tuntua hieman kylmältä, mutta Jeesus odotti Jumalan aikaa. Hän tiesi, että tämän tapahtuman kautta Lasarus antaisi kunnian Jumalalle ja että olisi kunnia Jeesukselle itselleen saada se tapahtumaan.

4. Moos. 16:22:ssa on kirjoitettu: *"Jumala, jonka vallassa on kaiken lihan henki",* ja Ps. 36:9 sanoo: *"Sinä annat heidän juoda suloisuutesi virrasta."* Ap.t. 17:25 tallentaa seuraavan Jumalasta: *"Hän, joka itse antaa kaikille elämän ja hengen ja kaiken."* Jokaisen ihmisen elämä on Jumalan kädessä ja vain Jumala säätää elämän ja kuoleman. Mutta jos ihmisen tulisi herättää toinen ihminen kuolleista, eikö se olisi outoa? Pelkkä ihminen ei voi jäljitellä – eikä edes kuvitella – tekevänsä jotakin sellaista!

Jumalan kanssa yhtä olemisen voimalla Jeesus tiesi, että jonakin päivänä Hän herättäisi Lasaruksen kuolleista monen todistajan edessä. Hän tiesi myös, että tällä tapahtumalla Hän osoittaisi olevansa Jumalan Poika, joka säätää elämän ja kuoleman, ja että monet ihmiset uskoisivat, että Hän on Kristus. Siksi Jeesus sanoi: "Ei tämä tauti ole kuolemaksi, vaan Jumalan kunniaksi, että Jumalan Poika sen kautta kirkastuisi", ja odotti sitten Jumalan aikaa.

### "Eikö päivässä ole kaksitoista hetkeä?"

"Mutta niiden kuluttua hän sanoi opetuslapsilleen: 'Menkäämme taas Juudeaan.' Opetuslapset sanoivat hänelle: 'Rabbi, äsken juutalaiset yrittivät kivittää sinut, ja taas sinä menet sinne!' Jeesus vastasi: 'Eikö päivässä ole kaksitoista hetkeä? Joka vaeltaa päivällä, se ei loukkaa itseänsä, sillä hän näkee tämän maailman valon. Mutta joka vaeltaa yöllä, se loukkaa itsensä, sillä ei hänessä ole valoa.'" (11:7-10)

Kaksi päivää sen jälkeen, kun Jeesus oli saanut uutiset Betaniasta, Hän sanoi: "Menkäämme taas Juudeaan." Juudeaan, Palestiinan eteläosaan, ei kuulu vain Jerusalem ja Beetlehem, vaan myös Betania, jossa Lasarus asui. Kuultuaan sanan "Juudea" opetuslapset huolestuivat ja sanoivat: "Rabbi, äsken juutalaiset yrittivät kivittää sinut, ja taas sinä menet sinne!"

Opetuslasten epäröinti johtui siitä, että vain joitakin päiviä aikaisemmin juutalaiset olivat yrittäneet kivittää Jeesuksen temppelin vihkimisen muistojuhlan aikana. Kun Jeesus sanoi: "Minä ja Isä olemme yhtä", vihaiset juutalaiset olivat poimineet kiviä kivittääkseen Jeesuksen (Joh. 10:22-31). Koska ei ollut vielä Jumalan aika, kukaan ei voinut mitenkään ottaa Jeesusta kiinni, mutta koska opetuslapsilla oli tämä yksi kokemus, he olivat huolissaan. Jeesus tiesi, mikä heitä vaivasi.

Sitten Jeesus antoi hermostuneille opetuslapsille vastauksen, jota he eivät odottaneet, sanoen: "Eikö päivässä ole kaksitoista hetkeä? Joka vaeltaa päivällä, se ei loukkaa itseänsä, sillä hän näkee tämän maailman valon. Mutta joka vaeltaa yöllä, se loukkaa itsensä, sillä hänessä ei ole valoa."

Tämä vastaus voi aluksi tuntua umpimähkäiseltä, mutta tämän Jeesuksen antaman lausunnon takana on kaksi hengellisiä merkitystä.

Ensimmäinen merkitys on, että Jeesuksella on vielä jäljellä jonkin verran aikaa toimia. Hän kertoo heille, ettei ole vielä Hänen aikansa tulla vangituksi ja ristiinnaulituksi. Juutalaisten kansalle "yksi päivä" on yhden päivän aamusta seuraavan päivän aamuun saakka. Siihen aikaan Juudeassa yhtä tuntia ei ollut vielä määritelty 60 minuutiksi. Päiväsaika jaettiin 12 hetkeen. Koska päiväsajan pituus oli erilainen riippuen vuodenajasta, päivä oli pidempi kesällä ja lyhyempi talvella. Niinpä lyhimmän päivän aikana hetki saattoi olla noin 49 minuuttia ja pisimmän päivän aikana noin 71 minuuttia.

Koska päivä jaettiin 12 osaan, olipa se lyhyt tai pitkä, juutaisille päivä koostui aina 12 hetkestä. Joten kun Jeesus kysyi: "Eikö päivässä ole kaksitoista hetkeä?", Hän kertoi heille, että oli vielä jonkin verran aikaa toimia. On "päivä", kun valkeus loistaa. 1. Joh. 1:5 sanoo: *"...Jumala on valkeus ja ettei hänessä ole mitään pimeyttä."* Joten aikaa, jonka Jumala, joka on valkeus, uskoi Jeesukselle, oli vielä jäljellä. Opetuslapsille, jotka ajattelivat huolissaan: "Entä jos Jeesus otetaan kiinni? Entä jos ihmiset yrittävät kivittää hänet?" Jeesus opetti, että koska Jumala huolehti Hänestä ja suojeli Häntä, miten kovasti juutalaiset yrittäisivätkään, he eivät saisi Häntä kiinni.

Toiseksi Jeesuksen sanat tarkoittavat myös, että Jumalan tahdon mukaisesti Jeesus vääjäämättä herättäisi kuolleen Lasaruksen henkiin. Opetuslapset eivät tienneet, mutta koska Jeesus pysyi Jumalassa, Hän jo tiesi työnsä tuloksen. Jumalassa ei ole yhtään pimeyttä, joten hengellisesti valkeus viittaa Jumalaan. Emme astu harhaan tai liukastu liikkuessamme päivällä. Samoin kun elämme keskellä Jumalan Sanaa, totuutta, voimme olla vain turvassa. Jeesus, joka noudatti aina Jumalan tahtoa, ei koskaan tehnyt virheitä. Ja herättämällä Lasaruksen kuolleista, hän täytti Jumalan tahdon ja kaitselmuksen.

Koska Jeesus vaelsi päivällä eli teki kaiken Jumalan tahdon mukaan, Hän oli turvassa huolimatta siitä, kuinka vaaralliselta tilanne saattoikaan tuntua. Niinpä jos sitävastoin pelkäämme ihmisiä emmekä toimi Jumalan tahdon mukaan, se on kuin yössä vaeltamista; siksi voimme astua harha-askeleita ja pudota ansaan.

## "Lasarus nukkuu..."

"Näin hän puhui, ja sitten hän sanoi heille: 'Ystävämme Lasarus nukkuu, mutta minä menen herättämään hänet unesta.' Niin opetuslapset sanoivat hänelle: 'Herra, jos hän nukkuu, niin hän tulee terveeksi.' Mutta Jeesus puhui hänen kuolemastaan; he taas luulivat hänen puhuneen unessa-nukkumisesta." (11:11-13)

Rauhoitettuaan opetuslapsia, jotka pelkäsivät mennä takaisin Juudean alueelle, Jeesus sanoi: "Ystävämme Lasarus nukkuu, mutta minä menen herättämään hänet unesta." Näin Hän kertoi heille, miksi Hänen piti mennä takaisin sinne. Kun sanansaattaja tuli Jeesuksen luokse kaksi päivää aiemmin pyytäen Häntä parantamaan Lasaruksen, Jeesuksella ei ollut paljon sanottavaa. Mutta nyt Hän sanoi, että Hänen piti mennä herättämään hänet. Opetuslapset olivat melko hämmentyneitä. He luultavasti ajattelivat: "Hän ei mennyt edes, kun mies oli sairaana. Ja nyt Hän sanoo aikovansa herättää nukkuvan miehen." Jeesus viittasi nyt Lasaruksen kuolemaan, mutta opetuslapset yrittivät ymmärtää tilanteen vain pintapuolisesti katsoen. He eivät ymmärtäneet Jeesuksen sanojen hengellistä merkitystä.

"Herra, jos hän nukkuu, niin hän tulee terveeksi." Ihmiset yleensä ajattelevat, että se, mitä he näkevät silmillään, on kaikki. Mutta koska Jeesus tiesi Jumalan tahdon, Hän ajatteli toisin. Vaikka Lasarus oli kuollut, Hän tiesi, että hän heräisi uudelleen henkiin. Siksi Hän sanoi: "Hän nukkuu, minä herätän hänet."

## "Menkäämme hänen tykönsä"

"Silloin Jeesus sanoi heille suoraan: 'Lasarus on kuollut, ja minä iloitsen teidän tähtenne siitä, etten ollut siellä, jotta te uskoisitte; mutta menkäämme hänen tykönsä.' Niin Tuomas, jota sanottiin Didymukseksi, sanoi toisille opetuslapsille: 'Menkäämme mekin sinne, kuollaksemme hänen kanssansa.'" (11:14-16)

Opetuslapsille, jotka vieläkään eivät ymmärtäneet Häntä, Jeesus sanoi yksinkertaisesti: "Lasarus on kuollut." He tiesivät todellisen tilanteen. Tämä oli siksi, että kun he pääsisivät Betaniaan, he voisivat uskoa, kun Hän herättäisi Lasaruksen kuolleista.

Mitä olisi tapahtunut, jos Jeesus olisi mennyt Betaniaan sillä hetkellä, kun Hän kuuli uutisen Lasaruksesta? Vaikka Lasarus olisi parantunut, ihmiset eivät olisi uskoneet, että se oli Jumalan työtä. He olisivat luultavasti uskoneet, että hänen toipumisensa oli sattumaa. He olisivat saattaneet ajatella sen olleen temppu tai joku tilapäinen ilmiö. Lisäksi jos Lasarus olisi kuollut, kun Jeesus oli siellä, joku olisi todennäköisesti salaa ottanut sen aiheeksi väittelyyn.

Jeesus tiesi tarkalleen kussakin tilanteessa, milloin Hänen piti toimia näyttääkseen Jumalan voiman. Siksi Hän odotti Jumalan tarkasti määräämää aikaa mennä Betaniaan herättämään Lasarus, joka oli ollut kuolleena neljä päivää.

Juutalaiset uskoivat tuolloin, että kun ihminen kuolee, ihmisen sielu vaeltaa ympäri hautaa kolme päivää ja lähtee sitten. Mutta Lasaruksen tapauksessa hänen kuolemastaan oli kulunut neljä päivää, joten ihmiset eivät edes uskoneet, että hän voisi herätä henkiin. Kuten on kirjoitettu Joh. 5:21:ssä: *"Sillä niinkuin Isä herättää kuolleita ja tekee eläviksi, niin myös Poika tekee eläviksi, ketkä hän tahtoo"*, Jumalan tahdon mukaisesti kuitenkin Jeesus, Jumalan Poika, voi herättää kuolleen ihmisen ja palauttaa häneen elämän.

Julistettuaan Lasaruksen kuolleen Jeesus sanoi: "Menkäämme Juudeaan." Tuomas, yksi opetuslapsista, kommentoi umpimähkään sanoen: "Menkäämme mekin sinne, kuollaksemme hänen kanssansa." Toisaalta näyttää kuin hän rohkeasti vaarantaisi oman elämänsä Jeesuksen puolesta, mutta hengellisessä mielessä tämä on surkea vastaus. Jeesus kertoi opetuslapsille erityisesti, että Lasaruksen sairaus näyttäisi Jumalan kirkkauden, mutta siltikään hän ei ymmärtänyt.

Jos Tuomas olisi tajunnut Jeesuksen sanojen takana olevan hengellisen merkityksen, hän olisi sanonut: "Menkäämme mekin, jotta voimme nähdä Jumalan kirkkauden." Syy, miksi Jumala salli Tuomaan tunnustuksen tulla tallennetuksi Raamattuun, on, että me, jotka luemme siitä tänään, voisimme tarkastaa, olemmeko millään lailla kuin Tuomas, ja oppia häneltä. Tarkoitus ei ollut tuoda julki Tuomaan heikkoutta.

Matkustaessaan Jeesuksen kanssa Tuomas kuuli totuuden sanat ja sai todistaa Jumalan voiman monessa tilanteessa. Hän näki kaikenlaisia sairauksia parannettavan, hän näki kahden kalan ja viiden leivän ihmeen ja hän näki jopa Jeesuksen kävelevän veden päällä. Kuitenkin totuuden hetkellä, kun hänen todella tarvitsi näyttää uskonsa, hän päätyi tekemään tunnustuksen, joka näytti hänen uskonpuutteensa, koska hänellä ei ollut todellista uskoa. Vaikka Tuomas tiesikin, että Jeesuksella oli suuri voima ja että Jumala oli Hänen kanssaan, hän teki lihan päättelyyn perustuvan tunnustuksen, koska ei ollut vielä saanut hengellistä herätystä.

# Lasarus kävelee ulos haudasta

Kuultuaan uutisen Lasaruksen kuolemasta monet juutalaiset tulivat lohduttamaan Marttaa ja Mariaa. Neljäntenä päivänä Lasaruksen hautaan laittamisesta Jeesus tuli palauttamaan hänet henkiin.

Betania on kylä hyvin lähellä Jerusalemia. Siksi monet juutalaisista olivat tulleet Jerusalemista. Nämä samat juutalaiset todistivat Lasaruksen henkiin herättämisen. Jotkut näiden juutalaisten joukossa olivat itseasiassa vihamielisiä Jeesusta kohtaan.

### "Sinun veljesi on nouseva ylös"

"Niin Jeesus tuli ja sai tietää, että hän jo neljä päivää

oli ollut haudassa. Ja Betania oli lähellä Jerusalemia, noin viidentoista vakomitan päässä. Ja useita juutalaisia oli tullut Martan ja Marian luokse lohduttamaan heitä heidän veljensä kuolemasta. Kun Martta kuuli, että Jeesus oli tulossa, meni hän häntä vastaan; mutta Maria istui kotona. Ja Martta sanoi Jeesukselle: 'Herra, jos sinä olisit ollut täällä, niin minun veljeni ei olisi kuollut. Mutta nytkin minä tiedän, että Jumala antaa sinulle kaiken, mitä sinä Jumalalta anot.' Jeesus sanoi hänelle: 'Sinun veljesi on nouseva ylös.' Martta sanoi hänelle: 'Minä tiedän hänen nousevan ylösnousemuksessa, viimeisenä päivänä.'" (11:17-24)

Jeesus saapui Betaniaan, jossa Lasarus oli asunut, neljä päivää tämän kuoleman jälkeen. Joku lähetti Martalle viestin sanoen: "Jeesus on tulossa." Rakkaansa menettämisen surussa häntä ei luultavasti haluttanut liikkua, mutta kun hän kuuli, että Jeesus oli tulossa, hän ryntäsi ulos tervehtimään Häntä.

Hautajaiset olivat ohi. Kaikki oli tehty. Kun Martta tuli ulos tapaamaan Jeesusta, millaisessa mielentilassa luulet hänen olleen?

"Herra, jos sinä olisit ollut täällä, niin minun veljeni ei olisi kuollut." Martta rakasti Jeesusta, joten hän oli aina hyvin kiinnostunut kuulemaan asioista, joita Jeesus teki antaakseen kunnian Jumalalle. Koska Jeesuksella oli voima parantaa kaikenlaisia sairauksia ja vajavuuksia, hän ajatteli, että jos Hän olisi ollut täällä ennen kuin Lasarus kuoli, Lasarus ei olisi

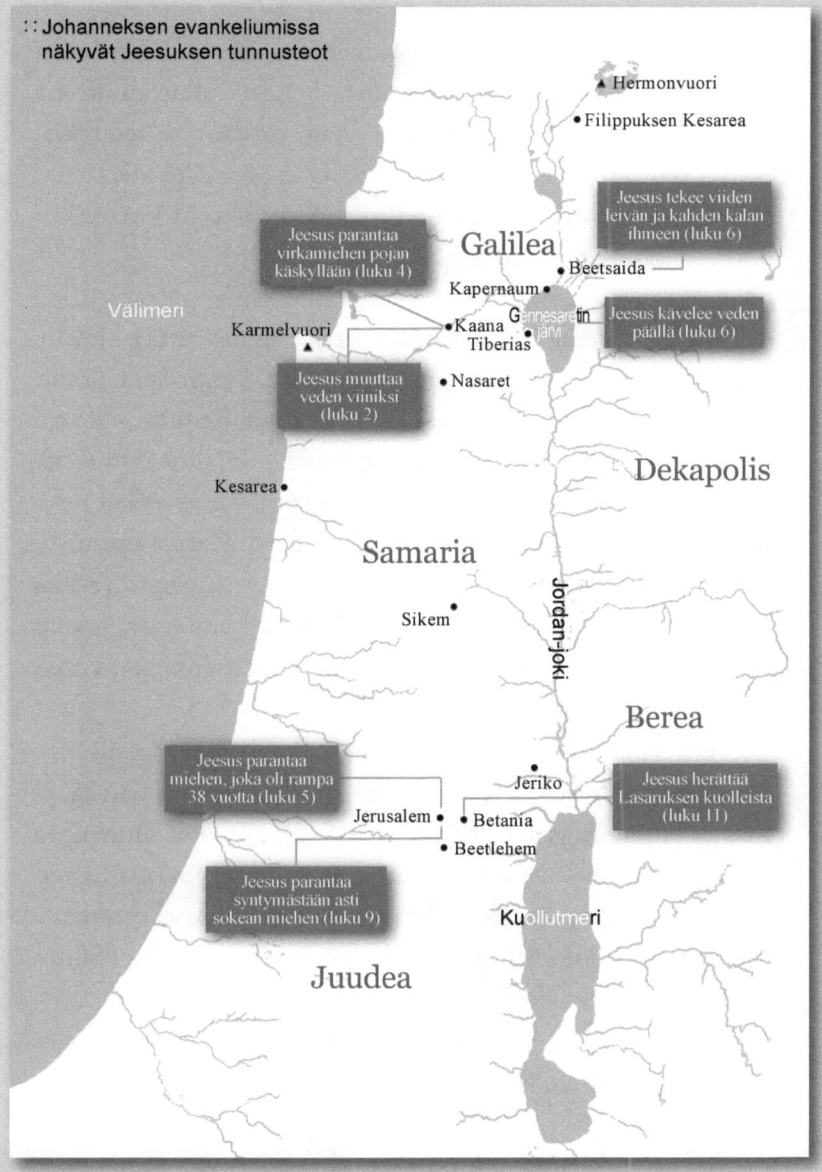

kuollut.
Kuitenkaan tilanteen todellisuus ei ollut niin yksinkertainen kuin vain Lasaruksen sairastaminen. Hän oli ollut kuolleena neljä päivää ja hänen ruumiinsa jo haisi mädäntymisen takia. Näissä olosuhteissa kukaan maailmassa ei olisi edes kuvitellut, että Lasarus voisi palata henkiin. Martta teki kuitenkin odottamattoman tunnustuksen.

"Mutta nytkin minä tiedän, että Jumala antaa sinulle kaiken, mitä sinä Jumalalta anot." Martta ei tosiasiassa sanonut tätä, koska hän ajatteli Lasaruksen heräävän henkiin – koska luomisesta lähtien kukaan ei ollut koskaan kuullut ihmisestä, joka olisi herännyt henkiin kuoltuaan ja mädännyttyään neljä päivää. Mutta luottaen ja uskoen Jumalaan Martta tunnusti, että Jeesus voisi saada mitä tahansa tapahtumaan. Vaikka Martta oli todella vaikeassa ja surullisessa tilanteessa, hänen tunnustuksensa, joka osoitti hänen luottamuksensa ja uskonsa Jeesukseen, oli hyvin kaunis ja arvokas.

Jos jo ennen tätä aikaa olisi ollut tapaus, jolloin Jeesus olisi herättänyt ihmisen, joka oli ollut kuolleena neljä päivää, ja Martta olisi tiennyt siitä, hän olisi tietysti osoittanut suurempaa uskoa kuin tämä. Mutta nähdessään tällaisen uskon hänen sydämessään, Jeesus johtaa Martan kuitenkin korkeammalle uskon tasolle, joka ylittää jopa kuoleman, sanomalla: "Sinun veljesi on nouseva ylös."

Tähän Martta vastasi: "Minä tiedän hänen nousevan ylösnousemuksessa, viimeisenä päivänä."

Martta ei kieltänyt Jeesuksen sanoja. Mutta kuultuaan,

että Lasarus heräisi vielä nytkin henkiin, hän antoi tämän hengellisen lausunnon sillä rajallisella tietämyksellään, joka hänellä oli, koska hän ei voinut kuvitellakaan sitä perustuen omaan tietämykseensä ja päättelyynsä.

Kuten on kirjoitettu Joh. 5:28-29:ssä: *"Älkää ihmetelkö tätä, sillä hetki tulee, jolloin kaikki, jotka haudoissa ovat, kuulevat hänen äänensä ja tulevat esiin, ne, jotka ovat hyvää tehneet, elämän ylösnousemukseen, mutta ne, jotka ovat pahaa tehneet, tuomion ylösnousemukseen"*, minne tahansa Jeesus meni, Hän opetti ihmisille ylösnousemuksesta ja tuomiosta saarnatessaan taivaan valtakunnan evankeliumia.

Siksi kun Jeesus sanoi: "Sinun veljesi on nouseva ylös", Martta sanoi tietävänsä, että Lasarus nousisi ylös viimeisenä päivänä. Hänen tunnustuksensa perustui kuitenkin tietoon, ei todelliseen hengelliseen uskoon. Mutta Martta ei ollut yksin. Useimmat ihmiset, jotka uskoivat Jeesukseen, mukaan lukien Hänen opetuslapsensa, ajattelivat kaikki samalla tavalla.

Niillä, jotka kuulivat ylösnousemuksesta viimeisenä päivänä, oli kaikilla tieto siitä, mutta ei juuri kenelläkään heistä ollut hengellistä uskoa siihen. Siksi Jeesus päätti näyttää heille Jumalan voiman, joka voisi jopa nostaa Lasaruksen kuolleista. Hän tiesi, että tarvitaan vain yksi kokemus auttamaan ihminen, jolla on hyvä sydän, saavuttamaan täyden uskon ja toivon ylösnousemukseen.

"Minä olen ylösnousemus ja elämä"

"Jeesus sanoi hänelle: 'Minä olen ylösnousemus ja

elämä; joka uskoo minuun, se elää, vaikka olisi kuollut. Eikä yksikään, joka elää ja uskoo minuun, ikinä kuole. Uskotko sen?' Hän sanoi hänelle: 'Uskon, Herra; minä uskon, että sinä olet Kristus, Jumalan Poika, se, joka oli tuleva maailmaan.'" (11:25-27)

Kun Martta sanoi: "Minä tiedän hänen nousevan ylösnousemuksessa, viimeisenä päivänä", Jeesus vastasi: "Minä olen ylösnousemus ja elämä; joka uskoo minuun, se elää, vaikka olisi kuollut. Eikä yksikään, joka elää ja uskoo minuun, ikinä kuole. Uskotko sen?"

Kun Martta vastasi tähän: "Aamen" sisällyttämättä siihen lihansa ajatuksia, hänen uskonsa voitiin ajatella olevan yhden pykälän muiden yläpuolella, ja tämä on se usko, joka saisi vastauksen hänen rukoukseensa. Tämä johtuu siitä, että Jeesus, joka on ylösnousemus ja elämä, seisoo hänen edessään. Koska Jeesus on täysin yhtä Jumalan kanssa, joka on yksi ja ainoa elämän luoja, Hän voisi nostaa kuolleen ihmisen elämään. Siksi Jeesus sanoi: "Minä olen ylösnousemus ja elämä; joka uskoo minuun, se elää, vaikka olisi kuollut", jotta Martta voisi uskoa tähän totuuteen.

Jeesus tarkoitti tällä lauseella myös, että niillä, jotka uskovat ja ottavat vastaan Jeesuksen Vapahtajanaan ja Herranaan, on lupaus iankaikkisesta elämästä. Kun ihminen uskoo Jeesukseen Kristukseen ja saa syntinsä anteeksi, Pyhä Henki tulee häneen ja hänen henkensä, joka oli kuollut, herää henkiin. Tätä kutsutaan hengelliseksi ylösnousemukseksi ja se on mahdollista vain Jeesuksen Kristuksen kautta. Alun perin kun ihminen luotiin, hänellä oli elävä henki. Mutta kun ensimmäinen ihminen,

Aadam, teki syntiä, hänen henkensä kuoli. Niinpä myös kaikkien hänen jälkeläistensä henget olivat kuolleita. Kuitenkin Pyhä Henki astuu niiden sydämiin, jotka ottavat vastaan Jeesuksen Kristuksen ja saavat syntinsä anteeksi, ja elvyttää näiden hengen ja se herää eloon.

Siksi Jeesus sanoi: "Eikä yksikään, joka elää ja uskoo minuun, ikinä kuole", sillä jokainen, joka on Jumalan lapsi, vaikka hänen fyysinen ruumiinsa kuolisi, hänen henkensä elää ja asuu iankaikkisesti taivaassa. Viimeisenä päivänä, kun Herra palaa ilmassa, ruumiit, jotka olivat haudoissa mädäntymässä, nousevat ylös ja muuttuvat kuolemattomiksi ruumiiksi. Tätä kutsutaan "ruumiin ylösnousemukseksi." Tämä ruumiin ylösnousemus on mahdollista vain Jeesuksen Kristuksen kautta. Siksi Hän sanoi: "Minä olen ylösnousemus."

Vain hetkeä ennen tätä Martalla oli pelkästään rajaton luottamus Jeesukseen, mutta kuultuaan Hänen sanansa, hän tunnusti uskonsa määrätietoisesti: "Uskon, Herra; minä uskon, että sinä olet Kristus, Jumalan Poika, se, joka oli tuleva maailmaan."

### Maria lankeaa Jeesuksen jalkojen eteen

"Ja tämän sanottuaan hän meni ja kutsui salaa sisarensa Marian sanoen: 'Opettaja on täällä ja kutsuu sinua.' Kun Maria sen kuuli, nousi hän nopeasti ja meni hänen luoksensa. Mutta Jeesus ei ollut vielä saapunut kylään, vaan oli yhä siinä paikassa, missä Martta oli hänet kohdannut. Kun nyt juutalaiset, jotka olivat

Marian kanssa huoneessa häntä lohduttamassa, näkivät hänen nopeasti nousevan ja lähtevän ulos, seurasivat he häntä, luullen hänen menevän haudalle, itkemään siellä. Kun siis Maria saapui sinne, missä Jeesus oli, ja näki hänet, lankesi hän hänen jalkojensa eteen ja sanoi hänelle: 'Herra, jos sinä olisit ollut täällä, ei minun veljeni olisi kuollut.'" (11:28-32)

Valaistuttuaan hengellisesti Martta palasi kotiinsa ja sanoi sisarelleen: "Opettaja on täällä ja kutsuu sinua." Silloin Maria nousi nopeasti ja juoksi Jeesuksen luo. Juutalaiset, jotka olivat häntä lohduttamassa, luulivat hänen menevän haudalle suremaan, joten he seurasivat häntä. Jeesus ei ollut vielä saapunut kylään. Hän oli yhä siinä paikassa, missä Martta oli Hänet kohdannut. Heti kun Maria näki Jeesuksen, hän lankesi Hänen jalkojensa eteen itkien murheellisesti ja teki saman tunnustuksen kuin sisarensa: "Herra, jos sinä olisit ollut täällä, ei minun veljeni olisi kuollut."

"Kun Jeesus näki hänen itkevän ja hänen kanssaan tulleiden juutalaisten itkevän, joutui hän hengessään syvän liikutuksen valtaan ja vapisi; ja hän sanoi: 'Mihin te panitte hänet?' He sanoivat hänelle: 'Herra, tule ja katso.' Ja Jeesus itki. Niin juutalaiset sanoivat: 'Katso, kuinka rakas hän oli hänelle!' Mutta muutamat heistä sanoivat: 'Eikö hän, joka avasi sokean silmät, olisi voinut tehdä sitäkin, ettei tämä olisi kuollut?'" (11:33-37)

Kun Maria itki, juutalaiset, jotka seurasivat häntä, itkivät myötätunnosta, ihmiset niiskuttivat siellä täällä. Nähdessään ne, joilla ei ollut uskoa, Jeesuskin tunsi samaa surua. Mutta nähdessään Marian itkevän jalkojensa edessä, Hän tunsi hänen surunsa ja itki hänen kanssaan. Tämä kohtaus osoittaa meille Jeesuksen rakkauden.

Jeesus tuli tähän maailmaan ja koki elämän ilot ja kivut ihmiskunnan kanssa. Kun ihmiset vuodattivat kyyneleitä ja surivat, Jeesus tunsi heidän tuskansa. Kun Hän näki sokeat, Hän tunsi heidän kärsimyksensä. Siksi Hän armahti heitä ja avasi heidän silmänsä. Hän lähestyi rakkaudella ja paransi spitaaliset, joita muut ihmiset hyljeksivät. Mutta juutalaiset, jotka näkivät Jeesuksen itkevän, reagoivat kaikki eri tavoin.

"Katso, kuinka rakas hän oli hänelle!"

"Eikö hän, joka avasi sokean silmät, olisi voinut tehdä sitäkin, ettei tämä olisi kuollut?"

Jotkut ajattelivat Jeesuksen todella rakastaneen Lasarusta. Jotkut ihmettelivät, miksi Hän pystyi avaamaan sokeiden silmät, mutta ei pystynyt pelastamaan Lasarusta kuolemasta.

**"Ottakaa kivi pois"**

"Niin Jeesus joutui taas liikutuksen valtaan ja meni haudalle; ja se oli luola, ja sen suulla oli kivi. Jeesus sanoi: 'Ottakaa kivi pois.' Martta, kuolleen sisar, sanoi hänelle: 'Herra, hän haisee jo, sillä hän on ollut haudassa neljättä päivää.' Jeesus sanoi hänelle: 'Enkö minä sanonut sinulle, että jos uskoisit, niin sinä näkisit Jumalan kirkkauden?'" (11:38-40)

Jeesus tiesi, mitä kenenkin sydämessä oli. Säälien heitä Hän meni haudalle. Lasaruksen haudalle oli kerääntynyt paljon ihmisiä lohduttamaan Marttaa ja Mariaa. Tuolloin Israelissa käytettiin luolia hautoina. Ruumis laitettiin luolaan ja suuri kivi peitti luolan suun. Saadakseen ulos Lasaruksen, joka oli kuollut, Jeesus antoi yhden käskyn: "Ottakaa kivi pois."

Martta, joka ei voinut ymmärtää Jeesuksen sanoja, vastasi järkyttyneenä: "Herra, hän haisee jo, sillä hän on ollut haudassa neljättä päivää." Jeesus vastasi: "Enkö minä sanonut sinulle, että jos uskoisit, niin sinä näkisit Jumalan kirkkauden?"

Martta tunnusti uskonsa kotikylänsä ulkopuolella, jossa hän tervehti Jeesusta, mutta hänen tilanteensa todellisuus ei muuttunut. Koska Jumala toimii noudattaen tarkoin hengellistä lakia, ei edes Jeesus, Jumalan Poika, voi vain siunata ketä tahansa umpimähkäisesti. Siunauksen saavan henkilön on täytettävä siunauksen saamiseen tarvittavat vaatimukset. Tämän takia heidän piti poistaa kivi: osoittaakseen uskonsa fyysisen toiminnan kautta.

Koska kuollut Lasarus ei voinut osoittaa uskoaan, Jeesus johdatti hänen perheenjäsenensä osoittamaan uskonsa hänen puolestaan kuuliaisuuden tekojensa kautta. Kuinka paljon valtaa ja voimaa Jeesuksella olisikin, ja vaikka Lasarus olisikin valittu osoittamaan Jumalan kunniaa, mitään ei olisi tapahtunut, ellei se olisi ollut Jumalan tahto.

Siksi Jeesus sanoi Lasaruksen perheelle: "Jos te uskoisitte,

:: Lasaruksen kivihauta, joka sijaitsee Pyhän Lasaruksen kirkon kellarissa

niin te näkisitte Jumalan kirkkauden", jotta he uskoisivat ja olisivat riippuvaisia Hänestä. Näin he voisivat täyttää kaikki Jumalan voiman kokemiseen tarvittavat edellytykset.

"Lasarus, tule ulos!"

"Niin he ottivat kiven pois. Ja Jeesus loi silmänsä ylös ja sanoi: 'Isä, minä kiitän sinua, että olet minua kuullut. Minä kyllä tiesin, että sinä minua aina kuulet; mutta kansan tähden, joka seisoo tässä ympärillä, minä tämän sanon, että he uskoisivat sinun lähettäneen minut.' Ja sen sanottuansa hän huusi suurella äänellä: 'Lasarus, tule ulos!' Ja kuollut tuli ulos, jalat ja kädet siteisiin käärittyinä, ja hänen kasvojensa ympärille oli kääritty hikiliina. Jeesus sanoi heille: 'Päästäkää hänet ja antakaa hänen mennä.'" (11:41-44)

Kun Lasaruksen perheenjäsenet siirsivät kiven pois luolan suulta, kaikki ihmiset katsoivat Jeesukseen. "Mitä Hän aikoo nyt tehdä?" Kaikki ihmettelivät ja pidättivät hengitystään jännittyneinä. Sillä hetkellä Jeesus nosti katseensa taivasta kohti ja tunnusti näin: "Isä, minä kiitän sinua, että olet minua kuullut. Minä kyllä tiedän, että sinä minua aina kuulet; mutta kansan tähden, joka seisoo tässä ympärillä, minä tämän sanon, että he uskoisivat sinun lähettäneen minut." Jeesus tunnusti näin hetkellä, jolloin kaikki katsoivat Häntä jännittyneinä, jotta Hän voisi johtaa niin monta ihmistä kuin mahdollista saamaan uskon ja ottamaan vastaan pelastuksen.

Pian sen jälkeen Jeesus huusi suurella äänellä: "Lasarus, tule ulos!" Ihmiset eivät voineet uskoa, että Jeesus käski kuollutta tulemaan ulos. Mutta jotain uskomatonta tapahtui. Lasarus, joka oli ollut kuollut, tuli kävellen ulos! Kätensä ja jalkansa käärittyinä hautasiteisiin ja kasvonsa peitettynä hikiliinalla Lasarus käveli ulos. Sinne kokoontuneet ihmiset olivat niin järkyttyneitä, etteivät he tienneet mitä sanoa. Seisoessaan hämmästyneinä he kuulivat Jeesuksen puhuvan jälleen: "Päästäkää hänet ja antakaa hänen mennä."

Miten kuollut henkilö, joka on jo alkanut mädäntyä,

voi herätä henkiin vain, koska Jeesus kutsuu häntä? Tämä on mahdollista, koska Jumala takasi Jeesuksen joka sanan sataprosenttisesti. Luoja Jumala, koko maailmankaikkeuden Herra ja elämän ja kuoleman säätäjä, oli Hänen kanssaan; siten kaiken ja kaikkien luomakunnassa oli toteltava Jeesusta, minkä tahansa käskyn Hän antoikin.

# Salaliitto Jeesuksen tappamiseksi

Kun Lasarus heräsi henkiin, miten iloisia Marian ja Martan onkaan täytynyt olla! He eivät varmaan unohtaneet tätä armoa loppuelämänsä aikana! Mutta tämä ei ollut merkittävä tapahtuma vain Lasarukselle ja hänen perheelleen. Useat juutalaiset, jotka itse todistivat tätä tapahtumaa, alkoivat uskoa Jeesukseen Messiaanaan.

Ylipapilla, fariseuksilla ja kaikilla valta-asemassa olevilla juutalaisilla ei vieläkään ollut kiinnostusta Jeesuksen hyviin tekoihin. He yrittivät mitä tahansa löytääkseen Hänestä vikaa ja vehkeilivät tappaakseen Hänet.

## Ihmiset, jotka kokosivat neuvoston

"Niin useat juutalaisista, jotka olivat tulleet Marian luokse ja nähneet, mitä Jeesus teki, uskoivat häneen. Mutta muutamat heistä menivät fariseusten luo ja puhuivat heille, mitä Jeesus oli tehnyt. Niin ylipapit ja fariseukset kokosivat neuvoston ja sanoivat: 'Mitä me teemme, sillä tuo mies tekee paljon tunnustekoja? Jos annamme hänen näin olla, niin kaikki uskovat häneen, ja roomalaiset tulevat ja ottavat meiltä sekä maan että kansan.'" (11:45-48)

Useat juutalaiset, jotka todistivat omakohtaisesti Lasaruksen henkiin herättämisen, tulivat uskomaan Jeesukseen. Vaikka olikin vaikeaa olla uskomatta nähtyään tällaisia kiistattomia Jumalan todisteita, oli joitakin ihmisiä, jotka menivät fariseusten luo kertomaan heille, mitä tapahtui. Heti tämän uutisen kuultuaan ylipapit ja fariseukset kokosivat välittömästi neuvoston ja keskustelivat tästä tapahtumasta.

"Sillä tuo mies tekee paljon tunnustekoja. Jos annamme hänen näin olla, niin kaikki uskovat häneen, ja roomalaiset tulevat ja ottavat meiltä sekä maan että kansan."

He tiesivät, että monet ihmiset uskoivat Jeesukseen ja seurasivat Häntä, koska Hän teki paljon tunnustekoja. Sen lisäksi Hän vieläpä herätti henkiin miehen, joka oli ollut kuolleena neljä päivää! Oli päivänselvää, että vieläkin enemmän ihmisiä alkaisi uskoa Häneen ja seurata Häntä. Monet ihmiset uskoivat, että Jeesus oli profetian Messias ja että Hän pelastaisi heidät Rooman sorrosta ja takaisi heille turvallisuuden ja hyvinvoinnin. He pitivät Jeesusta sekä Vapahtajanaan että poliittisena johtajanaan tai kuninkaanaan.

Pelättiin, että jos oli todella ilmaantunut kuningas, kuten ihmiset odottivat, ja monet ihmiset alkaisivat seuraamaan Häntä, roomalaishallinto todennäköisesti lisäisi sotilaallista voimaansa ja sortaisi Israelia entistä enemmän. Sitten ylipapin ja fariseusten, joiden valtaa ja auktoriteettia roomalaishallinto suojasi, asema tulisi epävakaaksi. Siispä tuntiessaan vapautensa ja auktoriteettinsa olevan vaarassa ylipappi ja fariseukset ajattelivat, että Jeesus oli syynä kaikkiin heidän ongelmiinsa.

Monien tilanteiden kautta he tulivat ymmärtämään, että Jeesus oli poikkeuksellinen henkilö. Siksi he palkkasivat ihmisiä vakoilemaan Häntä ja sitten raportoimaan jokaisen pienen asian, jonka Jeesus teki. Ja pystymättä uskomaan, että Hän oli Jumalan Poika, he pitivät Häntä vain henkilönä, joka uhkasi heidän valtaansa ja auktoriteettiaan. Joten kuinka paljon hyvää Jeesus tekikin, he eivät olleet kiinnostuneita näistä teoista. Käyttämällä lakeja ja perinnäissääntöjä he yrittivät vain löytää Jeesuksesta jonkinlaisen vian ja vehkeilivät tappaakseen Hänet jotenkin.

### Ylipappi ennustaa Jeesuksen kuoleman

"Mutta eräs heistä, Kaifas, joka sinä vuonna oli ylimmäinen pappi, sanoi heille: 'Te ette tiedä mitään ettekä ajattele, että teille on parempi, että yksi ihminen kuolee kansan edestä, kuin että koko kansa hukkuu.' Mutta sitä hän ei sanonut itsestään, vaan koska hän oli sinä vuonna ylimmäinen pappi, hän ennusti, että Jeesus oli kuoleva kansan edestä, eikä ainoastaan tämän kansan edestä, vaan myös kootakseen yhdeksi hajalla olevat Jumalan lapset." (11:49-52)

Lasaruksen ylösnousemuksen jälkeen juutalaiset, jotka kokoontuivat keksiäkseen jonkinlaisen suunnitelman, olivat täynnä mielipiteitä, mutta ei todellisia ratkaisuja. Tuolloin ylipappi Kaifas lausui: "Te ette tiedä mitään ettekä ajattele, että teille on parempi, että yksi ihminen kuolee kansan edestä, kuin että koko kansa hukkuu."

Nämä sanat sisältävät epäsuorasti sen, että synnittömän Jeesuksen, joka kuoli ristillä, vanhurskaan teon kautta paljon ihmisiä voidaan johtaa saamaan elämä. Siten tätä kautta voimme nähdä, että Jeesuksen kuolema oli tapahtuva, ei siksi, että Hän on syntinen tai koska Hän johti monia ihmisiä harhaan, vaan yksinomaan osana Jumalan jumalallista johdatusta.

Room. 5:18-19 sanoo: *"Niinpä siis, samoin kuin yhden ihmisen lankeemus on koitunut kaikille ihmisille kadotukseksi, niin myös yhden ihmisen vanhurskauden teko koituu kaikille ihmisille elämän vanhurskauttamiseksi; sillä niinkuin yhden ihmisen tottelemattomuuden kautta monet ovat joutuneet syntisiksi, niin myös yhden kuuliaisuuden kautta monet tulevat vanhurskaiksi."* Kuten Gal. 3:28 lisäksi toteaa: *"Ei ole tässä juutalaista eikä kreikkalaista, ei ole orjaa eikä vapaata, ei ole miestä eikä naista; sillä kaikki te olette yhtä Kristuksessa Jeesuksessa"*, Jeesuksen kuolema oli kaikkien kansojen puolesta Jumalan johdatuksen mukaan.

Kaifas ei kuitenkaan todella tiennyt omien sanojensa takana olevaa oikeaa merkitystä. Miksi siis Jumala saattoi ylipapin, joka oli Jeesuksen niin vahvan vastustuksen takana oleva johtomies, tekemään tällaisen ennustuksen? Tämä johtui siitä, että ylipapin sanoilla oli niin suuri vaikutus noihin aikoihin. Ihmiset kuuntelivat, mitä hän sanoi, ja pitivät hänen sanojansa sydämessään.

Jos ylipappi olisi puhunut oman tahtonsa mukaan, hän olisi luultavasti sanonut: "Otetaanpa nopeasti kiinni tämä Jeesus, hankkiudutaan Hänestä eroon ja pelastetaan kansakuntamme!" Kuitenkin sillä hetkelläkin Jumala kontrolloi hänen huuliaan. Ylipappi puhui tarkoituksenaan kertoa ihmisille, että heidän pitäisi ottaa Jeesus kiinni ja tappaa Hänet, mutta Jumala saattoi johdatuksensa näkymään hänen sanoissaan. Samoin me saatamme ajatella suunnittelevamme ja puhuvamme paljon omasta tahdostamme, mutta kaikki tapahtuu Jumalan menetelmän ja johdatuksen mukaan, joka ylittää pitkälti ihmisen viisauden.

Heti kun ylipappi sanoi, että yhden ihmisen, Jeesuksen, kuolema hyödyttäisi koko kansaa, salaliitto Jeesuksen tappamiseksi alkoi edetä täydellä voimalla. Nämä ihmiset eivät aikoneet tappa Jeesusta aivan alusta alkaen. He tunsivat aluksi vain piston sydämissään, koska Jeesus osoitti pahan heidän sydämissään. Ongelmana on se, mitä tapahtui jälkeenpäin. Heidän olisi pitänyt tajuta ja katua heti, kun heitä oli nuhdeltu ensimmäisen kerran, mutta sen sijaan he jatkoivat uusien syntien kasaamista. He kielsivät, että tunnusteot ja ihmeet, joita Jeesus teki, olivat Jumalan tekoja, vaan he pikemminkin syyttivät Jeesusta riivatuksi ja näin he puhuivat ja toimivat Pyhää Henkeä vastaan.

Kuten on kirjoitettu Jaak. 1:15:ssä: *"Kun sitten himo on tullut raskaaksi, synnyttää se synnin, mutta kun synti on täytetty, synnyttää se kuoleman"*, koska he eivät heittäneet pois pahoja ajatuksiaan, heistä tuli toistuvasti esiin pahoja sanoja ja tekoja, ja lopuksi he päätyivät kulkemaan ikuisen kuoleman tietä, jossa he eivät voineet saada pelastusta.

### Ihmiset, jotka yrittivät ottaa Jeesuksen kiinni

"Siitä päivästä lähtien oli heillä siis tehtynä päätös tappaa hänet. Sentähden Jeesus ei enää vaeltanut julkisesti juutalaisten keskellä, vaan lähti sieltä lähellä erämaata olevaan paikkaan, Efraim nimiseen kaupunkiin; ja siellä hän oleskeli opetuslapsineen. Mutta juutalaisten pääsiäinen oli lähellä, ja monet menivät maaseudulta ylös Jerusalemiin ennen pääsiäisjuhlaa, puhdistamaan itsensä. Ja he etsivät Jeesusta ja sanoivat toisilleen seisoessaan pyhäkössä: 'Mitä arvelette? Eikö hän tulekaan juhlille?' Mutta ylipapit ja fariseukset olivat antaneet käskyjä, että jos joku tietäisi, missä hän oli, hänen oli annettava se ilmi, jotta he ottaisivat hänet kiinni." (11:53-57)

Jeesus tiesi, että salaliitto Hänen tappamisekseen oli alkanut toden teolla. Juudean alueella oli jo ylipappien ja fariseusten määräys, joka totesi: "Jos joku tietäisi, missä hän oli, hänen oli annettava se ilmi, jotta he ottaisivat hänet kiinni." Siksi Jeesus meni Efraimiin, noin 20 km Jerusalemista pohjoiseen.

Hän viipyi siellä opetuslastensa kanssa pääsiäiseen asti. Koska pääsiäinen oli niin suuri juhla, kaikki israelilaiset menivät Jerusalemiin juhlimaan sitä. Ei kuitenkaan kukaan, joka oli tekemisissä saastaisen tai epäpuhtaan eläimen tai esineen kanssa, tai joka syyllistyi saastaiseen tekoon, voinut osallistua pääsiäisjuhlaan.

Niinpä pääsiäisen aikana Jerusalemissa oli jo ihmispaljous. Jerusalemin temppelissä ihmiset ryhmittyivät sinne ja tänne keskustellen. Suurimmaksi osaksi heidän keskustelunsa aiheena oli Jeesus. Lisäksi jotkut ihmiset taistelivat väkijoukon läpi etsien Jeesusta, ja puhe Jeesuksesta kukki joka paikassa. "Mitä arvelette?" "Arveletteko, ettei Hän ehkä tulekaan juhlille?"

Noissa olosuhteissa ihmisten oli luultavasti helppo ajatella, ettei Jeesus tulisi ylös Jerusalemiin, koska pelkäsi tulevansa vangituksi. Tämä ei kuitenkaan ollut muuta kuin pelkkiä ihmisten ajatuksia. Jeesus ei ajatellut näin. Se, joka todella rakastaa Jumalaa, laittaa kaiken Hänen käsiinsä ja on riippuvainen Hänestä.

Matt. 10:28 sanoo: *"Älkää peljätkö niitä, jotka tappavat ruumiin, mutta eivät voi tappaa sielua; vaan ennemmin peljätkää häntä, joka voi sekä sielun että ruumiin hukuttaa helvettiin."*

*Luku* 12

# Voitollinen saapuminen Jerusalemiin

1. Maria valmistelee Jeesuksen hautausta
(12:1-11)

2. Saapuminen Jerusalemiin
(12:12-36)

3. Messiaan opetus
(12:37-50)

# Maria valmistelee Jeesuksen hautausta

Pääsiäisen ollessa vain päivien päässä oli myös Jeesuksen jokseenkin lyhyen kolmen vuoden julkisen toiminnan viimeinen viikko. Tietäen sekä juutalaisten juonen tappaa Hänet että Isä Jumalan tahdon ja suunnitelman pelastuksesta Hänen ristinkuolemansa kautta, tämä aika oli Jeesukselle erilainen kuin mikään muu aika. Kun oli pääsiäisen aika, Jeesus rikkoi kaikkien ihmisten odotukset ja palasi Betaniaan, jossa Lasaruksen perhe asui. Vaikka Hän tunsikin vaarat, jotka olivat Häntä siellä odottamassa, Hän ilmestyi juutalaisten eteen täyttääkseen Jumalan tahdon. Silti vaikka tällaista jännitystä oli ilmassa, oli niitä, jotka valmistivat Jeesukselle juhlan.

## Maria Betaniasta kaataa hajuvoidetta Jeesuksen jaloille

"Kuusi päivää ennen pääsiäistä Jeesus saapui Betaniaan, jossa Lasarus asui, hän, jonka Jeesus oli herättänyt kuolleista. Siellä valmistettiin hänelle ateria, ja Martta palveli, mutta Lasarus oli yksi niistä, jotka olivat aterialla hänen kanssaan. Niin Maria otti naulan oikeata, kallisarvoista nardusvoidetta ja voiteli Jeesuksen jalat ja pyyhki ne hiuksillaan; ja huone tuli täyteen voiteen tuoksua." (12:1-3)

Kun Lasaruksen perhe kuuli uutisen, että Jeesus oli tulossa Betaniaan, he valmistivat Hänelle suuren juhlan. Martta oli hyvin kiireinen valmistellessaan ruokaa vieraille. Tunnelma oli hyvin juhlava, ja ihmiset kokivat uudelleen Lasaruksen kuolleista herättämisen jännityksen. Jeesus, joka oli illan kunniavieras, istuutui ruokailemaan yhdessä opetuslastensa ja Lasaruksen kanssa.

Sillä hetkellä Maria tuli Jeesuksen viereen pidellen erittäin kallista hajuvoideruukkua. Sitten hän valutti voiteen Hänen jaloilleen. Oikean nardusvoiteen tuoksu täytti huoneen. Toisin kuin ihmiset, jotka katsoivat Marian toimia yllättyneinä ja uteliaina, Maria oli hyvin juhlallinen. Voiteen valuttamisen jälkeen hän kumartui alas ja pyyhki Jeesuksen jalat hiuksillaan.

Niinä päivinä oli käsittämätöntä, että nainen pesi jonkun jalat hiuksillaan. Lisäksi jonkun jalkojen peseminen tarkoitti, että olit alinta luokkaa. Mutta Marialle kyse ei ollut siitä, mitä ihmiset näkivät tai ajattelivat. Marialle ei ollut kyse kalliista hajuvoiteesta. Marialle oli kyse siitä, että hän teki mitä tahansa voisi tehdä ilmaistakseen Jeesukselle todellista rakkautta ja arvostusta, joka hänellä oli sydämessään, Lasaruksen kuolleista herättämisen takia. Kun katsomme ruukun ja hajuvoiteen hengellistä symboliikkaa, voimme ymmärtää paremmin, miten kaunis asia se oli, minkä Maria teki.

Ruukku oli tuohon aikaan astia hyvin kallisarvoisille tavaroille tai aarteille. Siinä ei ollut korkkia tai kantta. Hajuvoiteen saamiseksi ulos oli ruukun suu rikottava. Ruukku on ruumiin vertauskuva. Joten kun Maria rikkoi ruukun, se osoitti, että hän uhrasi ruumiinsa palvellakseen Herraa. Kuten Maria, voimme todella palvella Herraa vasta, kun laitamme syrjään statuksemme tai asemamme ja huolemme siitä, mitä muut ihmiset saattaisivat ajatella meistä, ja antaudumme.

Nardus on erityinen kasvilaji, joka kasvaa Himalajalla. Se ei ole vain harvinainen, vaan sen muuttaminen hajuvoiteeksi on myös aika vaikea prosessi. Yksi naula oikeaa nardusvoidetta olisi maksanut noin kolme sataa denaria. Yksi denari oli yhden päivän palkan arvoinen. Niinpä kolme sataa denaria oli iso rahasumma, se vastaa yhden vuoden verran palkkoja, ja siis työmiehen säästettyä käyttämättä yhtään.

Näin arvokas oli hajuvoide, jonka Maria kaatoi Jeesuksen jaloille. Hän antoi kaiken, mitä hänellä oli, ja kaiken, mitä hän oli, Herralle. Se, minkä Maria teki, oli kaunista. Siksi tähän päivään asti aina kun luemme siitä, mitä Maria teki, voimme yhä haistaa saman kauniin tuoksun sydämissämme.

## Juudas Iskariot arvostelee Mariaa

"Silloin sanoi yksi hänen opetuslapsistaan, Juudas Iskariot, joka oli hänet kavaltava: 'Miksi ei tätä voidetta myyty kolmeensataan denariin ja niitä annettu köyhille?' Mutta tätä hän ei sanonut sentähden, että olisi pitänyt huolta köyhistä, vaan sentähden, että hän oli varas ja että hän rahakukkaron hoitajana otti itselleen, mitä siihen oli pantu. Niin Jeesus sanoi: 'Anna hänen olla, että hän saisi toimittaa tämän minun hautaamispäiväni varalle. Sillä köyhät teillä aina on keskuudessanne, mutta minua teillä ei ole aina.'" (12:4-8)

Kun ihmiset näkivät tämän kohtauksen, he alkoivat puhua. Jotkut olivat yllättyneitä hänen odottamattomasta toiminnastaan, ja jotkut puhuivat keskenään ihmetellen: "Miksi hän tekee niin?" Juuri silloin Juudas Iskariot katsoi moittivasti ja arvosteli Mariaa. Hän moitti häntä kalliin hajuvoiteen tuhlaamisesta sen sijaan, että sitä olisi käytetty köyhien auttamiseen. Aluksi tuntuu, että hän on oikeassa. Juudas Iskariotin sydän ei kuitenkaan ollut kohdallaan, kun hän sanoi, mitä sanoi.

Yhtenä Jeesuksen opetuslapsista hän hoiti taloutta. Usein hän otti itselleen osan rahoista, joita hänen piti hoitaa. Jos Maria olisi myynyt hajuvoiteen ja antanut rahat Jeesukselle, Juudas olisi voinut ottaa melkoisen määrän niistä rahoista itselleen. Mitä enemmän hän ajatteli hajuvoiteen kaatamista Jeesuksen jaloille, sitä enemmän hän janosi niitä rahoja, jotka hän olisi voinut saada. Jeesus vastasi Juudas Iskariotin arvosteluun: "Anna hänen olla, jotta hän saisi toimittaa tämän minun hautaamispäiväni varalle. Sillä köyhät teillä aina on keskuudessanne, mutta minua teillä ei ole aina."

Mark. 14:8:ssa voimme nähdä, mitä Jeesus sanoi siitä, mitä Maria teki: *"Hän teki minkä voi. Edeltäkäsin hän voiteli minun ruumiini hautaamista varten."* Ja aivan kuten Hän sanoi, muutamaa päivää myöhemmin Hän kuoli ristillä. Tietenkään Maria ei kaatanut hajuvoidetta Hänen päälleen tietäen, että se tapahtuisi. Hän rakasti Häntä ja eli elämää Hänelle, joten hän oli vain liikuttunut ilmaisemaan tätä rakkautta Häneen.

Niinpä tulos oli, että Maria näytteli tärkeää roolia Hänen hautaamisensa valmistelussa etuajassa. Ja tästä syystä Jeesus sanoi seuraavan Mariasta: *"Totisesti minä sanon teille: missä ikinä kaikessa maailmassa evankeliumia saarnataan, siellä sekin, minkä tämä nainen teki, on mainittava hänen muistoksensa"* (Mark. 14:9). Tämä teki Mariasta hyvin siunatun naisen.

Toisaalta Juudas Iskariot oli turhautunut jo hajuvoiteesta. Hän tuli kuitenkin vielä vihaisemmaksi, kun Jeesus puolusti Mariaa. Hänestä tuntui kuin hänen sanojaan olisi halveksittu. Hänestä jopa tuntui, ettei hänen enää pitäisi olla Jeesuksen kanssa. Ollessaan Jeesuksen kanssa hän näki monia merkkejä ja ihmeitä, joita ei ihminen voi tehdä. Miksi hän sitten päätyy saamaan Jeesuksen murehtimaan ja sanomaan, että olisi ollut parempi, ettei Juudas olisi syntynyt lainkaan (Matt. 26:24)?

Ulospäin näytti kuin Juudas Iskariot olisi seurannut Jeesusta ja auttanut Häntä. Kuitenkin syvällä sydämessään hän oli ahne ja itsekäs. Rahastonhoitajana hän huomasi, että uhrilahjojen määrä, joka tuli ihmisiltä, jotka saivat Jumalan armon Jeesuksen kautta, oli melko suuri summa. Silloinkin kun hän otti itselleen osan rahoista, kukaan ei tiennyt. Oman ahneutensa ajamana hän jatkoi varastamista rahapussista eikä muuttanut tapojaan. Ja yhtenä Jeesuksen opetuslapsista hän tiesi, että häntä kunnioitettaisiin, ja hän jopa laskelmoi, että jos Jeesuksesta tulisi voimakas johtaja, hänkin jakaisi osan tästä vallasta.

Olosuhteet kuitenkin poikkesivat hänen odotuksistaan jatkuvasti. Jeesuksesta tuli ylipappien ja fariseusten vihan ja tuomion kohde. Kukaan ei tiennyt, koska Hänet voitaisiin ottaa kiinni. Lisäksi Jeesus puolusti Marian toimia provosoiden Juudasta entistä katkerammaksi. Juudaan pettymyksen ja turhautumisen tunteet kasvoivat syvemmiksi ja syvemmiksi. Silloin hän päätti luovuttaa Jeesuksen ylipapeille, ja siitä lähtien hän etsi sopivaa tilaisuutta kavaltaaksensa Jeesuksen (Matt. 26:14-16).

### Ylipapit päättivät tappaa myös Lasaruksen

"Silloin suuri joukko juutalaisia sai tietää, että hän oli siellä; ja he menivät sinne, ei ainoastaan Jeesuksen tähden, vaan myöskin nähdäkseen Lasaruksen, jonka hän oli herättänyt kuolleista. Mutta ylipapit päättivät tappaa Lasaruksenkin, koska monet juutalaiset hänen tähtensä menivät sinne ja uskoivat Jeesukseen." (12:9-11)

Matkalla Jerusalemiin valmistelemaan pääsiäistä monet ihmiset alkoivat kokoontua läheiseen Betaniaan, koska he kuulivat Jeesuksen olevan siellä. He halusivat nähdä omin silmin kuka tämä Jeesus oli, joka herätti kuolleen, joka oli haudassa neljä päivää.

Neljä päivää haudassa olleen herättäminen kuolleista oli todiste, joka auttoi ihmisiä luottamaan Jeesukseen vielä enemmän. Ellei Jumala olisi ollut Jeesuksen kanssa, tällaista todistetta ei olisi voinut tapahtua. Kuitenkin tällaisen todisteen nähtyäänkin ylipapit kieltäytyivät uskomasta. Ja koska monet juutalaiset alkoivat uskoa ja seurata Jeesusta Lasaruksen vuoksi, he aikoivat jopa tappaa Lasaruksen. Kuten ihmiset, joilla on silmät, mutta eivät näe, ja korvat, mutta eivät kuule, koska heidän sydämensä oli paha, he näkivät Jumalan voiman, mutta eivät tunnistaneet eivätkä ymmärtäneet totuutta.

# Saapuminen Jerusalemiin

Mennäkseen Jerusalemiin Jeesuksen, joka oli Betaniassa opetuslastensa kanssa, oli ohitettava Beetfage, joka sijaitsee Öljymäen kaakkoispuolen juurella. Pääsiäisen lähestyessä Hän oli menossa ylös Jerusalemiin täyttämään tehtävänsä ristillä. Koska saapuminen Jerusalemiin on kuvattu hyvin lyhyesti Johanneksen evankeliumissa, käytämme viitteinä myös Matteuksen evankeliumin lukua 21 ja Markuksen evankeliumin lukua 11.

**Ihmiset huutavat "Hoosianna!" toivottaessaan Jeesuksen tervetulleeksi**

"Seuraavana päivänä, kun suuri kansanjoukko,

joka oli saapunut juhlille, kuuli, että Jeesus oli tulossa Jerusalemiin, ottivat he palmupuiden oksia ja menivät häntä vastaan ja huusivat: 'Hoosianna, siunattu olkoon hän, joka tulee Herran nimeen, Israelin kuningas!' Ja saatuansa nuoren aasin Jeesus istui sen selkään, niinkuin kirjoitettu on..." (12:12-14)

Juuri ennen Jerusalemiin saapumistaan Jeesus käski kahta opetuslastaan menemään vastakkaisella puolella olevaan kylään ja tuomaan sieltä nuoren aasin (Mark. 11). Tietäen, että opetuslapset ihmettelisivät: "Miksi Hän haluaa meidän yhtäkkiä tuovan aasin?", Jeesus sanoi heille: *"Jos joku teille sanoo: 'Miksi te noin teette?', niin sanokaa: 'Herra tarvitsee sitä ja lähettää sen kohta tänne takaisin'"* (Mark. 11:3).

Tietäen, ettei Jeesus vain sano jotain ilman syytä, opetuslapset menivät heti heitä vastapäätä olevaan kylään. Kukaan ei tiennyt, kuinka kauan varsa oli ollut siellä, mutta siellä oli talo, johon oli sidottuna varsa. Kun opetuslapset päästivät varsan, lähellä seisovat ihmiset sanoivat heille: "Mitä te teette, kun päästätte varsan?"

Kun opetuslapset kertoivat heille tarkalleen, mitä Herra käski heidän sanoa, he antoivat heille luvan. Heti kun he palasivat varsan kanssa, ottivat opetuslapset vaatteensa päältään ja panivat ne aasin päälle (Matt. 21, Mark. 11). Jeesus ratsasti aasilla Öljymäen huipulle. Sieltä koko Jerusalemin alue voitiin nähdä yhdellä silmäyksellä. Pysähtyen hetkeksi Jeesus katsoi Jerusalemin temppeliä ja tunsi itsensä lohduttomaksi. Hän tiesi, että jonain päivänä Jerusalemin temppeli tuhottaisiin. Hän ei voinut olla surematta.

*"Sillä sinulle tulevat ne päivät, jolloin sinun vihollisesi sinut vallilla saartavat ja piirittävät sinut ja ahdistavat sinua joka puolelta; ja he kukistavat sinut maan tasalle ja surmaavat lapsesi, jotka sinussa ovat, eivätkä jätä sinuun kiveä kiven päälle, sentähden ettet etsikkoaikaasi tuntenut"* (Luuk. 19:43-44). Jeesus itse oli menossa naulittavaksi ristille Jumalan johdatuksen mukaan, mutta ajatellessaan kärsimystä, jonka Israelin kansa kävisi läpi naulittuaan Hänet ristille, Hänen oli luultavasti vaikea ottaa askelta eteenpäin.

Jerusalemissa oli pääsiäisen lähestyessä kaupunki täynnä ihmisiä. Kun uutinen Jeesuksen tulosta Jerusalemiin levisi, ihmiset alkoivat kerääntyä kaduille. Jokaisella oli palmupuun oksa, jotkut juoksivat, jotkut seurasivat, ihmiset hurrasivat innokkaasti. Jotkut ihmiset laittoivat joko vaatteensa tai oksansa tielle Jeesusta varten. "Hoosianna, siunattu olkoon hän, joka tulee Herran nimeen, Israelin kuningas."

Palmupuu on voiton symboli ja hoosianna tarkoittaa "Pelasta meidät!" Ihmiset uskoivat, että Jeesus oli heidän Messiaansa, Kuningas, joka vapauttaisi heidät Rooman sorrosta ja toisi heille vapauden ja rauhan. Kuitenkaan Jeesus ei ollut pelkkä poliittinen hahmo tai kuningas, joka tuli vapauttamaan Israelin.

Jeesus oli maailman Vapahtaja, joka kuolisi ristillä ihmiskunnan syntien tähden ja nousisi ylös tuhoamalla kuoleman vallan. Pyhänä ja kuninkaallisena Jumalan Poikana Hän menisi istumaan Isän Jumalan oikealle puolelle. Miksi siis niin tärkeä henkilö saapui Jerusalemiin ratsastaen aasin varsalla?

## Sakarjan profetian täyttyminen

"'Älä pelkää, tytär Siion; katso, sinun kuninkaasi tulee istuen aasin varsan selässä.' Tätä hänen opetuslapsensa eivät aluksi ymmärtäneet; mutta kun Jeesus oli kirkastettu, silloin he muistivat, että tämä oli hänestä kirjoitettu ja että he olivat tämän hänelle tehneet." (12:15-16)

Jeesus oli kuninkaiden Kuningas, maailman Vapahtaja, koko luomakunnan Herra, mutta Hän tuli Jerusalemiin ratsastaen nuhjuisella aasin varsalla. Tämä tapahtui, jotta Sakarjan profetia täyttyisi:

*"Iloitse suuresti, oi tytär Siion,*
*riemuitse, tytär Jerusalem,*
*sillä sinun kuninkaasi tulee sinulle!*
*Vanhurskas ja auttaja hän on,*
*on nöyrä ja ratsastaa aasilla,*
*aasintamman varsalla"*
(Sak. 9:9).

Aasin varsa, joka oli syntynyt äskettäin, jolla kukaan ei ollut ennen ratsastanut, on puhtauden vertauskuva. Jeesus, Jumalan Poika, joka tuli maailmaan ja tuli ylösnousemuksen ensihedelmäksi, oli pyhä ja puhdas henkilö. Siksi sen, millä Hän ratsasti, oli oltava puhdas.

Nuori varsa on myös nöyryyden vertauskuva. Jeesus oli ylivoimaisesti suuremman ylistyksen ja kunnian arvoinen kuin kukaan muu maailmassa, mutta aivan kuten aasi kantaa ihmisten matkatavaroiden raskaan taakan, Jeesuksen täytyi kantaa ihmiskunnan syntitaakka ja kuolla ristillä. Siksi Hän nöyrästi täytti Jumalan sanan, joka ennustettiin Vanhassa testamentissa.

Siion tarkoittaa Jerusalemia, jonka Daavid nimesi pääkaupungiksi. Se symboloi myös koko Israelia tai paikkaa, jossa Jumala asuu. Samaan tapaan tytär Siion tarkoittaa ihmisiä, jotka uskovat Jumalaan, tai Jumalan lapsia. Ja sinun kuninkaasi merkitsee Jeesusta, Jumalan Poikaa.

Älä pelkää, tytär Siion kertoo meille, ettei meidän pitäisi pelätä, koska Jeesus saapuu Jerusalemiin ratsastaen aasin varsalla täyttääkseen Jumalan pelastussuunnitelman. Ihmiskunta joutui alunperin vapisemaan pelosta, koska siitä hetkestä lähtien, kun meistä tuli vihollisen, paholaisen ja saatanan, vallan alaisia synnin kautta, emme voineet pelastua iankaikkiselta kuolemalta, helvetiltä. Mutta Jeesuksen kantaessa ristin avautui tie pelastukseen, joten kenelläkään, joka uskoo ja tulee Jumalan eteen, ei ole mitään pelättävää.

Opetuslapset eivät tuolloin tienneet, miksi Jeesus ratsasti varsalla ja miksi ihmiset heiluttivat palmunoksia ja huusivat: "Hoosianna!" ottaessaan Jeesuksen vastaan. Vasta Jeesuksen ylösnousemuksen jälkeen he ymmärsivät, miksi kaikki nämä asiat tapahtuivat, ja että Sakarjan profetia oli todella Jeesuksesta.

## Fariseukset ahdistuvat kansan vastaanotosta

"Niin kansa, joka oli ollut hänen kanssansa, kun hän

kutsui Lasaruksen haudasta ja herätti hänet kuolleista, todisti hänestä. Sentähden kansa menikin häntä vastaan, koska he kuulivat, että hän oli tehnyt sen tunnusteon. Niin fariseukset sanoivat keskenään: 'Te näette, ettette saa mitään aikaan; katso, koko maailma juoksee hänen perässään.'" (12:17-19)

Kun Jeesus herätti Lasaruksen kuolleista, monet juutalaiset olivat paikalla Hänen kanssaan. Nuo ihmiset kertoivat toisille tarkkaan, mitä he näkivät omin silmin. Uutinen tästä tapahtumasta levisi niin nopeasti ja teki niin suuren vaikutuksen, ettei seudulla ollut ketään, joka ei tiennyt siitä. Jokainen, joka kuuli uutisen siitä, miten mies herätettiin kuolleista hänen oltuaan kuolleena neljä päivää, halusi nähdä Jeesuksen. Mitä luulet siis tapahtuneen, kun ihmiset saivat selville, että tämä Jeesus oli tulossa Jerusalemiin? Ihmisiä virtasi kaduille ja suosionosoitushuudot ja hurraus täyttivät ilman.

Mutta oli niitä, jotka katselivat tätä näkyä järkyttynein vilkuiluin ja hermostunein tuijotuksin. Niitä olivat ylipapit ja fariseukset. He olivat huolissaan siitä, että heidän voimansa ja valtansa voitaisiin ottaa heiltä pois, ja he alkoivat pelätä, ettei heidän suunnitelmansa tappaa Jeesus ehkä olisikaan niin helppo kuin he olivat ajatelleet. He sanoivat toisilleen: "Te näette, ettette saa mitään aikaan; katso, koko maailma juoksee hänen perässään."

Oli todisteita siitä, että Jumala oli Jeesuksen kanssa, ja monet ihmiset seurasivat Häntä. Tämän olisi pitänyt riittää saamaan fariseukset tajuamaan, että heidän tuomionsa oli väärä, ja muuttamaan tapojaan. Mutta jostain syystä, vaikka heillä varmasti oli silmät nähdä ja korvat kuulla, he toimivat ja puhuivat ikään kuin he olisivat sokeita ja kuuroja. Tämä johtui siitä, ettei heidän sydämissään ollut totuutta. Mutta surullinen puoli tässä on, että he eivät olleet pakanoita, jotka eivät tunteneet totuutta, vaan he olivat johtajia ja opettajia, jotka väittivät palvovansa Jumalaa suuremmalla innolla kuin kukaan muu. He olivat johtajia, joiden olisi pitänyt johtaa kansansa pelastukseen, mutta he olivat juuri niitä, jotka eivät tunnistaneet Jeesusta ja olivat kulkemassa päinvastaiseen suuntaan pois pelastuksesta ja kohti tuomiota.

### Kreikkalaiset, jotka halusivat nähdä Jeesuksen

**"Ja oli muutamia kreikkalaisia niiden joukosta, jotka tulivat ylös juhlaan rukoilemaan. Nämä menivät Filippuksen luo, joka oli Galilean Beetsaidasta, ja pyysivät häntä sanoen: 'Herra, me haluamme nähdä Jeesuksen.' Filippus meni ja sanoi sen Andreaalle; Andreas ja Filippus menivät ja sanoivat Jeesukselle. Mutta Jeesus vastasi heille sanoen: 'Hetki on tullut, että Ihmisen Poika kirkastetaan.'" (12:20-23)**

Niiden joukossa, jotka tulivat Jerusalemiin juhlimaan pääsiäistä, oli kreikkalaisia. Jotkut näistä kreikkalaisista menivät Filippuksen luo, joka oli yksi Jeesuksen opetuslapsista. "Herra, me haluamme nähdä Jeesuksen."

Filippus kertoi Andreaalle tästä, ja nuo kaksi menivät ja kertoivat Jeesukselle. Kuultuaan, että kreikkalaiset halusivat nähdä Hänet, Jeesus kertoo heille hyvin merkittävän viestin: "Hetki on tullut, että Ihmisen Poika kirkastetaan."

Kreikkalaiset eivät ole pelkästään ulkomaalaisia. He ilmaisevat "hengellistä janoa, joka tulee, koska hetki on lähellä" (Aam. 8:11-13). Jeesus opetti Jumalan sanaa kolme vuotta. Kyseisenä aikana kaikki ihmiset, jotka kuulivat Hänen sanansa, olivat kiitollisia ja iloisia kuin karu maa, joka sai ravitsevaa sadetta.

Mitä lähemmäksi tuli se "hetki, jona Ihmisen Poika kirkastetaan", sitä janoisemmiksi hengellisesti tulivat ne ihmiset, jotka rakastivat ja etsivät totuutta. Tietenkään he eivät tienneet, että Jeesus olisi pian tekemässä kuolemaa ristillä, mutta oli ikään kuin he olisivat vaistonneet sen ja halunneet nähdä Hänet vielä kerran ja kuunnella Hänen sanojaan vielä kerran.

### Yhden nisun jyvän vertaus

**"Totisesti, totisesti minä sanon teille: jos ei nisun jyvä putoa maahan ja kuole, niin se jää yksin; mutta jos se kuolee, niin se tuottaa paljon hedelmää. Joka elämäänsä rakastaa, kadottaa sen; mutta joka vihaa elämäänsä tässä maailmassa, hän on säilyttävä sen iankaikkiseen elämään. Jos joku minua palvelee, seuratkoon hän minua; ja missä minä olen, siellä on myös minun palvelijani oleva. Ja jos joku minua palvelee, niin Isä on kunnioittava häntä." (12:24-26)**

Puhuen siitä, mihin Hänen piti mennä, Jeesus kertoi

kansalle vertauksen yhdestä nisun jyvästä profetoidessaan kuolemastaan ja ylösnousemuksestaan. Jos kylvät yhden nisun jyvän, voit saada siitä noin 50-100 hedelmää. Mutta jos et kylvä sitä, ei väliä kuinka kauan odotat, et saa mitään.

Jeesus alensi itsensä ja alistui Jumalalle ristillä kuolemiseen asti. Tämä ristin tien prosessin loppuun saattaminen oli välttämätön johtamaan syntiset kuolemasta elämään. Lopputulos? Kaikki, jotka ottavat Jeesuksen vastaan Vapahtajanaan, saavat anteeksi syntinsä ja saavat iankaikkisen elämän. Kuten Jeesus sanoi: "Jos nisun jyvä putoaa maahan ja kuolee, niin se tuottaa paljon hedelmää", kun Jeesus, ainokainen Poika, kuoli ristillä, monet Jumalan lapset voitiin sitten saada hedelmänä.

Jeesus sanoi myös: "Joka elämäänsä rakastaa, kadottaa sen; mutta joka vihaa elämäänsä tässä maailmassa, hän on säilyttävä sen iankaikkiseen elämään." Elämäänsä ei tarkoita pelkästään ihmisen elämää. Se tarkoittaa myös mitä hyvänsä, jota pitää yhtä kalliina kuin elämäänsä. Raha, maine, valta, tieto, lapset ja omanarvontunto voivat olla tällaisia asioita. Jokainen, joka rakastaa näitä asioita yhtä paljon kuin omaa elämäänsä, menettää lopulta ne kaikki. Mutta jos ihmiset hylkäävät nämä lihalliset asiat sydämistään, he voivat saada asioita, jotka ovat ikuisia.

Kaikkia maallisia asioita, joita apostoli Paavali oli kerran vaalinut, hän piti roskana kohdattuaan Herran (Fil. 3:8). Hän tiesi, että tieto Jeesuksesta Kristuksesta oli arvokkain aarre maailmassa. Tämän seurauksena hänestä tuli Jumalan lapsi, joka etsi totuutta, ja hän otti vastaan Jumalan johdatuksen. Kuten Jeesus sanoi, joka vihaa elämäänsä, hän on säilyttävä sen iankaikkiseen elämään, Paavali nostettiin kunnia-asemaan yhtä kirkkaaksi kuin aurinko taivaalla. Kun siis ihminen palvelee Jeesusta, Jumala kunnioittaa häntä (Joh. 12:26).

## Jeesuksen rukous

"'Nyt minun sieluni on järkytetty; ja mitä pitäisi minun sanoman? Isä, pelasta minut tästä hetkestä. Kuitenkin: sitä varten minä olen tähän hetkeen tullut. Isä, kirkasta nimesi!' Niin taivaasta tuli ääni: 'Minä olen sen kirkastanut, ja olen sen vielä kirkastava.' Niin kansa, joka seisoi ja kuuli sen, sanoi ukkosen jylisseen. Toiset sanoivat: 'Häntä puhutteli enkeli.' Jeesus vastasi ja sanoi: 'Ei tämä ääni tullut minun tähteni, vaan teidän tähtenne.'" (12:27-30)

Vähän ajan kuluttua tahrattoman ja virheettömän ihmisen, Jeesuksen, pyhän ihmisen, piti kantaa kaikki ihmiskunnan synnit ja saada sama rangaistus kuin julma rikollinen. Joten Jeesus antaa tämän tunnustuksen Jumalalle: "Nyt minun sieluni on järkytetty; ja mitä pitäisi minun sanoman? Isä, pelasta minut tästä hetkestä."

Tästä tunnustuksesta voimme nähdä Jeesuksen inhimillisen luonnon. Mutta kun Hän sanoi: "Pelasta minut tästä hetkestä", Hän ei sanonut, ettei halunnut kantaa ristiä, vaan Hän sanoi tämän näyttääkseen, kuinka raskas oli synnin taakka, joka Hänen piti kantaa.

"Kuitenkin: sitä varten minä olen tähän hetkeen tullut.

Isä, kirkasta nimesi!" Tästä julkilausumasta voimme nähdä Jeesuksen jumalallisen luonnon. Kun Hän tunnusti, että Hän halusi kirkastaa Jumalaa täyttämällä sen tarkoituksen, jonka takia Hän oli tähän maailmaan tullut, tuli taivaasta ääni: "Minä olen sen kirkastanut, ja olen sen vielä kirkastava."

Tämä keskustelu osoittaa meille, kuinka paljon Jumala rakastaa Jeesusta. Jumala sanoi, että Hänet oli jo kirkastettu Jeesuksen kautta ja että Hänet kirkastettaisiin uudelleen Jeesuksen ristin kuoleman jälkeen ja Hänen ylösnousemuksensa jälkeen.

Kun taivaasta tuli kova ääni Jeesuksen rukouksen aikana, ihmiset sanoivat joko ukkosen jylisseen tai enkelin puhuneen Hänelle. Tuolloin Jeesus sanoi, ettei ääni tullut Hänen tähtensä, vaan "teidän tähtenne." Syynä on, että Jumalalla, joka on pohjimmiltaan yhtä Jeesuksen kanssa, ei ollut tarvetta vastata kovalla äänellä, mutta Hän teki tämän istuttaakseen uskon ihmisiin, jotka seisoivat lähellä.

Jeesus tuli tähän maailmaan täyttääkseen Jumalan tahdon. Tämä tahto oli pelastaa ihmiskunta, antaa heille todellinen elämä ja antaa heille takaisin heidän oikea kuvansa, joka kerran luotiin Jumalan kuvaksi. Oli aikoja, jolloin Hänellä oli nälkä ja jano, mutta Hän teki parhaansa levittääkseen Jumalan tahtoa ja evankeliumia ja antaakseensa elämän niin monelle ihmiselle kuin mahdollista.

### Jeesus kertoo kuolemastaan ristillä

"'Nyt käy tuomio tämän maailman ylitse; nyt

tämän maailman ruhtinas pitää heitettämän ulos. Ja kun minut ylennetään maasta, niin minä vedän kaikki tyköni.' Mutta sen hän sanoi antaen tietää, minkäkaltaisella kuolemalla hän oli kuoleva. Kansa vastasi hänelle: 'Me olemme laista kuulleet, että Kristus pysyy iankaikkisesti; kuinka sinä sitten sanot, että Ihmisen Poika pitää ylennettämän? Kuka on se Ihmisen Poika?'" (12:31-34)

"Tämän maailman ruhtinas" viittaa viholliseen, perkeleeseen ja saatanaan, joka on tämän maailman hallitsija. Tässä maailmassa on lakeja, joita ihmisten tarvitsee noudattaa. Kun ihmiset eivät noudata niitä, he saavat rangaistuksen. Samalla tavalla hengellisessä maailmassa kohtaa kuoleman rangaistuksen, jos tekee syntiä (Room. 6:23). Vihollinen, perkele ja saatana, rikkoi hengellisen lain tappamalla Jeesuksen, jolla ei ollut syntiä. Niinpä vihollisesta, perkeleestä ja saatanasta, tuli lainrikkoja. Tätä Jeesus tarkoitti sanoessaan: "Käy tuomio tämän maailman ylitse."

Jeesusta ei voinut kuolema sitoa, koska Hän oli synnitön. Siksi Jumala vapautti Hänet kuoleman tuskasta ja herätti Hänet kuolleista. Ja koska Jeesus tuhosi kuoleman vallan, nyt ei kukaan, joka ottaa vastaan Jeesuksen Kristuksen, ole enää saatanan sorron alainen. Hengellisen lain rikkomisen seurauksena vihollinen, perkele ja saatana, heitettiin ulos, ja ihmiskunta, joka oli kerran syntinen, on nyt vanhurskaaksi kutsuttu ja voi hallita elämässä Jeesuksen Kristuksen kautta (Room. 5:17).

"Kun minut ylennetään maasta, niin minä vedän kaikki tyköni." Sanomalla tämän Jeesus sanoi, että ottamalla kaikki synnit ja kuolemalla ristillä Hän johti ihmisiä pimeästä valkeuteen ja kuolemasta elämään. Tämä on mahdollista, koska vaikka Jeesuksen oli kuoltava, Hän nousisi ylös, ja tämän kautta monet ihmiset tulevat uskomaan, että Jeesus on Kristus, ja pääsevät taivaaseen. Jeesus tiesi, miten Hän kuolisi. Jeesus tiesi erittäin hyvin ristin johdatuksesta, salaisuudesta, joka piilotettiin jo ennen aikojen alkua. Siksi Hän puhui kuolemastaan ristillä etukäteen ja täytti sitten täysin tehtävänsä.

"Me olemme laista kuulleet, että Kristus pysyy iankaikkisesti; kuinka sinä sitten sanot, että Ihmisen Poika pitää ylennettämän? Kuka on se Ihmisen Poika?" Ihmisiä, jotka eivät tienneet, mitä oli tulossa, eivätkä ymmärtäneet Jeesuksen sanojen hengellistä merkitystä, hämmensivät monet ajatukset.

"Laki" tarkoittaa Pentateukkia eli viittä Mooseksen kirjaa: Genesis, Exodus, Leviticus, Numeri ja Deuteronomium. Ihmiset sanoivat, että he kuulivat laista, että "Kristus on pysyvä ikuisesti." Mutta jos tarkkoja ollaan, tämä tieto ei löydy Pentateukista. Se löytyy itseasiassa Vanhan testamentin profetioista.

Jes. 9:6:ssa sanotaan: *"Herraus on oleva suuri ja rauha loppumaton Daavidin valtaistuimella ja hänen valtakunnallansa; se perustetaan ja vahvistetaan tuomiolla ja vanhurskaudella nyt ja iankaikkisesti. Herran Sebaotin kiivaus on sen tekevä."* Ja Dan. 7:14:ssä lukee: *"Ja hänelle annettiin valta, kunnia ja valtakunta, ja kaikki kansat, kansakunnat ja kielet palvelivat häntä. Hänen valtansa on iankaikkinen valta, joka ei lakkaa, ja hänen valtakuntansa on valtakunta, joka ei häviä."*

Siihen aikaan laki, johon ihmiset viittasivat, oli hyvin erilainen kuin sen alkuperäinen muoto. Fariseukset ja saddukeukset luokittelivat jopa kaikkein vähäpätöisimmät asiat laeiksi ja toisinaan he tulkitsivat lakia tai muuttivat lakia omaksi hyödykseen. Siksi edes nähtyään kaikki ihmeteot, jotka Jeesus teki, he eivät ymmärtäneet. He eivät myöskään ymmärtäneet Vanhan testamentin Kristusta koskevia profetioita. He tulkitsivat Jumalan tahtoa rajallisen inhimillisen ajattelun rajoissa. Varmuudella kuitenkin Jeesus Kristus pysyy iankaikkisesti ja Hänen valtansa on muuttumaton kuten Vanhassa testamentissa on ennustettu.

### Jeesus meni pois ja kätkeytyi ihmisiltä

"Niin Jeesus sanoi heille: 'Vielä vähän aikaa valkeus on teidän keskuudessanne. Vaeltakaa, niin kauan kuin teillä valkeus on, ettei pimeys saisi teitä valtaansa. Joka pimeässä vaeltaa, se ei tiedä, mihin hän menee. Niin kauan kuin teillä valkeus on, uskokaa valkeuteen, että te valkeuden lapsiksi tulisitte.' Tämän Jeesus puhui ja meni pois ja kätkeytyi heiltä." (12:35-36)

"Valkeus" tarkoittaa tässä Jeesusta (Room. 9:5). Valkeutena Jeesus auttoi ihmisiä tajuamaan todellisen identiteettinsä ja antoi heille elämän suunnan: kaikki mitä teet, syötpä tai juotpa, tee se kaikki Jumalan kunniaksi. Niin kauan kuin pysyy

Kristuksessa, ei harhaile enää ja voi saada ratkaisun kaikkiin elämän ongelmiin.

Mutta kun Jeesus puhui kuolemisesta ristillä, jopa ihmiset, jotka uskoivat, että Jeesus oli Messias, järkkyivät uskossaan. Joten estääkseen heidän uskoaan järkkymästä, Jeesus kertoi heille, ettei Hänen kuolemansa ristillä tapahtuisi heti.

Hän kertoi heille, että koska oli vielä aikaa, heidän tulisi todella uskoa Häneen ja vaeltaa valkeudessa. Ja silloinkin, kun pimeys tuntuu voimakkaammalta, Hän varoitti heitä joutumasta sen valtaan. Hän tarkoitti, että vaikka Hän kuoleekin ristillä, älkää luulko sen olevan loppu älkääkä menettäkö toivoanne.

Nähdessään ihmisten uskon järkkyvän heidän vain kuullessaan vähän siitä, mitä oli tulossa, Jeesus kannusti heitä uudelleen: "Uskokaa valkeuteen, että te valkeuden lapsiksi tulisitte." Tämä tarkoitti, että jos he uskoisivat Jeesukseen, Jumala osoittaisi heidän kauttaan, että Hän on elossa ja tekisi jokaisesta heistä maailman valkeuden. Sanottuaan tämän, Jeesus jätti heidät ja piiloutui. Hän teki tämän välttääkseen vaivihkaa niitä ihmisiä, jotka eivät voineet ymmärtää Hänen hengellisiä sanojaan ja jotka jälleen kerran epäilivät eivätkä uskoneet.

# Messiaan opetus

Jeesus saapui Jerusalemiin juuri ennen pääsiäistä ratsastaen nöyrästi aasin varsalla. Monet ihmiset ottivat Hänet vastaan ja seurasivat Häntä. Mutta sitä kesti vain vähän aikaa. Niiden joukossa, jotka kuulivat Jeesuksen sanat, jotkut järkkyivät uskossaan ja alkoivat epäillä. Mutta sen, että ihmiset eivät uskoisi Hänen olevan Messias, vaikka Hän teki monia tunnustekoja, oli jo profeetta Jesaja ennustanut.

**Jesajan ennustus Messiaasta**

"Ja vaikka hän oli tehnyt niin monta tunnustekoa heidän nähtensä, eivät he uskoneet häneen, että kävisi toteen profeetta Esaiaan sana, jonka hän on sanonut:

'Herra, kuka uskoo meidän saarnamme, ja kenelle Herran käsivarsi ilmoitetaan?'" (12:37-38)

Profeetta Jesaja palveli profeettana 10. kuninkaasta, kuningas Ussiaasta, 13. kuninkaaseen, kuningas Hiskiaan. Hän ennusti sen ajan synkissä olosuhteissa Messiaan saapumisen, Israelin elpymisen ja siunatun tulevaisuuden (Jes. 60:14, 20). Hän ennusti tarkasti Jeesuksen, tulevan Messiaan, ilmestymisen, Hänen kärsimyksensä ja lopputuloksen. Hän myös kertoi, kuinka hyvin monet ihmiset eivät hyväksyisi Jeesusta eivätkä uskoisi Jeesukseen, joka tulee Messiaana, ja että he torjuisivat Hänet.
*"Kuka uskoo meidän saarnamme, kenelle Herran käsivarsi ilmoitetaan?"* (Jes. 53:1). Tässä kohdassa voimme tuntea Jesajan turhautumisen ja surun ihmisten uskon puutteesta. Kun pidämme kiinni evankeliumista ja otamme vastaan Jeesuksen Vapahtajanamme, Jumala antaa anteeksi syntimme ja tuo meidät kuolemasta elämään ja saamme pelastuksen. Mutta miksi on niin pieni joukko ihmisiä, jotka toimivat Jumalan voimalla ja jotka ovat pelastettuja?

## Syy, miksi ihmiset eivät voineet uskoa Jeesukseen Messiaana

"Sentähden he eivät voineet uskoa, koska Esaias on vielä sanonut: 'Hän on sokaissut heidän silmänsä ja paaduttanut heidän sydämensä, että he eivät näkisi silmillään eivätkä ymmärtäisi sydämellään eivätkä kääntyisi ja etten minä heitä parantaisi.' Tämän Esaias sanoi, kun hän näki hänen kirkkautensa ja puhui hänestä." (12:39-41)

Jesaja tiesi syyn, miksi ihmiset eivät voineet uskoa Jeesukseen. Syy oli, että "Hän on sokaissut heidän silmänsä ja paaduttanut heidän sydämensä, että he eivät näkisi silmillään eivätkä ymmärtäisi sydämellään." Mitä tämä tarkoittaa? Jumala ei tee joistakin ihmisistä hyviä ja joistakin ihmisistä pahoja. Kaikilla ihmisillä on paha sydänjuurissaan. Mutta kun he eivät heitä pois tätä pahaa ja jatkavat toimimista siinä, loppujen lopuksi he viime kädessä tulevat sokeiksi totuudelle, joka on valkeus.

Esimerkiksi ellei koppava henkilö heitä pois ylpeyttään vaan edelleen arvostelee ja tuomitsee muita ihmisiä, hän kasaa pahaa pahan päälle. Siksi hänen sydämensä kovettuu enemmän ja loppujen lopuksi hän kulkee kuoleman tietä. Jos katsomme ympärillemme, näemme ihmisiä, jotka tietävät tupakoinnin ja juomisen olevan pahaksi heidän terveydelleen ja silti he jatkavat tupakointia ja juomista. Sitten näemme heidän kärsivän kaikenlaisia sairauksia tai tulevan alkoholisteiksi ja elävän kurjaa elämää. Tämä on seurausta jatkuvasta lankeamisesta johonkin, vaikka he tietävät, että se on pahaksi.

Samoin ihmiset, jotka torjuivat Jeesuksen, eivät voineet hyväksyä Jeesusta sydämissään olevan pahuuden takia, ei siksi, että Jumala teki heidät tällaisiksi. Miksi sitten Raamattu saa sen kuulostamaan siltä kuin Jumala peitti heidän silmänsä ja paadutti heidän sydämensä? Tämä johtuu siitä, että Jumalalla ei ole mitään tekemistä ihmisten kanssa, jotka tahallaan hylkäävät Hänen lakinsa ja ovat jo tulleet vihollisen, paholaisen ja saatanan, orjiksi, ja jotka jatkavat toimimista pahassa.

Jumala jättää tällaiset ihmiset rauhaan. Niinpä ilman Jumalan väliintuloa heidän silmänsä peittyvät ja sydämensä kovettuvat aivan itsestään.

Kun Jumalan lapset tekevät syntiä, Hän ei kuitenkaan jätä heitä yksin. Hän johdattaa heitä niin, että he kääntyvät pois pahoilta teiltään. Esimerkiksi, jos uskova, jolla on usko, ei pidä Herran päivää pyhänä tai ei anna kymmenyksiänsä tai tekee jotain, joka ei miellytä Jumalaa, Jumala sallii koettelemusten tulla heille synnin vakavuuden mukaan. Vetämällä tällaisen rajan Jumala lähettää jatkuvasti merkin lapsilleen kääntyä pois synnistä.

Edellä mainitussa jakeessa todetaan: "Hän on sokaissut heidän silmänsä ja paaduttanut heidän sydämensä, että he eivät näkisi silmillään ja ymmärtäisi sydämellään eivätkä kääntyisi ja etten minä heitä parantaisi." Ensinnäkin, me näemme silmillä, Jumalan sanoilla ja Hänen teoillaan, ja saamme uskon. Ja kun me ymmärrämme sydämellämme, emme vain kuuntele Jumalan sanaa, vaan valaistumme ja käännymme pois pahasta.

Kun ymmärrämme sydämellä, me muutumme kauniiksi totuuden ihmisiksi. Me tiedämme, että tämä on ainoa tie iankaikkiseen elämään. Joten kun me näemme omin silmin ja ymmärrämme sydämellämme ja käännymme pois pahasta, Jumala parantaa meidät ja vastaa rukouksiimme. Mutta koska ihmiset eivät heitä pois pahuuttaan, heidän silmänsä sokaistuvat ja heidän sydämensä paatuvat, eivätkä he voi saada parantumista.

Profeetta Jesaja eli noin 700 vuotta ennen kuin Jeesus tuli, mutta hän näki Herran kirkkauden ja julisti Herrasta. Tämä johtui siitä, että hänellä oli hyvä sydän ja hän otti perin pohjin vastaan Jumalan rakkauden. Hän oli täysin erilainen kuin ylipappi ja fariseukset, jotka eivät tunnistaneet Jeesusta edes Hänen seisoessaan aivan heidän silmiensä edessä.

> **"Kuitenkin useat hallitusmiehistäkin uskoivat häneen, mutta fariseusten tähden he eivät tunnustaneet, etteivät joutuisi synagoogasta erotetuiksi. Sillä he rakastivat ihmiskunniaa enemmän kuin Jumalan kunniaa."** (12:42-43)

Hallitusmiehet viittaa ihmisiin, joille palkan maksaa kuninkaan palatsi, armeija tai maa. He ovat myös ihmisiä, jotka työskentelevät tai palvelevat temppelissä. Neuvoston, temppelin, palatsin tai tuomioistuimen johtajia tai ihmisiä, jotka palvelevat kuninkaan hovissa, pidetään kaikkia hallitusmiehinä. Jopa tämän tyyppisten yhteiskunnan hallitusmiesten joukossa Jeesukseen Kristukseen uskovien ihmisten määrä kasvoi.

Synagoogasta erotetuiksi tulemisen pelossa he eivät kuitenkaan voineet paljastaa uskoaan. Jos he tunnustaisivat Jeesuksen Kristukseksi, he eivät menettäisi ainoastaan sosiaalista asemaansa, vaan he joutuisivat myös sietämään ihmisten vainoa ja pilkkaa. Joten jos heillä olikin uskoa, heillä ei ollut täydellistä uskoa tai totista sydäntä (Hepr. 10:22). He rakastivat enemmän ihmisten kunniaa, rikkauksia, mainetta ja tämän maailman valtoja kuin Jumalan kunniaa.

### "Minä olen tullut pelastamaan maailman"

"Mutta Jeesus huusi ja sanoi: 'Joka uskoo minuun,

se ei usko minuun, vaan häneen, joka on minut lähettänyt. Ja joka näkee minut, näkee hänet, joka on minut lähettänyt. Minä olen tullut valkeudeksi maailmaan, ettei yksikään, joka minuun uskoo, jäisi pimeyteen. Ja jos joku kuulee minun sanani eikä niitä noudata, niin häntä en minä tuomitse; sillä en minä ole tullut maailmaa tuomitsemaan, vaan pelastamaan maailman." (12:44-47)

Erityistä kohteliaisuutta osoitetaan diplomaateille, jotka lähetetään tietyn maan edustajiksi. Se johtuu siitä, että lähettilään kanssa tekemisissä oleminen on kuin olisi tekemisissä sen maan kanssa, joka lähetti hänet, tai maan korkeimman johtajan kanssa. Samoin, jos ihminen uskoo Jumalaan, hän luottaa Jumalan lähettämään profeettaan ja tottelee tätä. Kuka sitten on Jeesus? Hän on Jumalan Poika, joka tuli tähän maailmaan ja teki monia tunnustekoja. Vaikka emme voi nähdä Jumalaa silmillämme, Jumala varmisti Jeesuksen tekemien ihmetekojen kautta, että voisimme uskoa Häneen.

Jeesus tuli tähän maailmaan tosi Valkeudeksi. Jos kompastelemme pilkkopimeässä ja kohtaamme yhden valonsäteen, se valo on arvokkain. Samoin silloin, kun olimme synnin pimeydessä emmekä tienneet, mihin suuntaan mennä, Jeesus tuli Valkeudeksi ja Hänestä tuli meille tie, totuus ja elämä. Niinpä ei ole väliä, mitä ongelmia meillä onkaan: jos me rukoilemme Isää Jumalaa Jeesuksen Kristuksen nimessä, joka on Valkeus, voimme saada avaimen kaikkien ongelmien ratkaisemiseksi.

Siksi on vain oikein, että me uskomme ja tottelemme

Jeesusta, Jumalan Poikaa, joka tuli tähän maailmaan lihassa. Kuitenkin on hyvin paljon ihmisiä, jotka eivät usko Jeesukseen tai tottele Häntä.

Jeesus ei tullut tuomitsemaan maailmaa. Siksi Hän sanoi: "Vaikka ihminen ei pidä minun sanaani, niin en minä häntä tuomitse." Tämä tarkoittaa, että ei vain Jeesus, vaan ei Jumalakaan ole kärkäs halveksimaan ja nuhtelemaan, kun ihminen tekee jotain väärin.

Pikemminkin Hän odottaa kärsivällisesti ja auttaa ihmistä tajuamaan Hänen tahtonsa ja siten tulemaan tuntemaan Hänet ja etsimään Häntä. Ja niille, jotka rakastavat Häntä, Hän kohtaa heidät ja antaa kirkkautensa heille. Tietysti Hän opettaa tuomiosta ja rangaistuksesta tämän jälkeen, mutta Hän johdattaa meidät pelastuksen tietä ilolla ja kiitoksella pelon sijaan. Siksi Jeesus sanoi: "En minä ole tullut maailmaa tuomitsemaan, vaan pelastamaan maailman."

### Viimeinen tuomio ja iankaikkinen elämä

"Joka katsoo minut ylen eikä ota vastaan minun sanojani, hänellä on tuomitsijansa: se sana, jonka minä olen puhunut, se on tuomitseva hänet viimeisenä päivänä. Sillä en minä itsestäni ole puhunut, vaan Isä, joka on minut lähettänyt, on itse antanut minulle käskyn, mitä minun pitää sanoman ja mitä puhuman. Ja minä tiedän, että hänen käskynsä on iankaikkinen elämä. Sentähden, minkä minä puhun, sen minä puhun niin, kuin Isä on minulle sanonut." (12:48-50)

2. Piet. 3:9 toteaa: *"Ei Herra viivytä lupauksensa täyttämistä, niinkuin muutamat pitävät sitä viivyttelemisenä, vaan hän on pitkämielinen teitä kohtaan, sillä hän ei tahdo, että kukaan hukkuu, vaan että kaikki tulevat parannukseen."* Ja 1. Tim. 2:4:ssä sanotaan: *"[Jumala] tahtoo, että kaikki ihmiset pelastuisivat ja tulisivat tuntemaan totuuden."*

Näin Jumala johdattaa jokaisen ihmisen pelastuksen tielle kunkin uskon määrän mukaan, jottei kukaan tunne itseänsä rasittuneeksi tai loppuunpalaneeksi tässä prosessissa. Silti on hyvin paljon ihmisiä, jotka kääntyvät pois Hänestä ja kulkevat kuoleman tietä, mikä on hyvin traagista. Tähän liittyen Jeesus sanoi: "Joka katsoo minut ylen eikä ota vastaan minun sanojani, hänellä on tuomitsijansa: se sana, jonka minä olen puhunut, se on tuomitseva hänet viimeisenä päivänä."

Jumala haluaa jokaisen saavan pelastuksen, ja täyttääkseen Hänen tahtonsa Jeesus opetti Jumalan sanaa ollessaan täällä maan päällä, ja täydellisen uhrin kautta Hän valmisti pelastustien. Joten kuten on kirjoitettu Room. 10:13:ssa: *"Jokainen joka huutaa avuksi Herran nimeä, pelastuu"*, ovi pelastukseen avattiin täysin.

Kuitenkin niitä, jotka eivät usko Herraan, odottaa ankara tuomio viimeisenä päivänä. Jumala teki iankaikkisen voimansa ja jumalallisuutensa selvästi ilmeiseksi luomakunnassaan, jottei kellään ole mitään verukkeita tuomioistuimen edessä (Room. 1:19-20). Sinä päivänä kukaan ei voi sanoa: "Minä en koskaan kuullut Jumalasta. En tiedä, kuka Jeesus Kristus on. En tiedä pelastuksen tiestä."

Hepr. 9:27 sanoo: *"Ja samoinkuin ihmisille on määrätty,*

*että heidän on kerran kuoleminen, mutta senjälkeen tulee tuomio."* Meidän eläessämme tässä maailmassa Jumala johdattaa meitä monin erilaisin tavoin niin, että voimme saada pelastuksen ja tulla Hänen kuvansa kaltaiseksi. Mutta meidän täytyy muistaa, että meitä odottaa tuomio viimeisenä päivänä. Jumalan lapset saavat iankaikkisen elämän ja taivaallisia palkintoja niitten tekojen mukaan, joita me kylvimme täällä maan päällä ollessamme. Ne, jotka eivät usko Jumalaan, joutuvat lopulta kuitenkin helvettiin ja saavat ikuisen rangaistuksen.

Jeesus ei koskaan tehnyt yhtään asiaa oman tahtonsa mukaan. Hän teki kaiken Jumalan tahdon mukaan ja Hänen aikansa mukaan. Jopa jokaisen sanan, jonka Hän puhui, Hän puhui selvällä tarkoituksella. Siksi jopa nytkin Hän ilmoittaa meille rohkeasti, että sanat, jotka Hän puhui, olivat Jumalan käskyjä.

"Sillä en minä itsestäni ole puhunut, vaan Isä, joka on minut lähettänyt, on itse antanut minulle käskyn, mitä minun pitää sanoman ja mitä puhuman. Ja minä tiedän, että hänen käskynsä on iankaikkinen elämä. Sentähden, minkä minä puhun, sen minä puhun niin, kuin Isä on minulle sanonut."

Syy, miksi Jumala näytti voimansa kaikkien tunnustekojen ja ihmeiden kautta, joita Jeesus teki, ja miksi Hän nosti Jeesuksen ylös kolme päivää Jeesuksen ristin kuoleman jälkeen, oli vapauttaa ihmiskunta synnistä ja antaa heille iankaikkinen elämä. Jeesus tiesi Isän Jumalan tahdon paremmin kuin kukaan muu. Siksi Jeesus totteli Häntä täysin ilman pienintäkään virhettä. Jos me tottelemme Jumalaa kaikessa mitä teemme, voimme näin myös täyttää Hänen tahtonsa täysin.

*Luku* 13

# Viimeinen pääsiäisateria

1. Jeesus pesee opetuslasten jalat
(13:1-20)

2. "Yksi teistä on minut kavaltava"
(13:21-30)

3. "Uuden käskyn minä annan teille"
(13:31-38)

# Jeesus pesee opetuslasten jalat

Me liikutumme usein sydämissämme, kun kuulemme kauniin rakkaustarinan, jossa ihmiset osoittavat uhrautuvaa rakkautta toisilleen. Silloin tällöin kyyneleet nousevat silmiimme kuullessamme tarinan vanhemmista, jotka uhrasivat oman elämänsä lastensa puolesta. Kuitenkaan tällaista rakkautta ei voi edes alkaa verrata Jumalan rakkauteen meihin. Jes. 49:15:ssä on kirjoitettu: *"Unhottaako vaimo rintalapsensa, niin ettei hän armahda kohtunsa poikaa? Ja vaikka he unhottaisivatkin, minä en sinua unnota."* Jeesus, joka tuli tähän maailmaan Jumalan sydämellä, osoitti tätä samaa rakkautta meille. Tämä rakkaus oli rakkautta, joka sai Hänet ottamaan ristin koko ihmiskunnan puolesta.

## Jeesuksen sydän: Rakkaus, joka rakastaa katkeraan loppuun saakka

"Mutta ennen pääsiäisjulaa, kun Jeesus tiesi hetkensä tulleen, että hän oli siirtyvä tästä maailmasta Isän tykö, niin hän, joka oli rakastanut omiansa, jotka maailmassa olivat, osoitti heille rakkautta loppuun asti. Ja ehtoollisella oltaessa, kun perkele jo oli pannut Juudas Iskariotin, Simonin pojan, sydämeen, että hän kavaltaisi Jeesuksen..." (13:1-2)

Kun Raamattu sanoo: "...hetkensä tulleen, että hän oli siirtyvä tästä maailmasta Isän tykö", se tarkoittaa, että oli tullut Jeesuksen aika kuolla ristillä. Mutta vaikka Hän tiesikin, että Hänen kärsimyksensä oli lähellä, Hän rakasti kansaansa loppuun asti. Jeesus opetti totuudella aivan viimeiseen hetkeen asti, jopa Juudas Iskariotia, jonka Jeesus tiesi kavaltavan Hänet.

Tämä tapahtui Juudas Iskariotin jo tehtyä päätöksen kavaltaa Jeesuksen. Rauhallisesti ja tarkoituksellisesti hän seurusteli muiden opetuslasten kanssa hyvin luontevasti, mutta Marian ja hajuvoiteen tapauksen jälkeen hän juonitteli myyvänsä opettajansa ylipapeille ja etsi vain sopivaa hetkeä. Opetuslapseksi tultuaan muut opetuslapset tekivät mitä tahansa pystyivät yrittääkseen ymmärtää Jeesuksen opetuksia ja seuratakseen Hänen jalanjäljissään. Jumalan voimaa todistaessaankin Juudas sitävastoin jatkoi periksi antamista epäilyksilleen ja valituksilleen. Hän ei vain kieltäytynyt heittämästä pois pahuutta sydämestään: hän jatkoi pahuuden kasaamista lihallisilla ajatuksillaan.

Lihallisia ajatuksia ovat viha, kateus, mustasukkaisuus, ylimielisyys, arvostelu ja tuomitseminen. Lihalliset ajatukset ovat kaikki ajatuksia, jotka eivät ole totuudesta. Kun ihmisen sydän on paha, hänellä voi olla vain lihallisia ajatuksia, koska vihollinen hallitsee hänen pahaa sydäntään. Kuten on kirjoitettu Room. 8:7:ssä: *"Sentähden että lihan mieli on vihollisuus Jumalaa vastaan, sillä se ei alistu Jumalan lain alle, eikä se voikaan"*, Juudas Iskariot oli täynnä lihallisia ajatuksia ja lopulta hän päätyi syyllistymään vakavaan syntiin, jota ei voi pestä pois.

Meidän täytyy varoa tätä: jokainen, joka on täynnä pahuutta sydämessään, voi tulla vihollisen, saatanan, hallinnan alaiseksi aivan kuten Juudas Iskariot. Jos emme halua vihollisen, saatanan, hallitsevan meitä, meidän täytyy muuttaa sydämemme niin, että se on täynnä totuutta. Ja Pyhän Hengen avulla meidän tulee vartioida sydäntämme hyvillä ajatuksilla ja totuuden ajatuksilla. Tehdäksemme tämän meidän tulee iloita aina, rukoilla lakkaamatta ja kiittää kaikessa. Vihollinen, saatana, ei voi hiipiä niihin, jotka elävät näin.

### Viimeinen pääsiäisateria

*"Niin Jeesus, tietäen, että Isä oli antanut kaikki hänen käsiinsä ja että hän oli lähtenyt Jumalan tyköä ja oli menevä Jumalan tykö..."* (13:3)

Torstaina iltapäivällä, päivää ennen kuin Jeesus vangittiin, Hän valmistautui pääsiäisaterialle viettääkseen viimeisen iltansa opetuslasten kanssa. Pääsiäisen valmisteluprosessi kuvataan selvemmin Luukkaan evankeliumin luvussa 22 Johanneksen evankeliumin sijaan. Jeesus kutsui Pietarin ja Johanneksen ja antoi heille erityisen tehtävän: *"Menkää ja valmistakaa meille pääsiäislammas syödäksemme"* (j. 8).

Kun opetuslapset kysyivät, missä valmistaa ateria, Jeesus käski heitä menemään kaupunkiin ja seuraamaan vesiastiaa kantavaa miestä taloon ja kertomaan talon isännälle, mitä Jeesus sanoi. Hän jopa selitti tarkasti, kuinka isäntä reagoisi. Pietari ja Johannes menivät heti kaupunkiin. Ja kas kummaa, siellä oli vesiastiaa kantava mies! Joten he seurasivat miestä taloon ja puhuivat talon isännälle. *"Opettaja sanoo sinulle: 'Missä on vierashuone syödäkseni siinä pääsiäislampaan opetuslasteni kanssa?'"* (j. 11).

Aivan kuin olisi odottanut Pietaria ja Johannesta, isäntä johdatti heidät suureen ylähuoneeseen. Kun pääsiäisateriaa valmistettiin, Jeesus otti kaksitoista opetuslasta ja istuutui heidän kanssaan ylähuoneeseen. Tuolloin Hänen katsellessaan heitä Hänen sydämensä täyttyi suuremmasta rakkaudesta heihin kuin koskaan ennen. Tietäen, että joutuisi jättämään heidät Jumalan tahdon mukaan, kun yö olisi ohi, kuinka surulliselta Hänestä on täytynyt tuntua ajatellessaan opetuslapsia, jotka jäisivät Hänen jälkeensä!

"Isä oli antanut kaikki Hänen käsiinsä" viittaa tehtävään, jonka Jumala antoi Jeesukselle. Tämä tehtävä oli koko ihmiskunnan pelastaminen. Kun ihminen Vanhan testamentin aikoina teki syntiä, hän joutui uhraamaan lehmän, lampaan, vuohen tai kyyhkysen saadakseen anteeksi Jumalalta. Tämä oli uhrilain mukaista, jossa lukee, että ilman verenvuodatusta ei ole syntien anteeksiantamusta (Hepr. 9:22). Tämä on myös syynä siihen, että Jeesuksen piti kuolla ristillä ja vuodattaa verensä pelastaakseen ihmiskunnan synneistään. Raamattu toteaa myös, että Jeesus tiesi, että "hän oli lähtenyt Jumalan tyköä ja oli menevä Jumalan tykö", mikä tarkoittaa, että Hän tiesi, että Hän pian vuodattaisi verensä ristillä ja kuolisi.

**Jeesus pesee opetuslastensa jalat**

"...nousi ehtoolliselta ja riisui vaippansa, otti liinavaatteen ja vyötti sillä itsensä. Sitten hän kaatoi

::: Jeesus pesemässä Pietarin jalkoja (mosaiikki Pyhän Pietarin basilikan ulkopuolella)

vettä pesumaljaan ja rupesi pesemään opetuslastensa jalkoja ja pyyhkimään niitä liinavaatteella, jolla oli vyöttäytynyt." (13:4-5)

Sinä yönä ylähuoneessa Jeesus nousi viimeiseltä ehtoolliseltaan ja riisui vaippansa ja vyötti itsensä liinavaatteella. Sitten Hän kaatoi vettä pesumaljaan ja pesi ja pyyhki opetuslastensa jalat heidän katsellessaan vaiti.

Juutalaisilla, jotka asuivat alueella, joka oli tunnettu karusta ja pölyisestä maaperästään, oli tapana pestä vieraan jalat, mutta tämän teki yleensä palvelija. Kuitenkin Jeesus, joka oli heidän opettajansa, pesi heidän jalkansa, joten kuinka yllättyneitä ja kiusaantuneita opetuslasten onkaan täytynyt olla! He eivät tienneet, miten pysäyttää Hänet, eivätkä he luultavasti tienneet, mitä tehdä sillä hetkellä.

Syy siihen, miksi Jeesus pesi opetuslastensa jalat, oli opettaa heille, millainen asenne ja sydän heillä piti olla, kun he ryhtyivät tärkeään evankeliumin levittämistehtävään ja todistamaan Herran ylösnousemuksesta. Jeesus halusi varmistaa, että he ymmärsivät ja tajusivat Jumalan tahdon ja ymmärsivät Jumalan rakkauden. Hän halusi heidän tietävän, että heidän oli tehtävä kaikki uhrautuen ja palvelevalla sydämellä, kun he alkoivat levittää evankeliumia.

### Jeesuksen keskustelu Simon Pietarin kanssa

"Niin hän tuli Simon Pietarin kohdalle, ja tämä sanoi hänelle: 'Herra, sinäkö peset minun jalkani?'

Jeesus vastasi ja sanoi hänelle: 'Mitä minä teen, sitä et nyt käsitä, mutta vastedes sinä sen ymmärrät.' Pietari sanoi hänelle: 'Et ikinä sinä saa pestä minun jalkojani.' Jeesus vastasi hänelle: 'Ellen minä sinua pese, ei sinulla ole osuutta minun kanssani.'" (13:6-8)

Kun Jeesus tuli Simon Pietarin kohdalle ja yritti pestä hänen jalkansa, hän kysyi kainosti: "Herra, sinäkö peset minun jalkani?" Jeesus vastasi: "Mitä minä teen, sitä et nyt käsitä, mutta vastedes sinä sen ymmärrät."

Niiden tapojen ja sääntöjen mukaan, joista hän oli tietoinen, ei kertakaikkiaan ollut oikein opettajan pestä opetuslapsensa jalkoja. Jos Pietari olisi täysin luottanut Jeesukseen, hän olisi luultavasti uskonut, että oli jokin erityinen syy, jonka takia Jeesus teki mitä teki. Mutta koska hänen näkemänsä ei käynyt hyvin yksiin hänen oman tietonsa ja ajatustensa kanssa, hän kielsi Jeesusta pesemästä hänen jalkojaan. Tämä oli seurausta siitä, että Pietari luotti yhä lihallisiin ajatuksiinsa. "Et ikinä sinä saa pestä minun jalkojani."

Jeesus tiesi, että kun opetuslapset levittävät evankeliumia palvelijan sydämellä, monet ihmiset tulevat saamaan todellisen uskon. Hän tiesi myös, että vasta kun heistä tulee apostoleja, jotka palvelevat, heitä pidetään suurina taivaassa. Kun Jeesus alensi itsensä ja alistui Jumalan tahtoon kuolemaan asti, Jumala nosti Hänet korkealle kaiken yläpuolelle. Jeesus pesi opetuslastensa jalat antaakseen heille tämän hengellisen opetuksen, mutta Pietari kieltäytyi ajatellen omien ajatustensa olevan oikeampia. Nähdessään Pietarin tulevan Jumalan tahdon täyttymisen tielle, Jeesus jatkoi hänelle puhumista: "Ellen minä sinua pese, ei sinulla ole osuutta minun kanssani."

Jalkoja voidaan pitää ruumiin likaisimpana osana, erityisesti tuona aikana. Tuolloin ihmisillä ei ollut hyviä kenkiä, kuten meillä on tänään. Ihmiset käyttivät sandaaleja, jotka oli sidottu nahkanauhoilla, joten jalat olivat aina hiekan ja pölyn peitossa. Niinpä likaisten jalkojen pesu ei symboloinut vain "palvelijana toimimisen mallia", vaan se kantoi myös suurempaa merkitystä: Jeesus "pesemässä pois ihmisen likaiset synnit."

Kuten Raamatussa on kirjoitettu: *"Sillä sydämestä lähtevät pahat ajatukset, murhat, aviorikokset, haureudet, varkaudet, väärät todistukset, jumalanpilkkaamiset. Nämä ihmisen saastuttavat; mutta pesemättömin käsin syöminen ei saastuta ihmistä"* (Matt. 15:19-20), Jeesus halusi opetuslastensa tajuavan, että heidän piti heittää pois syntinsä ja pestä itsensä puhtaaksi synnistä. Vesi symboloi Jumalan sanaa. Vain kun ihminen pesee syntinsä Jumalan sanalla, voi hän palvella sydämellään, ja vasta sitten häntä voidaan kutsua Jumalan pojaksi.

Jos ihminen väittää uskovansa Jumalaan, mutta ei pese itseänsä synnistä, hän ei voi kohdata Jumalaa eikä hänellä ole mitään tekemistä Jumalan kanssa. Jeesus, joka pesi opetuslastensa jalat, halusi heidän pesevän sydämensä synnistä ja tulevan Jumalan todellisiksi lapsiksi.

> **"Simon Pietari sanoi hänelle: 'Herra, älä pese ainoastaan minun jalkojani, vaan myös kädet ja pää.' Jeesus sanoi hänelle: 'Joka on kylpenyt, ei tarvitse muuta, kuin että jalat pestään, ja niin hän kokonaan puhdas; ja te olette puhtaat, ette kuitenkaan kaikki.' Sillä hän tiesi kavaltajansa; sentähden hän sanoi: 'Ette**

kaikki ole puhtaat.'" (13:9-11)

Kuultuaan, ettei hänellä ole mitään tekemistä Jeesuksen kanssa, ellei Jeesus pese hänen jalkojaan, Pietari vastasi nopeasti: "Herra, älä pese ainoastaan minun jalkojani, vaan myös kädet ja pää."

Vain hetki sitten Pietari sanoi Jeesukselle, ettei Hänen pitäisi koskaan pestä hänen jalkojaan, mutta nyt hän käski Jeesusta pesemään paitsi hänen jalkansa, myöskin hänen kätensä ja päänsä. Jälleen kerran voimme nähdä Pietarin rehellisyyden – hän ei koskaan piilottanut sitä, mitä hänen sydämessään oli – ja ulospäin suuntautuneen persoonallisuuden, joka halusi aina olla keskellä toimintaa. Tällainen luonne tuotti Pietarille usein haukkumisia, mutta silloinkin Jeesus näki Pietarin voivan muuttua ja opetti hänelle toisen opetuksen. "Joka on kylpenyt, ei tarvitse muuta, kuin että jalat pestään."

Kun Jeesus puhui "siitä, joka on jo kylpenyt", Hän puhuu "siitä, joka jo uskoo." Tämä viittaa johonkuhun, joka on tullut uskovaksi kuultuaan Jumalan sanaa ja nähtyään tunnustekoja ja ihmeitä. Joten kun uskova tarvitsee jaloilleen pesua, se tarkoittaa, että ennen kuin hän saa täyden uskon, hänen pitäisi aina katsoa sisälle itseensä ja mietiskellä Jumalan sanaa ja muuntua totuuden ihmiseksi. Jos me väitämme uskovamme ja rakastavamme Jumalaa emmekä kuitenkaan heitä pois pahuutta sydämestämme, se ei merkitse mitään. Emme voi jakaa armoa muiden kanssa, emmekä voi johtaa muita totuuden tielle. Siksi on tärkeää heittää pois kaikki pahuus sydämestämme ja muuntua Jumalan Sanalla.

Jos sitten opetuslapset olivat tuolloin tilassa, jossa he eivät olleet heittäneet pois kaikkia syntejään, miksi Jeesus sanoi: "Te olette puhtaat"? Kun Jeesus sanoi, että he olivat puhtaita, Hän tarkoitti, että he olivat hengellisesti hereillä. Kun he kuuntelivat Jumalan sanaa, he yrittivät selvittää Hänen sanansa hengellistä merkitystä ja tekivät kaikkensa pitääkseen itsensä kurissa ja ollakseen täydellisessä, tervehenkisessä uskossa.

Tällaisten ihmisten tunnustetaan olevan puhtaita, vaikka he eivät ehkä ole hylänneet syntejänsä kokonaan, koska he tekevät parhaansa tullakseen tervehenkisiksi uskossa. Mutta yksi henkilö, Juudas Iskariot, ei ollut sellainen. Hän luuli, ettei kukaan tiennyt, että hän oli käynyt ylipappien luona, mutta Jeesus tiesi jo. Koska pimeys paljastuu valkeuden läsnäollessa, Jeesus jopa tiesi, mitä Juudaksen sydämen sisällä oli. Joten auttaakseen häntä tajuamaan, Hän sanoi: "Te olette puhtaat, ette kuitenkaan kaikki." Jeesus halusi antaa Juudaalle viimeisen tilaisuuden muuttua.

### Opetus rakkaudesta ja nöyryydestä

"Kun hän siis oli pessyt heidän jalkansa ja ottanut vaippansa ja taas asettunut aterialle, sanoi hän heille: 'Ymmärrättekö, mitä minä olen teille tehnyt? Te puhuttelette minua opettajaksi ja Herraksi, ja oikein te sanotte, sillä se minä olen. Jos siis minä, teidän Herranne ja opettajanne, olen pessyt teidän jalkanne, olette tekin velvolliset pesemään toistenne jalat.'" (13:12-14)

Pestyään opetuslasten jalat Jeesus laittoi vaippansa takaisin päälleen ja asettui taas aterialle. Hän katsoi ympärilleen opetuslapsiinsa. "Ymmärrättekö, mitä minä olen teille tehnyt?" Hän lisäsi: "Olette tekin velvolliset pesemään toistenne jalat."

Vaikkakin Jeesuksen itsensä piti lähteä, Hän halusi opetuslasten, jotka Hän jätti jälkeensä tähän maailmaan, ja niiden, jotka levittäisivät evankeliumia, säilyttävän kauniin suhteen toisiinsa palvellen, rakastaen ja lohduttaen toisiaan. Mutta tämä viesti ei koske vain opetuslapsia. Kaikki ihmiset, jotka uskovat Jumalaan, ovat veljiä ja sisaria, yhtä perhettä Kristuksessa. Siksi meidän on rakennettava ja johdatettava toisiamme rakkaudessa.

2. Piet. 1:7:ssä käsketään osoittamaan *"jumalisuudessa veljellistä rakkautta, veljellisessä rakkaudessa yhteistä rakkautta."* Ja Room. 12:10:ssä sanotaan: *"Olkaa veljellisessä rakkaudessa hellasydämiset toisianne kohtaan; toinen toisenne kunnioittamisessa kilpailkaa keskenänne."*

Kuitenkaan Jeesus ei vain sanonut: "Palvelkaa ja rakastakaa toisianne." Hän sanoi: "Jos siis minä, teidän Herranne ja opettajanne, olen pessyt teidän jalkanne, olette tekin velvolliset pesemään toistenne jalat."

Tämä tarkoittaa, että ihmisen, joka on johtaja, ihmisen, joka on opetusasemassa, täytyy palvella, antaa ja uhrata ensin johtaakseen muita totuuteen. Uskovien Herrassa, jotka ovat uskon edelläkävijöitä, on otettava mallia Jeesuksesta uhrauksen ja palvelun kautta. Ja täyttääksemme kutsumuksemme hyvin, meidän on tunnustettava sydämestämme, että olemme mitä olemme Jumalan armosta, ja meidän tulee pitää muita parempina kuin itseämme.

## Palvelijan ja Herran vertaus

*"Sillä minä annoin teille esikuvan, että myös te niin tekisitte, kuin minä olen teille tehnyt. Totisesti, totisesti minä sanon teille: ei ole palvelija herraansa suurempi eikä lähettiläs lähettäjäänsä suurempi. Jos te tämän tiedätte, niin olette autuaat, jos te sen teette."* (13:15-17)

Jos joku elää väärämielistä elämää ja opettaa toista ihmistä elämään vanhurskasta elämää, olisiko hänen opetuksensa tehokasta? Sama koskee totuutta. Jos emme elä Jumalan sanan mukaan ja yritämme opettaa muita ihmisiä, emme voi koskaan muuttaa heitä. Päinvastoin, jos elämme totuuden mukaan ja opetamme muita tekemään samoin, niin Jumala takaa sanamme. Siksi ihmiset, joita me opetamme, käyvät läpi muutoksen.

Tiit. 2:7-8 sanoo: *"Aseta itsesi kaikessa hyvien tekojen esikuvaksi, olkoon opetuksesi puhdasta ja arvokasta ja puheesi tervettä ja moitteetonta, että vastustaja häpeäisi, kun hänellä ei ole meistä mitään pahaa sanottavana."* Vihollinen, paholainen ja saatana, eivät voi häiritä ketään, joka elää mallielämää koko ajan hyvien toimien kautta. He onnistuvat kaikessa mitä tekevät, ja heidän elämän vaelluksensa on suora. Koska on niin tärkeää olla hyvä esimerkki teoissaan, Jeesus pesi opetuslastensa jalat ja näytti heille palvelun mallin.

Käyttäen kuvaa "herra ja palvelija" ja "lähettäjä ja lähettiläs" Jeesus opetti Jumalan ja Jeesuksen välisen suhteen. "Herra" ja "lähettäjä" tarkoittavat Jumalaa ja "palvelija" ja "lähettiläs" tarkoittavat Jeesusta itseään. Fil. 2:7 kutsuu Jeesusta orjaksi, joka tehtiin ihmisten kaltaiseksi, ja Joh. 17:18:ssa Jeesus sanoo, että Jumala lähetti Hänet tähän maailmaan.

Kaikessa mitä Jeesus teki, Hän tunnusti aina Jumalan, ja Hän tunsi selvästi Jumalan sydämen ja tahdon ihmiskunnan pelastustien valmistamisessa Hänen kauttaan (Joh. 3:16, Luuk. 5:32). Täyttääkseen Jumalan tahdon Jeesus vain totteli aina ristiinnaulitsemiseen saakka (Fil. 2:8). Vaikka Hän oli Jumalan Poika, ei ollut helppoa suorittaa kaikki tämä. Jeesuksen täytyi aina rukoilla, jotta Hän pystyi täysin ymmärtämään, mikä Jumalan tahto on ja kuinka Hän voisi kantaa kunnon hedelmiä Hänen tahtonsa mukaisesti. Siten se, että Hän täytti kaiken Jumalan tahdon mukaisesti, antaa meille täydellisen esimerkin.

Tämä Jeesus, joka osoitti rakkautta ja nöyryyttä toimissaan, muistutti opetuslapsiaan: "Totisesti, totisesti, minä sanon teille: ei ole palvelija Herraansa suurempi eikä lähettiläs lähettäjäänsä suurempi. Jos te tämän tiedätte, niin te olette autuaat, jos te sen teette." Mitä Jeesus tarkoitti tässä, oli se, että Jumalan siunaukset tulevat niille, jotka aina pelkäävät Jumalaa, joka on kaikkien sielujen Herra. Ja Jumalan siunaus on niiden kanssa, jotka aina etsivät Jumalan tahtoa ja yrittävät toimia sen mukaisesti, missä tahansa he ovatkin.

### Ennustus Juudas Iskariotin kavalluksesta

"En minä puhu teistä kaikista: minä tiedän, ketkä olen valinnut; mutta tämän kirjoituksen piti käymän toteen: 'Joka minun leipääni syö, on nostanut kantapäänsä minua vastaan.' Jo nyt minä sanon teille, ennenkuin se tapahtuu, että te, kun se tapahtuu, uskoisitte, että minä olen se." (13:18-19)

Vaikka vanhempi miten paljon opettaa lastansa kulkemaan parasta tietä, jos lapsella ei ole omaa tahtoa, hän ei voi kulkea tuota tietä. Tämä on samankaltaista kuin Jeesuksen opetus siitä, mikä tie on siunauksen tie. Juudas Iskariot kavalsi kuitenkin lopulta Jeesuksen joka tapauksessa. Tämä tapahtuma ennustettiin itse asiassa kauan sitten. Jeesus viittasi Psalmiin 41:10, jossa todetaan: *"Ystävänikin, johon minä luotin, joka minun leipääni söi, nostaa kantapäänsä minua vastaan."* Sanomalla tämän Jeesus kertoi opetuslapsilleen, että yksi heistä kavaltaisi Hänet.

"Joka minun leipääni syö" viittaa johonkuhun, joka aina pysyy Jeesuksessa ja oppii Jumalan sanaa, joka on elämän leipä. Ja kun Jeesus käytti ilmaisua: "on nostanut kantapäänsä minua vastaan", se tarkoittaa, että joku, joka oli kulkenut samaan suuntaan Hänen kanssaan, on muuttanut suuntaansa, tarkoittaen, että hän on mennyt pois Jeesuksen luota ja kulkee nyt eri tietä. Hän puhui Juudas Iskariotista, joka pettäisi Jeesuksen ja myisi Hänet juutalaisille. Siihen, miksi Jeesus kertoi opetuslapsille tästä ennen kuin se tapahtui, oli syy. "Että te, kun se tapahtuu, uskoisitte, että minä olen se." Jeesus halusi varoittaa opetuslapsia niin, että kun Hänet vangitaan, he eivät järkyty tai pelästy, vaan pikemminkin ymmärtävät: "Ah, nyt Jumalan tahto täyttyy" ja valmistautuvat siihen, mikä tuleman pitää.

## Jeesus, joka on yhtä Jumalan kanssa

"Totisesti, totisesti minä sanon teille: joka ottaa vastaan sen, jonka minä lähetän, se ottaa vastaan minut; mutta joka ottaa vastaan minut, se ottaa vastaan hänet, joka on minut lähettänyt." (13:20)

Jeesuksen, jonka Jumala lähetti, vastaanottaminen on sama kuin Jumalan vastaanottaminen. Se seikka, että tapahtumat, joista Jeesus kertoi, tapahtuivat tarkalleen niin kuin Hän sanoi niitten tapahtuvan, oli todiste siitä, että voimme laittaa uskomme Hänen sanaansa. Tämä oli todiste, joka osoitti, että Jeesus on Jumalan Poika ja että Hän on yhtä Jumalan kanssa.

Ymmärtääksemme Jumalan kaitselmuksen Hänen ainokaisen Poikansa lähettämisessä tähän maailmaan avaamaan pelastustien, meidän tarvitsee ensin ottaa vastaan Jeesus. Jos emme ota Jeesusta vastaan Kristuksena, emme voi ymmärtää Jumalan kaitselmusta ihmiskunnan pelastamiseksi. 1. Joh. 5:12 sanoo: *"Jolla Poika on, sillä on elämä; jolla Jumalan Poikaa ei ole, sillä ei ole elämää."* Tämä osoittaa, että Jumalan ja Jeesuksen välinen suhde on Isän ja Pojan suhde.

Tällainen suhde koskee myös niitä, jotka ottavat vastaan Jeesuksen. Mark. 16:20:ssä todetaan: *"Mutta he lähtivät ja saarnasivat kaikkialla, ja Herra vaikutti heidän kanssansa ja vahvisti sanan sitä seuraavien merkkien kautta."* Jeesus oli itseasiassa opetuslasten kanssa hengessä. Siksi niille, jotka uskoivat opetuslasten sanat, se oli sama kuin Herran vastaanottaminen.

# "Yksi teistä on minut kavaltava"

Pestyään opetuslastensa jalat Jeesus opetti heille rakkaudesta ja nöyryydestä ja ennusti sitten Juudaan kavalluksen. Vanha korealainen sanonta sanoo, että kun puree kaikkia kymmentä sormea, ei ole yhtäkään sormea, joka ei satu. Vastaavasti miltä luulet Jeesuksesta tuntuneen Hänen tietäessään, että yksi Hänen opetuslapsistaan, joka oli ollut Hänen kanssaan niin kauan, kavaltaisi Hänet? Miten tuskallista sen on täytynyt olla Hänelle!

### "Yksi teistä on minut kavaltava"

"Tämän sanottuaan Jeesus tuli järkytetyksi hengessään ja todisti ja sanoi: 'Totisesti, totisesti

minä sanon teille: yksi teistä on minut kavaltava.'
Niin opetuslapset katsoivat toisiinsa epätietoisina,
kenestä hän puhui. Ja eräs hänen opetuslapsistaan,
se, jota Jeesus rakasti, lepäsi aterioitaessa Jeesuksen
syliä vasten. Simon Pietari nyökäytti hänelle päätään
ja sanoi hänelle: 'Sano, kuka se on, josta hän puhuu.'"
(13:21-24)

Jeesus puhui nämä sanat suurella vaivalla. Koko ajan Hän oli tiennyt, että yksi Hänen opetuslapsistaan myisi Hänet juutalaisille, mutta tämä oli ensimmäinen kerta, kun Hän puhui siitä. Hetken ajaksi kaikki huoneessa alkoivat liikkua vaivautuneina. Kukaan ei odottanut kuulevansa, mitä Jeesus sanoi, joten he kaikki hämmentyivät hieman. Hyvin pian opetuslapset muuttuivat hämmentyneistä uteliaiksi. "Kenestä Hän voisi puhua?" "Kuka tekisi tällaista pahaa?" Sitten jokainen alkoi silmäillä toisiaan luotaavin silmin.

Jokainen heistä huolestui vähän, ihmetellen: *"Voisiko Hän puhua minusta?"* (Mark. 14:19). Pietari ei voinut enää odottaa, ja hän viittilöi Jeesuksen syliin nojaavalle opetuslapselle käskien häntä kysymään Jeesukselta, kenestä opetuslapsesta Hän puhui. Mutta Raamattu ei mainitse Jeesukseen nojaavan opetuslapsen nimeä, se vain sanoo: "Eräs hänen opetuslapsistaan, se, jota Jeesus rakasti." Tämä opetuslapsi oli itseasiassa apostoli Johannes, Johanneksen evankeliumin kirjoittaja.

Johannes ei paljastanut nimeään kirjassaan. Sen sijaan hän halusi käyttää ilmaisua "opetuslapsi, jota Jeesus rakasti" puhuessaan itsestään (Joh 21:23). Sebedeuksen poika, Johannes, oli Jaakobin veli. Persoonallisuudestaan riippuen ihminen ilmaisee rakkautta eri tavoin. Aivan kuin perheen nuorin poika, Johannes seurasi Jeesusta ympäriinsä äärimmäisellä ihailulla ja rakkaudella.

Mutta mikä merkitys on sillä seikalla, että vaikka kaikki opetuslapset palvelivat ja seurasivat Jeesusta niin tiiviisti, yksi heistä päätyi myymään Hänet? Se, mitä voimme oppia tästä, on, että vaikka ympäristö olisi miten ihana uskossa kasvamiselle, saatamme päätyä kauheaan lopputulokseen, ellemme heitä pois pahaa sydämestämme.

Kun Jeesus avasi sokean silmät, paransi sairaat ja sai rammat kävelemään, Juudas Iskariot oli siellä Hänen vieressään, todistaen joka tapahtuman. Juudaksen olisi pitänyt pystyä uskomaan, että Jeesus oli totuuden ihminen ja että Jumala oli Hänen kanssaan. Mutta uskon sijaan Juudas varasti rahaa, ja haaveillen suuren vallan saamisesta jonakin päivänä, hän antoi itsekkään kunnianhimonsa ohjata itseään. Ja koska hän ei heittänyt pahaa sydämestään, hän lopulta päätyi syyllistymään peruuttamattomaan syntiin.

Opetus, joka meidän pitää oppia tästä, on tämä: niiden, jotka saavat enemmän erityistä armoa ja rakkautta Jumalalta, kuten opetuslasten, täytyy vielä tarkemmin tutkiskella itseään läpikotaisin koko ajan. Totuus kehottaa meitä "palvelemaan", joten meidän pitäisi tarkistaa "palvelemmeko" emmekä "halua tulla palvelluksi." Sana käskee meitä "etsimään toisten etua", joten meidän täytyy sitten tarkastaa, etsimmekö todella aina toisten etua ennen omaamme.

**"Herra, kuka se on?"**

"Niin tämä, nojautuen Jeesuksen rintaa vasten, sanoi hänelle: 'Herra, kuka se on?' Jeesus vastasi: 'Se on se, jolle minä kastan ja annan tämän palan.' Niin hän otti palan, kastoi sen ja antoi Juudaalle, Simon Iskariotin pojalle. Ja silloin, sen palan jälkeen, meni häneen saatana. Niin Jeesus sanoi hänelle: 'Minkä teet, se tee pian.'" (13:25-27)

Johannes oli myös utelias. Joten kun Pietari nyökäytti hänelle päätään pyytäen häntä kysymään Herralta, hän kysyi: "Herra, kuka se on?" Jeesus sanoi: "Se on se, jolle minä kastan ja annan tämän palan."
Jeesus kastoi palan ja antoi sen Juudaalle. Sanoitta Juudas otti leivän opettajalta. Katsoessaan Juudasta tällä kertaa Jeesuksen silmät heijastivat monia tunteita. Hänen silmänsä olivat täynnä surua ja murhetta ja rakkautta. Jeesus ei voinut luopua hänestä, mutta Hän tiesi, että viime kädessä Juudas ei koskaan kääntyisi tavoistaan.

Miksi siis Jeesus paljasti, kuka Hänet kavaltaisi, kastamalla palan ja ojentamalla sen sitten Juudaalle? Jopa viimeiseen hetkeen asti Jeesus halusi antaa Juudaalle mahdollisuuden tehdä parannuksen ja kääntyä tavoistaan. Sama tapahtuma löytyy Matt. 26:23-24:stä: *"Hän vastasi ja sanoi: 'Joka minun kanssani pisti kätensä vatiin, se kavaltaa minut. Ihmisen Poika tosin menee pois, niinkuin hänestä on kirjoitettu, mutta voi sitä ihmistä, jonka kautta Ihmisen Poika kavalletaan!*

*Parempi olisi sille ihmiselle, että hän ei olisi syntynyt.'"*

Juudas, jonka sydämeen pisti, kysyi: "Rabbi, en kai minä ole se?" Ja Jeesus vastasi hänelle: "Sinäpä sen sanoit." Tähän mennessä Juudaan olisi pitänyt tietää, että Jeesus tiesi, mitä hän suunnitteli tehdä. Silti hän oli yhä vilpillinen eikä muuttanut mieltään.

Toinen syy, miksi Jeesus kastoi palan ja ojensi sen Juudaalle, oli, jotta toiset opetuslapset tietäisivät. Ylösnousemuksensa ja taivaaseen astumisensa jälkeen heidän muistellessaan kaikkea mitä tapahtui, Jeesus halusi heidän tajuavan, että avatakseen oven pelastukseen Jeesus ei pysäyttänyt Juudasta, vaikkakin Hän tiesi kaiken. Tästä syystä opetuslapset pystyivät huutamaan ja julistamaan suuremmalla varmuudella, että Jeesus on Kristus.

Kun Jeesus ojensi palan Juudaalle ja antoi hänelle luvan, saatana meni häneen. Pinnallisesti Juudas myi opettajansa, mutta todellisuudessa hän oli saatanan hallinnassa. Siksi Raamattu sanoo, että saatana meni häneen. Tappaakseen Jeesuksen, joka tuli Vapahtajaksi, vihollinen, perkele ja saatana, oli valinnut pahan Juudas Iskariotin tekemään työnsä.

Tässä perkeleen työ ja saatanan työ eroavat toisistaan. Saatana on kuin radioaalto, joka hallitsee mieltä ja saa ajattelemaan pahoja ajatuksia, ja perkele on se, joka laittaa ihmisen panemaan pahat ajatukset toimintaan. Saatana valutti Juudas Iskariotiin oman opettajansa myymisajatuksen. Ongelma tässä oli, että koska Juudas oli paha, hän hyväksyi ajatuksen sen sijaan, että olisi taistellut siitä eroon. Ja mennen pelkkää ajatusta Jeesuksen myymisestä pidemmälle hän alkoi itseasiassa muodostaa suunnitelmaa. Tämä on perkeleen toimintaa.

Siksi Jeesus sanoi: *"Enkö minä ole valinnut teitä, te kaksitoista? Ja yksi teistä on perkele"* (Joh. 6:70). Siten pahaa ihmistä hallitsee paha henki. Siksi meidän tarvitsee rukoilla kiivaalla palolla ja täyttyä Pyhällä Hengellä eikä päästää saatanaa koskettamaan ajatuksiamme. Jonkun ajan kuluttua Jeesus sanoi Juudaalle: "Minkä teet, tee se pian."

## Opetuslapset eivät ymmärrä Jeesuksen sanoja

"Mutta ei kukaan aterioitsevista ymmärtänyt, mitä varten hän sen hänelle sanoi. Sillä muutamat luulivat, koska rahakukkaro oli Juudaalla, Jeesuksen sanoneen hänelle: 'Osta, mitä tarvitsemme juhlaksi', tai että hän antaisi jotakin köyhille. Niin hän, otettuaan sen palan, meni kohta ulos; ja oli yö." (13:28-30)

Muut opetuslapset eivät voineet millään tietää, mikä keskustelu Jeesuksen ja Juudas Iskariotin välillä käytiin. He olettivat, että Juudas Iskariot lähti aikaisin sanomatta mitään ostamaan jotakin, mitä tarvittiin juhlaa varten, tai köyhiä auttamaan. Tämä oli siksi, koska hän oli vastuussa rahakukkarosta.

Opetuslasten kyselyyn siitä, kuka myisi opettajan, Jeesus ei vastannut suoraan. Sen sijaan Hän vastasi toimillaan. Kuitenkaan kukaan ei ymmärtänyt. Tämä johtui siitä, että se seikka, että syntisen kädet myisivät Jeesuksen ja Hän kuolisi ristillä täyttääkseen pelastussuunnitelman, oli salaisuus, joka oli ollut piilossa ajan alusta asti. Jumala varmisti, ettei kukaan tiennyt siitä ennen kuin suunnitelma lopulta paljastettiin.

Luuk. 18:34 sanoo: *"Mutta he eivät ymmärtäneet tästä mitään, ja tämä puhe oli heiltä niin salattu, etteivät he käsittäneet, mitä sanottiin."* Siksi Jeesus pystyi tuomaan Juudaan avoimesti esille ja puhumaan hänestä. Vaikka vihollinen, perkele, olisi kuinka ovela, ja vaikka se yrittäisi kuinka kovasti päästä eroon Jeesuksesta, Jumalan tahto pysyy vahvana loppuun saakka. Ja se, että Jeesus ilmestyisi jälleen ylösnousemuksen kirkkauden kautta, oli totuus, joka ei tulisi muuttumaan.

Ahdistuen pelosta, että hänen suunnitelmansa olivat paljastuneet, Juudas Iskariot nousi hitaasti istuimeltaan ja livahti ulos. Ulkona oli pitkään ollut pimeä, ja yöilma syleili kylmästi Juudaan sydäntä.

# "Uuden käskyn minä annan teille"

Huolimatta tilanteen uskomattoman raskaista vaatimuksista Jeesus oli melko rauhallinen. Koska Juudas Iskariot lähti toteuttamaan hankettaan, Jeesuksen vangitseminen oli vain ajan kysymys. Vähän ajan kuluttua Jeesus luovutettaisiin ihmisille, jotka tavoittelivat Häntä tappaakseen, ja Hänen täytyisi kärsiä. Mutta mitä luulette Jeesuksen tehneen juuri ennen tätä kaikkea?

### Jeesus näki kirkkauden

"Kun hän oli mennyt ulos, sanoi Jeesus: 'Nyt Ihmisen Poika on kirkastettu, ja Jumala on kirkastettu hänessä. Jos Jumala on kirkastettu hänessä, niin kirkastaa myös Jumala hänet itsessään ja kirkastaa hänet pian.'" (13:31-32)

Jeesus tiesi ja niin Hän tunnusti, että Jumalan suunnitelma täyttyisi sen kautta, että Hänet myytäisiin pahojen käsiin ja Hän kuolisi ristillä. Hän tiesi, että Hänen kuoltuaan ristillä ihmiskunnan syntien puolesta ja noustuaan ylös pelastuksen tie avataan ja sitten saadaan Jumalan todellisia lapsia, jotka tuntevat Jumalan sydämen.

Tätä Jumala oli odottanut koko tämän ajan; jokainen päivä oli tuntunut kuin tuhannelta vuodelta ja tuhat vuotta oli tuntunut kuin yhdeltä päivältä. Ja nyt Jeesuksen kautta kaikki nämä suunnitelmat täyttyisivät. Siksi on vain oikein, että Jumala kirkastettaisiin. Joten kun Juudas Iskariot lähti myymään Jeesusta, oli aivan kuin se olisi tehty. Siksi Jeesus sanoi, että Ihmisen Poika oli jo kirkastettu.

Millaisen kirkkauden Jeesus siis sai? Jos joku saavuttaa jotain ensimmäistä kertaa, sitä pidetään kunniana jopa tässä maailmassa. Jeesuksesta tuli ylösnousemuksen ensihedelmä. Jeesus antoi elämänsä tuhotakseen kuilun, joka muodostui Jumalan ja ihmisen välille ihmisen synnin takia. Ja tekemällä niin Hän toi jälleen kerran rauhan näiden kahden olevaisen välille. Ja koska Hänellä ei ollut syntiä, Hän tuhosi kuoleman vallan ja nousi ylös kuolleista ja tuli kuoloon nukkuneiden ensihedelmäksi (1. Kor. 15:20).

Hänestä tuli loistava Vapahtaja, joka johtaisi monia sieluja helvetistä taivaaseen ja kuolemasta iankaikkiseen elämään. Jumala teki Jeesuksesta Kristuksesta pelastuksen ainoan oven (Ap.t. 4:12). Siksi Jeesus saa nyt ja ikuisesti kunnian ja kiitoksen kaikilta Jumalan lapsilta, jotka ovat saaneet pelastuksen Hänen kauttaan, joten kuinka suuri onkaan tämä kunnia?

## Jeesus antaa uuden käskyn

"Lapsukaiset, vielä vähän aikaa minä olen teidän kanssanne. Te tulette minua etsimään, ja niinkuin sanoin juutalaisille: 'Mihin minä menen, sinne te ette voi tulla', niin minä sanon nyt myös teille. Uuden käskyn minä annan teille, että rakastatte toisianne, niinkuin minä olen teitä rakastanut – että tekin niin rakastatte toisianne. Siitä kaikki tuntevat teidät minun opetuslapsikseni, jos teillä on keskinäinen rakkaus." (13:33-35)

Jeesus oli sanonut juutalaisille kerran ennen: *"Missä minä olen, sinne te ette voi tulla"* (Joh. 7:34). Tämä on siksi, koska kuoltuaan ristillä ja noustuaan ylös Hän saisi uuden, hengellisen ruumiin ja astuisi taivaaseen. Tietysti Hän olisi opetuslasten kanssa hengessä vahvistaen sanaa tunnustekojen ja ihmeiden kautta, mutta Hän ei olisi heidän kanssaan lihassa. Jeesuksen noustua ylös ja astuttua taivaaseen Häntä ei voisi löytää tai nähdä tässä maailmassa. Kuitenkin on yksi tapa olla yhtä Herran kanssa. Se on rakastamalla muita kuten Hän rakastaa meitä.

Syy, miksi Jumala lähetti Jeesuksen tähän maailmaan, oli, koska Hän rakasti ihmisiä, vaikka heistä oli tullut syntisiä. Toimintansa kautta Jeesus opetti ihmisille Jumalan rakkaudesta.

Meidän täytyy tuntea rakkaus ja varmistaa, että rakkaus pysyy meissä (Ef. 5:1-2).

Mitä enemmän meissä on Jumalan rakkautta, sitä rakkautta, joka odotti hyvin pitkään niin kärsivällisesti saadakseen todellisia lapsia, sitä enemmän sieluja me voimme johtaa pelastukseen. Ystävällisyys, ettei käyttäydy sopimattomasti, ettei tavoittele omaa etua jne. ovat hengellisen rakkauden hedelmiä. Mitä enemmän näitä hedelmiä me kannamme, sitä täydellisemmin me voimme toteuttaa Jumalan työn. Uskovat, jotka elävät tällä tavoin, ovat niitä, jotka Jumala tunnustaa "minun todellisiksi lapsikseni" ja Jeesus kutsuu heitä "minun todellisiksi opetuslapsikseni."

### "Sinä kiellät minut kolme kertaa"

"Simon Pietari sanoi hänelle: 'Herra, mihin sinä menet?' Jeesus vastasi hänelle: 'Mihin minä menen, sinne sinä et voi nyt minua seurata, mutta vastedes olet minua seuraava.' Pietari sanoi hänelle: 'Herra, miksi en nyt voi seurata sinua? Henkeni minä annan sinun edestäsi.' Jeesus vastasi: 'Sinäkö annat henkesi minun edestäni? Totisesti, totisesti minä sanon sinulle: ei laula kukko, ennenkuin sinä minut kolmesti kiellät.'" (13:36-38)

Kun Jeesus puhui kuolemisesta ristillä, ylösnousemisesta ja taivaaseen astumisesta, Pietari täyttyi ahdistuksesta ja sanoi: "Herra, mihin sinä menet?" "Mihin minä menen, sinne sinä et voi nyt minua seurata, mutta vastedes olet minua seuraava", vastasi Jeesus.

Pietari oli aina Jeesuksen kanssa kolmen vuoden ajan, joka ei ole lyhyt aika. Kun Jeesus meni ylös Kirkastusvuorelle ja kun Hän herätti henkiin Jairuksen, synagoogan esimiehen, tyttären, Pietari oli Hänen kanssaan. Hän ei vain voinut ymmärtää, miksi kaikista ihmisistä edes hän ei voinut olla Jeesuksen kanssa. "Herra, miksi en nyt voi seurata sinua? Henkeni minä annan sinun edestäsi." Pietari oli vain täynnä itseluottamusta. Kuitenkin Jeesus pyöritti päätään. "Ei laula kukko, ennenkuin sinä minut kolmesti kiellät."

Haluten ilmaista vahvan tahtonsa olla jättämättä tai kieltämättä Jeesusta, Pietari vakuutti lujemmin: "Vaikka minun pitäisi kuolla sinun kanssasi, en sittenkään minä sinua kiellä!" Kaikki muut opetuslapset sanoivat samoin (Mark. 14:31). Mutta mitä lopulta tapahtui? Heti kun Jeesus pidätettiin, Pietari kielsi kolme kertaa tuntevansa Jeesuksen ja kaikki loput opetuslapset hajaantuivat ja pakenivat.

Ei väliä kuinka paljon me tunnustamme uskossa, ihminen ei tunne edes omaa sydäntään eikä tunnustus ole mitään, ellei Jumala tunnusta sitä.

*Luku 14*

# Jeesus, tie, totuus ja elämä

1. Jeesus lohduttaa opetuslapsia
(14:1-15)

2. Lupaus Puolustajasta, Pyhästä Hengestä
(14:16-31)

# Jeesus lohduttaa opetuslapsia

Siihen aikaan Jerusalemissa oli jonkin verran jännitystä. Julkisen kokouksen aikana juutalaiset johtajat julistivat, että jokainen, joka uskoisi Jeesukseen, erotettaisiin synagoogasta, ja ylipapit ja fariseukset vain pyrkivät ottamaan Jeesuksen kiinni heti, kun heillä olisi mahdollisuus. Toisaalta Jeesus jatkoi puhumista niin kuin Hän olisi aikeissa mennä jonnekin. Lisäksi Jeesus oli sanonut, että yksi opetuslapsista kavaltaisi Hänet. Opetuslasten sydänten on täytynyt olla raskaita.

### "Uskokaa Jumalaan, ja uskokaa minuun"

"Älköön teidän sydämenne olko murheellinen. Uskokaa Jumalaan, ja uskokaa minuun. Minun isäni kodissa on monta asuinsijaa. Jos ei niin olisi, sanoisinko minä teille, että minä menen valmistamaan teille sijaa? Ja vaikka minä menen valmistamaan teille sijaa, tulen minä takaisin ja otan teidät tyköni, että tekin olisitte siellä, missä minä olen." (14:1-3)

Jeesus antoi toivon sanoman opetuslapsille, jotka olivat täynnä huolia. "Älköön teidän sydämenne olko murheellinen. Uskokaa Jumalaan, ja uskokaa minuun."

Uskomattomat tunnusteot ja ihmeet, joita Jeesus teki, riittivät todisteeksi siitä, että Jumala oli Hänen kanssaan. Jos he todella uskoivat Jeesukseen, jonka kanssa Jumala oli, mitä heidän tarvitsee huolehtia? Vaikka he itseasiassa näkisivät Jeesuksen kuolemassa ristillä, heidän ei tarvitsisi huolehtia. Jeesus halusi opetuslapsillaan olevan uskoa voidakseen uskoa kaiken Jumalan tahtoon kunnes he näkivät ylösnousemuksesn kirkkauden. Joten Hän kertoi heille yhden salaisuuden. Hän kertoi heille ikuisesta asuinpaikasta taivaassa.

"Minun Isäni kodissa on monta asuinsijaa." Nämä sanat vangitsevat Jeesuksen sydämen, joka halajaa kaikkien ihmisten saavan pelastuksen. Hän ei sanonut: "Taivaassa on monta asuinsijaa", vaan: "Minun Isäni kodissa on monta asuinsijaa." Nämä sanat osoittavat myös Jeesuksen rakkauden. Jumala ei halua monien ihmisten pääsevän Hänen valtakuntaansa vain hallitakseen heitä kuninkaana. Hän haluaa paljon todellisia lapsia, joiden kanssa Hän voi antaa ja saada rakkautta ja elää ikuisesti. Siksi Jeesus käytti sanoja: "Minun Isäni kodissa."

Koska taivas on loputtoman suuri, kuka tahansa, joka pysyy

Jumalan rakkaudessa, voi päästä sinne. Huolimatta rodusta, sukupuolesta, iästä, sosiaalisesta asemasta, jokainen, joka uskoo Jeesukseen Vapahtajanaan ja elää Jumalan sanan mukaan, voi päästä sinne. Kun Jeesus sanoi: "Minä menen valmistamaan teille sijaa", Hän tarkoitti, että vähän ajan kuluttua Hänet annettaisiin rauhan uhrina tuhotakseen Jumalan ja ihmisen välissä olevan synnin muurin (1. Joh. 2:2). Siksi jokainen, joka uskoo Jeesukseen Kristukseen, saa anteeksi syntinsä, saa pelastuksen ja pääsee myöhemmin kauniiseen Jumalan valtakuntaan. Joten tämä on se, mitä Jeesus tarkoitti, kun Hän valmistautui ottamaan ristin ja sanoi menevänsä valmistamaan sijaa meille.

Kun aika tulee ja ihmisen kasvatus on saatu päätökseen, Jeesus tulee takaisin meitä hakemaan. Asuinpaikat taivaassa ovat myös valmiit silloin. Tämä johtuu siitä, että asuinpaikka ja palkinnot, jotka kukin saa taivaassa, riippuvat siitä, miten hän eli tässä maailmassa. Siksi ihmisen kasvatus on saatava päätökseen kaikkien tällaisten päätösten viimeistelemiseksi taivaassa.

Jos joku esimerkiksi koki Jumalan armon jossain vaiheessa elämäänsä ja palveli Jumalaa uskollisesti ja talletti monia palkintoja taivaaseen, mutta sitten jonkin ajan kuluttua palasi takaisin maalliseen maailmaan ja menetti pelastuksensa, kaikki, mitä hän olisi saattanut ansaita taivaassa, raukeaa tyhjiin. Jos kuitenkin säilytämme uskon ja pyrimme loppuun asti elämään Jumalan kunniaksi, Jumala muistaa kaikki nämä asiat ja antaa meille palkintoja. Eikä vain niitä, vaan voimme elää Jumalan kanssa iankaikkisesti taivaassa. Siksi Jeesus sanoi: "Että tekin olisitte siellä, missä minä olen." Vaikkakin olisi pelastettu, palkintoja vähennetään siinä määrin kuin on tehnyt syntiä tai alentanut Jumalan nimeä.

### "Minä olen tie ja totuus ja elämä"

"'Ja mihin minä menen – tien sinne te tiedätte.' Tuomas sanoi hänelle: 'Herra, me emme tiedä, mihin sinä menet; kuinka sitten tietäisimme tien?' Jeesus sanoi hänelle: 'Minä olen tie, totuus ja elämä; ei kukaan tule isän tykö muutoin kuin minun kauttani.'" (14:4-6)

Jeesus tiesi tarkalleen, minne Hänen piti mennä. "Mihin minä menen" viittaa taivaaseen, missä Jumala on, ja "tie" on se tie, jonka Jeesus valitsi: tähän maailmaan tulemisesta Jumalan Poikana Jumalan tahdon täyttämiseen ja lopulta taivaaseen palaamiseensa. Opetuslapset tiesivät paremmin kuin kukaan muu, minkä tien Jeesus valitsi. Mitä Jeesus sanoi ja kuinka Hän toimi, he näkivät kaiken niin läheltä, siksi he tiesivät. Siksi Jeesus sanoi heille: "Ja mihin minä menen, tien sinne te tiedätte."

Mitä Jeesus sanoi tässä tarkoittaa myös sitä, että ei vain opetuslasten, vaan kaikkien ihmisten, jotka uskovat Jeesukseen, on valittava tämä tie, jonka Jeesus valitsi. Kulkeakseen tällä tiellä on oltava puhdas. Meidän on ajettava paha ulos sydämistämme ja tultava puhtaiksi. Mitä enemmän saavutamme Jumalan pyhyyttä, sitä enemmän voimme ymmärtää Hänen sydäntänsä ja tahtoansa ja täyttää tämän tahdon. Koska Jeesuksessa ei ollut syntiä, Hän oli yhtä Jumalan kanssa ja Hän pystyi täyttämään Hänen tahtonsa.

Kulkeaksemme tätä "tietä" meidän on myös oltava Herran todistajia maan ääriin. Aivan kuten Jeesus tuli tähän maailmaan pelastamaan syntisiä, meidän on uutterasti levitettävä evankeliumia ja johdettava monia ihmisiä pelastukseen. Kun Jeesus sanoi opetuslastensa tietävän, mihin Hän oli menossa, Tuomas näytti hämmästyneeltä.

"Herra, me emme tiedä, mihin sinä menet; kuinka sitten tietäisimme tien?" Vähän aikaa sitten Jeesuksen sanoessa, että menkäämme kuolleen Lasaruksen luo, Tuomas ei ymmärtänyt Jeesusta ja hän sanoi: "Menkäämme mekin kuollaksemme Herran kanssa." Koska Tuomaalla oli monia lihan ajatuksia, hänen oli vaikea ymmärtää Jeesuksen sanoja. Mutta muut opetuslapset olivat samanlaisia. Tunnelma oli raskas ja heidän mielessään oli niin paljon asioita, että he eivät myöskään ymmärtäneet, mutta eivät uskaltaneet kysyä. He olivat luultavasti iloisia kuullessaan Tuomaksen kysyvän heidän puolestaan. Niinpä Jeesus puhui näille opetuslapsille selkeään ja selvään sävyyyn: "Minä olen tie ja totuus ja elämä; ei kukaan tule Isän tykö muutoin kuin minun kauttani."

Mitä Jeesus tarkoittaa, kun Hän sanoo "tie"? Saavuttaaksemme tietyn päämäärän meidän tarvitsee kulkea tiettyä tietä päästäksemme sinne. Siten ainoa tapa Jumalan lapselle päästä taivaaseen on Jeesuksen Kristuksen kautta. Kuten on kirjoitettu: *"Eikä ole pelastusta yhdessäkään toisessa; sillä ei ole taivaan alla muuta nimeä ihmisille annettu, jossa meidän pitäisi pelastuman"* (Ap.t. 4:12), Jeesus Kristus on tie taivaaseen, tie pelastukseen ja iankaikkiseen elämään.

Miksi sitten Jeesus sanoi: "Minä olen totuus"? Aivan kuten liikennevalojen ja liikennemerkkien avulla voimme turvallisesti päästä päämääräämme, on jotain, jonka avulla voimme turvallisesti päästä taivaaseen. Ja se on "totuus." Meidän täytyy seurata totuutta, joka on Jumalan Sana, päästäksemme päämääräämme taivaaseen. Jeesus oli Sana, joka tuli lihaksi ja tuli tähän maailmaan. Ja koska Hän täytti lain rakkaudella, Hän kutsui itseään "totuudeksi."

Ja Jeesus sanoi myös: "Minä olen elämä", koska kun uskomme Jeesukseen, joka kuoli ristillä ottaakseen rangaistuksen syntisten puolesta, joiden sielut kuolivat synnin takia, me saamme iankaikkisen elämän (1. Joh. 5:12). Kun uskomme Jeesukseen Kristukseen, saamme uuden elämän, ja kun elämme Hänen sanansa mukaan, voimme saavuttaa taivaan, kotimme.

### "Herra, näytä meille Isä"

"'Jos te olisitte tunteneet minut, niin te tuntisitte myös minun Isäni; tästälähin te tunnette hänet, ja te olette nähneet hänet.' Filippus sanoi hänelle: 'Herra, näytä meille Isä, niin me tyydymme.' Jeesus sanoi hänelle: 'Niin kauan aikaa minä olen ollut teidän kanssanne, etkä sinä tunne minua, Filippus! Joka on nähnyt minut, on nähnyt Isän; kuinka sinä sitten sanot: "Näytä meille Isä"?'" (14:7-9)

Vanha sanonta sanoo, että jos katsot lasta, voit tuntea hänen vanhempansa. Kun näet pojan, joka näyttää aivan isältään, näyttää siltä, kuin katsoisit hänen isäänsä. Näyttää siltä jopa enemmän, kun näet pojan puhuvan, kävelevän ja toimivan samalla tavalla kuin isänsäkin tekee. Miten Jeesus Jumalan Poikana todisti ja opetti Jumalasta?

Ensinnäkin saarnaamalla taivaan evankeliumia Hän näytti, kuka Jumala on, ja kuinka meidän pitäisi elää. Hän opetti Jumalan todellisesta tahdosta lain mukaan, mutta ei lopettanut siihen. Toimillaan Hän sai meidät tuntemaan Jumalan rakkauden.

Ja yhtään epäröimättä Jeesus tavoitti ne, jotka olivat yhteiskunnan laiminlyömiä. Hän veti pois ne sielut, jotka olivat hukkumassa synnin ja sairauden syvään jorpakkoon. Jeesus ei pitänyt saastaisina edes spitaalisia, joiden iho rappeutui ja tihkui mätää. Hän joko käski sanoillaan tai laittoi jopa kätensä heidän päälleen parantaakseen heidät. Joten aina kun Jeesus paransi sairaita ja vammaisia, Hän teki sen suurella rakkaudella. Siksi ihmiset tunsivat Jeesuksen lämpimän rakkauden läpäisevän heidän sydämensä.

Kun Jeesus puhui Jumalasta, ihmiset pystyivät tämän vuoksi uskomaan, että Jumala on rakkauden, myötätunnon ja armon Jumala. Jeesuksen kohtaamisen kautta heistä tuntui kuin he tapaisivat ja näkisivät Jumalan. Jeesus sanoi: "Tästälähin te tunnette hänet, ja te olette nähneet hänet." Jo nyt voimme tietää Jumalasta Jeesuksen elämän ja opetusten kautta.

Syy, miksi Jeesus käytti sanaa "tästälähin", oli, koska tuolloin ei voinut sanoa, että opetuslapset todella tunsivat Jumalan.

Koska he eivät olleet vielä todistaneet Jeesuksen teloitusta ristillä ja Hänen ylösnousemustaan, heillä ei ollut vielä täydellistä uskoa. Ikään kuin todistaakseen tämän, Filippus sanoi kiireesti: "Herra, näytä meille Isä."

Filippus, kuten Pietari, oli Beetsaidan kaupungista, ja hän oli hyvin looginen ja käytännöllinen mies. Jopa kun Jeesus ruokki tuhansia ihmisiä vain kahdella kalalla ja viidellä leivällä, hän pystyi nopeasti laskemaan, kuinka paljon ruokaa he tarvitsivat ja kuinka paljon rahaa he tarvitsivat sen ostamiseen. Joten kun hänelle kerrottiin, että Jeesuksen näkeminen oli Jumalan näkemistä, hän ei ymmärtänyt sitä. Tällaisten ihmisten, jotka yrittävät ymmärtää kaiken omiin normeihinsa ja ajatuksiinsa perustuen, on vaikea ymmärtää hengellisiä merkityksiä ja siksi heidän on samoin vaikea saada uskoa.

Tänäänkin on monia tapauksia, joissa ihmiset sanovat uskovansa Jumalaan, mutta he eivät todella tiedä, kuka Jumala on, puhumattakaan Hänen sydämensä ja tahtonsa ymmärtämisestä. He näkevät Jumalan pelkästään omien hengellisten puitteidensa kautta ja ajattelevat: "Jumala, johon minä uskon, on tällainen." Tämä on aivan kuin sammakko kaivossa, joka luulee, että taivas aivan sen yläpuolella on koko maailma.

Siksi he eivät onnistu antamaan ja saamaan suurempaa määrää rakkautta Jumalalta, ja kun he näkevät jonkun, joka saa suuren määrän rakkautta Jumalalta, he pitävät heitä outoina. Joten kun Jeesus kysyi: "Niin kauan aikaa minä olen ollut teidän kanssanne, etkä sinä tunne minua, Filippus! Joka on nähnyt minut, on nähnyt Isän; kuinka sinä sitten sanot: 'Näytä meille Isä'?", Hän puhui kaikille ihmisille, joilla oli Filippuksen uskon kaltainen usko.

## "Isä, joka minussa asuu, tekee teot, jotka ovat hänen"

"Etkö usko, että minä olen Isässä, ja että Isä on minussa? Niitä sanoja, jotka minä teille puhun, minä en puhu itsestäni; ja Isä, joka minussa asuu, tekee teot, jotka ovat hänen. Uskokaa minua, että minä olen Isässä, ja että Isä on minussa; mutta jos ette, niin uskokaa itse tekojen tähden." (14:10-11)

Jeesus mainitsi aiemmin, että kuka tahansa, joka näki Hänet, näki Isän. Miksi luulette Hänen sanoneen tämän? Siksi He ovat täysin yhtä, koska Jeesus on Jumalassa ja Jumala on Jeesuksessa. Jopa voimatekojen kautta Hän näytti, että Hän oli yhtä Jumalan kanssa. Hän paransi kaikenlaisia sairauksia ja teki vajavuudet taas terveiksi. Edes sanoja, jotka Hän puhui, Hän ei puhunut itsestään, vaan Isä, joka asui Hänessä, puhui ne (Joh. 12:49-50).

Koska Jeesus oli yhtä Jumalan kanssa, Hän pystyi kestämään tuskallisen tien pelastussuunnitelman täyttämiseen kuolemalla ristillä. Jeesus oli jo yhtä Jumalan kanssa sydämeltään ja tahdoltaan halussa pelastaa sielut kuolemasta synnissä. Siksi Hän pystyi pelottomasti kestämään tien, joka ihmissilmin näytti erittäin vaikealta. Aivan kuten voimme erottaa puun sen hedelmistä, kun katsomme asioita, joita Jeesus teki, voimme nähdä ja uskoa, että Hän on Jumalassa ja Jumala on Hänessä.

## Joka uskoo minuun, hän on tekevä suuria tekoja

"Totisesti, totisesti, minä sanon teille: joka uskoo minuun, myös hän on tekevä niitä tekoja, joita minä teen, ja suurempiakin, kuin ne ovat, hän on tekevä, sillä minä menen Isän tykö." (14:12)

Hepr. 11:1:ssä uskon määritelmä on *"luja luottamus siihen, mitä toivotaan, ojentautuminen sen mukaan, mikä ei näy."* Mark. 9:23:ssa sanotaan: *"Kaikki on mahdollista sille, joka uskoo."* Siksi kun meillä on todellinen usko Jeesukseen, voimme tehdä tekoja, joita Jeesus teki, ja jopa suurempiakin tekoja.

Mutta miksi Jeesuksen piti mennä Isän tykö näiden asioiden tapahtumiseksi?

Kun kaivamme maapähkinöitä tai perunoita, jos nostamme vain yhden varren, monet varren tuotteista voi poimia kerralla. Ensin vain yksi maapähkinä tai yksi perunan pala kylvetään, mutta myöhemmin se tuottaa paljon enemmän. Samoin Jeesus oli kuin yksi siemen, joka kylvettiin tähän maailmaan Jumalan valtakunnan tähden. Aivan kuten siemen tuottaa paljon enemmän hedelmää vasta menetettyään oman muotonsa, vasta Jeesuksen uhrattua itsensä täysin voitiin saada niin paljon Jumalan lapsia.

Se hetki, jolloin Jeesus lopetti toimintansa täällä maan päällä ja astui ylös taivaaseen, oli se hetki, jolloin uusi tuli sytytettiin täydentämään Jumalan valtakunta. Siksi Jeesus jätti kaksitoista opetuslastaan jälkeensä. Ja sen jälkeenkin paljon Jumalan työstä tehtiin noiden kahdentoista opetuslapsen opetuslasten kautta.

Todellisuudessa voimme nähdä, että nuo uskovat, jotka olivat yhtä uskossa Jeesuksen kanssa, suorittivat monia Jumalan voimatekoja aivan kuten Jeesus.

Jos tarkastellaan Apostolien tekoja, se sanoo, että kun Pietari saarnasi, lisättiin noin kolmetuhatta sielua. Hän myös paransi syntymästä asti ramman ja herätti ihmisen kuolleista, ja hän teki monia muita ihmetekoja. Koska nämä tunnusteot tehtiin Pietarin kautta, monet ihmiset saivat pelastuksen ja Jumalaa kirkastettiin suuresti. Apostoli Paavali teki myös tunnustekoja ja ihmeitä, eikä hän vain suorittanut evankeliumin levitystoimintaa vaan jätti siihen myös hämmästyttävän vaikutuksen. Kaikki tapahtui juuri niin kuin Jeesus sanoi: "Ja suurempiakin, kuin ne ovat, hän on tekevä."

### "Jos te anotte minulta jotakin minun nimessäni, niin minä sen teen"

> "Ja mitä hyvänsä te anotte minun nimessäni, sen minä teen, että Isä kirkastettaisiin Pojassa. Jos te anotte minulta jotakin minun nimessäni, niin minä sen teen. Jos te minua rakastatte, niin te pidätte minun käskyni." (14:13-15)

Kun rukoilemme, meidän tulee rukoilla "Jeesuksen Kristuksen Vapahtajamme" nimessä ja meidän tulee uskoa, että me saamme vastauksen. Koska Jumala on kaikkivoipa, Hän voi antaa meille, mitä hyvänsä me pyydämme Jeesuksen Kristuksen nimessä. Siksi Jeesus sanoi: "Ja mitä hyvänsä te anotte minun nimessäni, sen minä teen." Ja ymmärtääksemme paremmin, miksi Hän sanoi: "Että Isä kirkastettaisiin Pojassa", tarkastellaanpa esimerkkiä.

Sanotaanpa, että kunnioitettu mies, joka on hyvin suuren yrityksen omistaja, haluaa antaa kaiken pojalleen. Jos nyt pojan ihanteet ja viisaus ovat kuin isän ja hän johtaa yritystä hyvin ja kehittää sitä tehdäkseen siitä jopa suuremman, sitten hänen isänsä on hyvin tyytyväinen. Ja toiset ihmiset ylistävät poikaa ja sanovat: "Hän on aivan kuin isänsä." Samoin kun monet Jumalan teot tapahtuvat Jeesuksen Kristuksen nimen kautta, Jumalan valtakunta ja vaikutuspiiri laajenevat ja Jumala lopulta kirkastetaan.

Syy, miksi Jeesus sanoi taas kerran: "Jos te anotte minulta jotakin minun nimessäni, niin minä sen teen", oli painottaa vielä yhden kerran sitä tosiasiaa, että Jumala voi tehdä mitä hyvänsä.

Nyt tämä ei tietenkään tarkoita, että vain koska rukoilet ja pyydät jotakin Jeesuksen Kristuksen nimessä, saat kaiken pyytämäsi. Aivan kuten on kirjoitettu: *"Rakkaani, jos sydämemme ei syytä meitä, niin meillä on uskallus Jumalaan, ja mitä ikinä anomme, sen me häneltä saamme, koska pidämme hänen käskynsä ja teemme sitä, mikä on hänelle otollista"* (1. Joh. 3:21-22), meidän täytyy ennen kaikkea elää Jumalan sanan mukaan. Koska me haluamme kuunnella ihmisiä, joita rakastamme, ja haluamme tehdä kaiken, mitä he pyytävät, jos me rakastaisimme Herraa, me tottelisimme Jumalan käskyjä, jotka Herra opetti meille. Tämä on todistus rakkaudestamme Jumalaan.

# Lupaus Puolustajasta, Pyhästä Hengestä

Jeesus tiesi, että saatuaan päätökseen ihmiskunnan pelastussuunnitelman täyttämistehtävän Hän palaisi Isän luokse. Tämä oli suunniteltu jo alusta asti. Yksi asia teki kuitenkin Hänen sydämensä raskaaksi. Joka kerta, kun Hän katsoi opetuslapsiaan, Hän tunsi kuin Hän olisi jättämässä lammaslauman susien keskelle, ja Hän tunsi suurta surua. Lohduttaakseen opetuslapsia Hän antoi heille taivastoivon, uskon ja rukouksen, ja kuinka voittaa rakkauden kautta. Ja sitten Jeesus lupasi heille toisen Puolustajan.

### Toinen Puolustaja

"Ja minä olen rukoileva Isää, ja hän antaa teille toisen

Puolustajan olemaan teidän kanssanne iankaikkisesti, totuuden Hengen, jota maailma ei voi ottaa vastaan, koska se ei näe häntä eikä tunne häntä; mutta te tunnette hänet, sillä hän pysyy teidän tykönänne ja on teissä oleva." (14:16-17)

Puolustaja tarkoittaa tässä "persoonaa, joka puhuu toisen puolesta ja taivuttelee tai neuvoo heitä tajuamaan, mikä on oikein ja väärin" tai "häntä, joka antaa suosituksia, tukea, voimaa ja lohdutusta." Tässä mielessä Jeesus eli myös Puolustajan elämää. Hän oli Jumalan profeetta, Hän oli välittäjä, joka auttoi ihmisiä tajuamaan syntinsä, ja Jumalan sydämellä Hän paransi haavoittuneita ja kärsiviä sieluja lohduttaessaan niitä taivaan evankeliumilla.

Siksi Jeesus ei kutsunut Pyhää Henkeä, joka suojelisi ja opettaisi opetuslapsia, yksinkertaisesti "Puolustajaksi", vaan "toiseksi Puolustajaksi." "Jumalan sydämenä" Pyhää Henkeä kutsutaan "Totuuden Hengeksi." Pyhä Henki kolkuttaa jokaisen ihmisen sydäntä, jotta hän voi astua sisään pelastuksen ovesta, jonka Jeesus Kristus aukaisi. Pyhä Henki asuu niissä, jotka ovat hyviä sydämeltään ja ottavat vastaan Jeesuksen Kristuksen. Hän auttaa heitä ymmärtämään Jeesuksen Kristuksen ristin kaitselmuksen, ja Hän auttaa ihmisiä tuntemaan Jumalan sydämen.

Raamattu sanoo Pyhän Hengen läsnäolon *"tulevan alas niinkuin kyyhkysen"* (Matt. 3:16) ja *"...he näkivät ikäänkuin tulisia kieliä, jotka jakaantuivat ja asettuivat heidän itsekunkin päälle"* (Ap.t. 2:3). Pyhä Henki toimii eri tavoin jokaisen persoonallisuuden ja olosuhteiden mukaan, jotta kukin voi parhaiten ymmärtää Jumalan rakkauden. Koska tämän maailman ihmiset rakastavat pimeyttä enemmän kuin valkeutta, he eivät kuitenkaan saa Pyhää Henkeä, joka on osa Jumalaa, joka on Valkeus. Vaikka Hän on olemassa, tällaiset ihmiset eivät voi tuntea Pyhää Henkeä, aivan kuten tuultakaan ei voi nähdä.

### Pyhä Henki, joka asuu uskovissa

"En minä jätä teitä orvoiksi; minä tulen teidän tykönne. Vielä vähän aikaa, niin maailma ei enää minua näe, mutta te näette minut; koska minä elän, niin tekin saatte elää. Sinä päivänä te ymmärrätte, että minä olen Isässäni, ja että te olette minussa ja minä teissä." (14:18-20)

Ilman Jeesusta opetuslapset olisivat kuin orpoja, jotka olivat menettäneet vanhempansa. Mutta Jeesus, joka on myötätuntoinen ja rakastava, ei koskaan jättäisi heitä sillä tavalla. Kyllä, heidät erotettaisiin, kun Hän kuolisi ristillä, mutta Hän kertoi heille, että ero kestää vain vähän aikaa, ja Hän lupasi palata.

"En minä jätä teitä orvoiksi; minä tulen teidän tykönne." Ja aivan kuten Hän sanoi, ylösnousemuksensa jälkeen Jeesus palasi opetuslastensa luo useaan otteeseen ja Hän jopa ilmestyi viidellesadalle veljelle samanaikaisesti (1. Kor. 15:6). Mutta kun Hän sanoi: "Minä tulen teidän tykönne", Hän ei tarkoittanut vain näyttäytymistä heille ylösnousemuksen jälkeen. Tämän lausunnon takana on toinenkin syvä merkitys, joka on, että kun Jeesus täyttää pelastussuunnitelman, Hän ja Hänen opetuslapsensa voivat olla yhdessä ikuisesti.

Juuri ennen ristiinnaulitsemistaan Jeesus sanoi: "Koska minä elän", koska Hänellä oli täydellinen varmuus siitä, että Jumalan kaitselmus olisi täytetty.

Vihollinen, perkele ja saatana, ajatteli, että tappamalla Jeesuksen, Messiaan, kaikki olisi ohi. Koska se tappoi Jeesuksen, jolla ei ollut syntiä, se kuitenkin viime kädessä rikkoi Jumalan lakia, joka sanoo: "Sillä synnin palkka on kuolema." Saatana oli kaivanut oman hautansa. Tämän seurauksena kaikki, jotka ovat hengellisesti yhtä Herran kanssa, josta tuli ylösnousemuksen ensi hedelmä, ovat vapaita synnin ja kuoleman laista ja saavat iankaikkisen elämän. Koska Herra nousi ylös, ovi elämään on avattu myös meille kaikille.

Jeesus sanoi: "Sinä päivänä te ymmärrätte, että minä olen Isässäni, ja te olette minussa ja minä teissä." Tässä "sinä päivänä" viittaa päivään, jona Jeesus nousi ylös tuhottuaan kuoleman vallan. Vaikka Jeesus on alun perin yhtä Jumalan kanssa, vasta suoritettuaan täysin tehtävän, jonka Hän sai Jumalalta, Hän sanoi: "Minä olen Isässäni." Tällä hetkellä Jeesus oli samassa tilassa kuin poika, joka toteutti, mitä hänen isänsä halusi, ja saattoi näin katsoa isänsä kasvoja ilolla ja luottamksella.

Te olette minussa tarkoittaa uskoamme Herraan. Kun uskomme Jeesukseen Kristukseen, voimme elää Herrassa. Tämä ei ole uskoa, joka perustuu siihen, mitä tiedämme päässämme, vaan hengellistä uskoa, joka ei muutu missään tilanteessa. Vasta kun meillä on tällainen usko, voimme sanoa, että olemme Herrassa.

Ja syy, miksi Jeesus sanoi: "Minä olen teissä", on, koska Jumala lähettää Pyhän Hengen asumaan niiden ihmisten sydämeen, jotka uskovat Jeesukseen Vapahtajanaan. Me emme voi nähdä Pyhää Henkeä silmillämme, mutta Hän itseasiassa asuu meissä. Hän auttaa meitä tajuamaan Jumalan sydämen ja tahdon, ja Hän myös auttaa meitä tuntemaan Jeesuksen Kristuksen rakkauden.

### Se, joka pitää käskyt Pyhän Hengen avulla

"Jolla on minun käskyni ja joka ne pitää, hän on se, joka minua rakastaa; mutta joka minua rakastaa, häntä minun Isäni rakastaa, ja minä rakastan häntä ja ilmoitan itseni hänelle." (14:21)

Tämä jae kertoo meille, mitä tarkoittaa rakastaa Jeesusta Pyhän Hengen avulla. Jos sanomme rakastavamme Jeesusta, mutta emme pidä Hänen käskyjään, sitten se tarkoittaa, että emme todella rakasta Häntä. Jonkun rakastaminen ainoastaan pelkillä sanoilla on kuin tyhjä kaiku. Sillä ei ole todellista arvoa. Siksi selitettyään olevansa yhtä Isän, Pojan ja Pyhän Hengen kanssa, Jeesus korosti: "Jolla on minun käskyni ja joka ne pitää, hän on se, joka minua rakastaa."

Jos jollakulla on luottavainen suhde Herraan uskon kautta ja hän todella rakastaa Herraa, hän ottaa Hänen sanansa sydämeensä ja yrittää elää niitä todeksi. Hän ei yksinkertaisesti tottele sanoja vain ollakseen kuuliainen; hän ymmärtää, miksi Jeesus sanoi nämä sanat, joten hän täyttää ne ilolla ja kiitoksella.

Aivan kuten me kaunistamme itseämme mennäksemme tapaamaan jonkun, jota me rakastamme fyysisessä maailmassa, jos me todella rakastamme Herraa, me haluamme päästä eroon vanhasta itsestämme, joka oli yhtä maailman kanssa, ja luonnollisesti alamme muistuttaa Herraa. Miten me puhumme, miten me kävelemme ja jokainen teko, jonka teemme, tulee pyhäksi ja tervehenkiseksi muistuttaakseen Kristusta. Vain ne, jotka jatkavat muuttumista näin Pyhän Hengen avulla, voivat todella sanoa rakastavansa Herraa.

Jos katsomme Raamattua, Jumala ilmaisee poikkeuksellista rakkautta niille ihmisille, jotka pitävät Hänen käskynsä rakkaudesta Häneen. Abrahamille, joka oli valmis uhraamaan ainoan poikansa Iisakin, Jumala antoi suuren siunauksen tulla uskon isäksi, siunausten juureksi. Daniel, joka rakasti Jumalaa enemmän kuin omaa elämäänsä, sai poikkeuksellisen suojelun jopa nälkäisten leijonien suusta. Hän pystyi osoittamaan Jumalan kirkkautta hienolla tavalla kaikkialla maassa.

Jumala ei vain yksipuolisesti ota vastaan rakkautta, jota Hänen lapsensa antavat Hänelle koko sydämellään, tahdollaan ja elämällään. Epäilemättä Hänkin näyttää meille todisteita rakkaudestaan. Siksi voimme pysyä Hänen sanassaan entistä suuremmalla ilolla ja kiitoksella.

## Minä olen teidän kanssanne Isän, Pojan ja Pyhän Hengen nimessä

"Juudas, ei se Iskariot, sanoi hänelle: 'Herra, mistä syystä sinä aiot ilmoittaa itsesi meille etkä maailmalle?' Jeesus vastasi ja sanoi hänelle: 'Jos joku rakastaa minua, niin hän pitää minun sanani, ja minun Isäni rakastaa häntä, ja me tulemme hänen tykönsä asumaan. Joka ei minua rakasta, se ei pidä minun sanojani; ja se sana, jonka te kuulette, ei ole minun, vaan Isän, joka on minut lähettänyt.'" (14:22-24)

Juudas, ei se Iskariot, oli yksi Jeesuksen kahdestatoista opetuslapsesta. Hän oli Jaakobin poika ja häntä kutsuttiin myös "Taddeukseksi" (Luuk. 6:16). Pystymättä ymmärtämään Jeesuksen sanojen takana olevaa hengellistä merkitystä, Juudas kysyi, miksi Hän ilmoitti itsensä opetuslapsille, mutta ei koko maailmalle. Mutta todellisuudessa ei ollut niin, että Jeesus ei ilmoittanut itseänsä maailmalle, vaan maailman ihmiset eivät tunteneet Häntä. Jeesus avasi sokean miehen silmät ja siten paljasti itsensä. Kuitenkin juutalaiset syyttivät Häntä kuin he syyttäisivät syntistä. He eivät ymmärtäneet Jeesuksen sanoja, jotka sisälsivät todellisen elämän. Sen sijaan he pilkkasivat ja vainosivat Häntä.

Sitävastoin hyväsydämiset ihmiset ymmärsivät Hänen sanansa ja ottivat elämän Hänen sanoissaan omakseen ja sovelsivat sitä elämäänsä. Vain tällaiset ihmiset tunnustavat Jeesuksen Kristuksen Herrakseen ja voivat kutsua Jumalaa Isäkseen. Siksi Jeesus sanoi taas kerran, että Hänen rakastamisensa on Hänen sanansa pitämistä ja että sille, joka pitää hänen sanansa: "Me tulemme hänen tykönsä asumaan."

Tässä monikon ensimmäinen persoona viittaa Isään Jumalaan, joka on Sana, Vapahtajaan Jeesukseen Kristukseen ja Pyhään Henkeen. Kun Sana on meissä ja pidämme Isän käskyt, Isä on meissä ja olemme yhtä Hänen kanssaan, mikä tekee meistä Hänen todellisia lapsiaan. Me tarkoittaa Jumalaa, Jeesusta Kristusta ja Pyhää Henkeä yhtenä, kun He pysyvät sydämissämme, ei vain yksi osa Isästä tai Pojasta tai Pyhästä Hengestä, vaan täydellinen Kolminaisuuden Jumalan sydän on kaiverrettu sydämiimme.

Ihmiset, jotka kunnioittavat Jumalaa ja noudattavat totuutta, tulevat Jeesuksen eteen ja rakastavat kuunnella Sanaa. He valaistuvat sydämissään ja he tietävät, että Jeesus on Kristus. Tämä johtuu siitä, että he ottavat vastaan Jeesuksen sanat itse Jumalan sanoina.

### Pyhän Hengen, Puolustajan, toiminta

"Tämän minä olen teille puhunut ollessani teidän tykönänne. Mutta Puolustaja, Pyhä Henki, jonka Isä on lähettävä minun nimessäni, hän opettaa teille kaikki ja muistuttaa teitä kaikesta, minkä minä olen teille sanonut." (14:25-26)

Joten miksi Jumalan täytyi odottaa Jeesuksen suorittavan tehtävänsä tässä maailmassa ja sen jälkeen lähettää Pyhä Henki Jeesuksen Kristuksen nimessä? Pyhä Henki on Jumalan Henki, joka on pyhä, siksi Hän ei voi asua syntisissä. Vain ne, jotka ovat saaneet anteeksi syntinsä Jeesuksen veren kautta, voivat saada Pyhän Hengen. Koska Jeesuksesta tuli sovinto ja Hän teki rauhan ihmisen ja Jumalan välille, Pyhä Henki, jonka Jumala lähetti, voi nyt asua sydämissämme.

Tämä ei tarkoita, etteikö Pyhän Hengen työtä ollut Vanhan testamentin aikoina ennen kuin Jeesus tuli. Noina aikoina Jumala muutti profeettojen tai kansansa sydämet tekemään Hänen työtänsä Jumalan Hengen tai Herran Hengen nimessä. Koska tämä oli ennen kuin ihmiset olivat saaneet anteeksi syntinsä Jeesuksen Kristuksen veren kautta, Pyhä Henki ei voinut asua sisällä ihmisten sydämissä. Sen sijaan hän liikutti ihmisiä ulkopuolelta, jotta he voivat tehdä Hänen työtänsä.

Jumala lähettää Pyhän Hengen Jeesuksen Kristuksen nimessä tarkoittaa, että Pyhä Henki, joka on samasta Hengestä kuin Jeesus, tulee Jeesuksen tilalle. Pyhä Henki hoitaa todella tärkeä tehtävää. Yksi Hänen tärkeimmistä tehtävistään on se, että "Hän opettaa teille kaikki ja muistuttaa teitä kaikesta, minkä minä olen teille sanonut."

Pyhä Henki muuttaa jokaista uskovaa ja auttaa häntä saamaan hengellisen valaistumisen, jotta hän voi tuntea ja ymmärtää kaikki Jeesuksen vertaukset ja Jumalan sydämen. Vaikka joku väittää ottaneensa vastaan monia Jeesuksen opetuksia, jos hän ei ota vastaan Pyhän Hengen työtä, niin kaikki nämä pysyvät pelkkänä tietona. Kuitenkin kun joku on täynnä Pyhää Henkeä ja Hän muuttaa häntä, hän ei ymmärrä vain vertausten kautta puhuttuja Jumalan sanoja, vaan myös hengellisen maailman salaisuuksia.

## Pyhän Hengen, Puolustajamme, antama rauha

"Rauhan minä jätän teille: minun rauhani – sen minä annan teille. En minä anna teille, niinkuin maailma antaa. Älköön teidän sydämenne olko murheellinen älköönkä peljätkö. Te kuulitte minun sanovan teille: 'Minä menen pois ja palajan jälleen teidän tykönne.' Jos te minua rakastaisitte, niin te iloitsisitte siitä, että minä menen Isän tykö, sillä Isä on minua suurempi." (14:27-28)

Ihmiset haluavat elää rauhallista elämää, mutta niin kauan kuin olemme tässä maailmassa, pelot ja huolet eivät koskaan lopu. Niin monta kertaa olemme yhtenä hetkenä loistavalla tuulella ja sitten seuraavalla hetkellä me tappelemme ja riitelemme. Ei väliä mihin katsomme, on erittäin vaikeaa löytää todellista rauhaa. Kuitenkin rauha, jonka Jumala antaa meille, on todellinen ja ikuinen.

Hänen opetuslapsensa eivät voineet päästä eroon huolistaan ja peloistaan. Vaikka Jeesus lupasi lähettää Pyhän Hengen heille, koska he eivät ymmärtäneet tämän hengellistä merkitystä, he eivät voineet olla huolehtimatta. Jeesus ei edes vieläkään torunut heitä siitä, että he eivät ymmärtäneet Häntä. Sen sijaan Hän lupasi heille todellisen rauhan, jota maailma ei voi heille antaa.

Jeesus käski heitä iloitsemaan, koska Pyhä Henki, Puolustaja, tulisi Hänen mentyään Isän tykö. Hän tarkoittaa, että Pyhä Henki tulee heidän sydämiinsä ja asuu heissä. Joten vaikka Jeesus ei pysy heidän kanssaan ruumiissa enää, Pyhä Henki asuu heissä koko ajan. Tässä mielessä opetuslasten olisi pitänyt iloita, kun Jeesus sanoi: "Minä menen Isän tykö, sillä Isä on minua suurempi", koska Kaikkivaltias Jumala lähettää Pyhän Hengen Puolustajaksi ja johtaa heitä loppuun asti.

### Ristiinnaulitseminen ja opetuslasten usko

"Ja nyt minä olen sanonut sen teille, ennenkuin se on tapahtunut, että te uskoisitte, kun se tapahtuu. En minä enää puhu paljoa teidän kanssanne, sillä maailman ruhtinas tulee, ja minussa hänellä ei ole mitään. Mutta että maailma ymmärtäisi minun rakastavan Isää ja tekevän, niinkuin Isä on minua käskenyt: nouskaa, lähtekäämme täältä." (14:29-31)

On kaksi syytä, miksi Jeesus kertoi pääsiäisaterian päätyttyä opetuslapsilleen kuolemastaan ristillä ennen kuin se itseasiassa tapahtui. Ensinnäkin siksi, että kun tehtävä ristillä saatiin päätökseen, opetuslapset voisivat uskoa, ja toiseksi, jotta he tiesivät, että Jeesuksen kuolema oli osa Jumalan suunnitelmaa.

Syy, miksi maailman ruhtinas tai joku, jolla oli valtaa, kuten ylipappi, fariseukset ja kirjanoppineet vangitsivat ja ristiinnaulitsivat Hänet, ei ollut, koska Hänellä itsellään ei ollut valtaa. Koska Hän oli yhtä Jumalan sydämen kanssa halutessaan, ettei yksikään sielu joutuisi kadotukseen, Hän totteli täysin Jumalan tahtoa ja otti kaiken kärsimyksen. Jeesus kuoli ristillä, vaikka Hänellä ei ollutkaan syntiä, voidakseen osoittaa Jumalan rakkautta (Room. 5:8).

Tämän vuoksi Jeesus sanoi: "...ja minussa hänellä [maailman ruhtinaalla] ei ole mitään. Mutta että maailma ymmärtäisi minun rakastavan Isää ja tekevän, niinkuin Isä on minua käskenyt." Jeesus rakasti Isää, joten Hän pelkästään suoritti Hänen käskynsä. Häntä ei horjuttanut tämän maailman vallat. Siksi Hän sanoi: "Minussa hänellä ei ole mitään." Vasta kun Jeesus nousi kuolleista ja astui ylös taivaaseen, opetuslapset ymmärsivät tämän Jumalan kaitselmuksen ja saivat oikean uskon, joka saa heidät omistamaan koko elämänsä voimakkaina Herran todistajina olemiseen.

*Luku* 15

# Jeesus on todellinen viinipuu

1. Viinipuun ja oksien vertaus
(15:1-17)

2. Maailma ja opetuslapset
(15:18-27)

# Viinipuun ja oksien vertaus

Syödessään pääsiäisateriaa opetuslastensa kanssa Jeesus sanoi heille jotain, joka oli kuin Hänen viimeinen tahtonsa. Ihmisen viimeiset sanat jättävät lähtemättömän vaikutuksen niihin, jotka kuulevat heitä. Jopa ihmiset, jotka eivät ole yleensä hyviä muiden ihmisten kuuntelemisessa, kiinnittävät huomiota ja kätkevät jonkun tuntemansa viimeiset sanat sydämiinsä.

Selittääkseen suhteensa opetuslapsiinsa Jeesus sanoi, että Hän on viinipuu, Jumala on viinitarhuri ja että Hänen opetuslapsensa ovat viinipuun oksat. Aika jatkoi kulkuaan, kun Jeesuksen sydäntä särki Hänen opetuslastensa puolesta, koska Hän joutui jättämään heidät, ja opetuslasten sydämiä särki heidän opettajansa puolesta heidän kuullessaan Hänen välittömästä kuolemastaan.

## Viinitarhuri ja viinipuu

"Minä olen totinen viinipuu, ja minun Isäni on viinitarhuri. Jokaisen oksan minussa, joka ei kanna hedelmää, hän karsii pois, ja jokaisen, joka kantaa hedelmää, hän puhdistaa, että se kantaisi runsaamman hedelmän." (15:1-2)

Jeesus käytti vertausta viinipuusta ja oksista, jotta Hänen opetuslapsensa voisivat paremmin ymmärtää Häntä. Viinipuut ovat hyvin yleisiä Israelissa. Kesällä Israel saa vähän sadetta ja sen lämpötila on korkea ja kuiva, joten sen olot ovat täydelliset rypäleiden tuotantoon. Mutta vaikka istuttaisi parhaan kasvilajikkeen parhaaseen mahdolliseen maaperään, maanviljelijän rooli on edelleen tärkein hyvän hedelmän tuottamisessa. Viljelykasvien tuotto ja laatu vaihtelevat riippuen siitä, mitä maanviljelijä tekee.

Jeesus käytti esimerkkiä Jumalasta maanviljelijänä ja itsestään viinipuuna, joka oli istutettu tähän maailmaan Jumalan tahdon mukaan, osoittaakseen, että kaikki valta kuuluu Jumalalle. Ajan alusta alkaen Jumalalla oli suunnitelma lähettää Jeesus tähän maailmaan valmistamaan pelastuksen tietä. Ja kun aika oli oikea, Jumala toteutti suunnitelmansa. Miksi sitten kaikista kasveista Jeesus vertaa itseänsä viinipuuhun?

Tämä johtuu siitä, että rypälemehu, joka tulee viinirypäleestä, symboloi Jeesuksen verta. Jakaessaan viinin opetuslastensa kanssa viimeisellä ehtoollisella Jeesus sanoi: *"Tämä malja on uusi liitto minun veressäni, joka teidän puolestanne vuodatetaan"* (Luuk. 22:20). Hän kutsui itseään totiseksi viinipuuksi, koska itse totuutena Jeesus on pohjimmiltaan Jumala, joka on iankaikkisesti muuttumaton. Jeesus käytti tätä vertausta myös, koska viinipuulle on tunnusomaista tuottaa paljon hedelmiä. Viinirypäle on hedelmä, joka muodostuu hedelmätertuista. Samoin me, Jumalan lapset, jotka olemme kaikki yhteydessä Jeesuksen Kristuksen ja uskon kautta, kannamme myös hedelmää. Sielumme menestyessä voimme johtaa monia sieluja pelastukseen ja voimme kantaa sellaisia hedelmiä kuten Pyhän Hengen yhdeksän hedelmää, rakkauden hedelmät (löytyy rakkauden luvusta), hyveet ja Valkeuden hedelmät.

Käyttämällä tätä kuvaa viinipuusta Jeesus täysin tunnusti ja korotti Jumalaa, kaiken Herraa. Koska Jumala antaa ravinteita ja täydellisen määrän vettä, aurinkoa ja ilmaa, jotka ovat tarpeen hedelmien kukkimiseen, täydellinen suvereniteetti kuuluu Hänelle.

Maanviljelijä varmistaa, että puu on hyvässä kunnossa, ja hän karsii oksat niin, että puu voi kantaa hyvää hedelmää. Samoin ihminen, joka tunnustaa uskovansa Jeesukseen Kristukseen, mutta ei elä totuuden sanan mukaan, päätyy putoamaan pois Jeesuksesta Kristuksesta. Kun ensin katsomme jaetta: "Jokaisen oksan minussa, joka ei kanna hedelmää, hän karsii pois", voi tuntua, että vertaamalla maanviljelijää vertauskuvallisesti Jumalaan, Jumala vain umpimähkään leikkaa minkä tahansa oksan Hän haluaa. Tämä ei kuitenkaan pidä paikkaansa.

Jumala, joka haluaa kaikkien ihmisten pelastuvan, ei koskaan ole se, joka leikkaisi ketään ensin. Tässä oksat, jotka leikataan, tarkoittavat itseasiassa niitä ihmisiä, jotka eivät elä Jumalan sanan mukaan ja putoavat pois totuuden tieltä itsestään. Toisaalta niitä ihmisiä, jotka tutkistelevat itseään käyttämällä Hänen sanaansa ja jotka yrittävät uudistaa ja kehittää itseään, Jumala nostaa voimallaan. Lisäksi hän antaa heille mahdollisuuden löytää kaikenlaisen pahan, joka heillä saattaa olla sydämessään, jotta he voivat heittää sen pois.

Esimerkiksi kun vanhempi huomaa, että hänen lapsellaan on vahva potentiaali jollakin alueella tai taitoa, hän ajattelee: "Jos tämä lapsi saa erityistä tukea tällä alueella, hän menestyy hyvin." Sitten hän varmistaa, että hänen lapsensa saa erityisopetusta ja -koulutusta tällä alalla. Samoin kun Jumala näkee yhden lapsistaan yrittävän kovasti heittää pois syntinsä tullakseen pyhitetyksi, Hän johtaa heidät korkeampaan, tervehenkisempään ulottuvuuteen sallimalla heidän kokea ahdistuksia.

Kuten on kirjoitettu Jaak. 1:2-4:ssä: *"Veljeni, pitäkää pelkkänä ilona, kun joudutte moninaisiin kiusauksiin, tietäen, että teidän uskonne kestäväisyys koetuksissa saa aikaan kärsivällisyyttä. Ja kärsivällisyys tuottakoon täydellisen teon, että te olisitte täydelliset ja eheät ettekä missään puuttuvaiset"*, kiusausten kautta ihmisiä koulutetaan ja jalostetaan täydellisemmiksi Jumalan lapsiksi. Tämä on kuin karsimisprosessi.

### Viinipuu ja sen oksat

"Te olette jo puhtaat sen sanan tähden, jonka minä olen teille puhunut. Pysykää minussa, niin minä pysyn teissä. Niinkuin oksa ei voi kantaa hedelmää itsestään, ellei se pysy viinipuussa, niin ette tekään, ellette pysy minussa. Minä olen viinipuu, te olette oksat. Joka pysyy minussa ja jossa minä pysyn, se kantaa paljon hedelmää; sillä ilman minua te ette voi mitään tehdä. Jos joku ei pysy minussa, niin hänet heitetään pois niinkuin oksa, ja hän kuivettuu; ja ne kootaan yhteen ja heitetään tuleen, ja ne palavat." (15:3-6)

Koska opetuslapset eivät olleet vielä saaneet Pyhää Henkeä, he eivät voineet ymmärtää viinipuuvertauksen takana olevaa hengellistä merkitystä. Ikään kuin heidän mielensä olisi ollut tiheän sumun peitossa, he eivät vain voineet käsittää sitä. Mutta tietäen, että opetuslapset ymmärtäisivät kaiken myöhemmin, kun he saisivat Pyhän Hengen, Jeesus jatkoi heidän opettamistaan.

"Te olette jo puhtaat sen sanan tähden, jonka minä olen teille puhunut..." Tämä kohta tarkoittaa, että Jeesuksella on valta antaa synnit anteeksi (Matt 9:6). Kuten on kirjoitettu 1. Joh. 1:7:ssä: *"Mutta jos me valkeudessa vaellamme, niinkuin hän on valkeudessa, niin meillä on yhteys keskenämme, ja Jeesuksen Kristuksen, hänen Poikansa, veri puhdistaa meidät kaikesta synnistä",* kun me otamme vastaan Herran ja elämme Valkeuden keskellä, saamme syntimme anteeksi, saamme pelastuksen ja voimme päästä taivaaseen.

Tällä on kuitenkin edellytyksensä. Vasta kun elämme Valkeuden keskellä eli Jumalan sanan mukaan, voimme olla yhteydessä Jumalan kanssa ja voimme puhdistua ainoastaan Jeesuksen Kristuksen verellä. Sanokaamme, että on ihminen, jolla on taipumus lyödä muita, kun hän on vihainen. Hän lyö, koska hän ei pysty hallitsemaan vihaansa. Sanotaanpa, että hän löi jotakuta, katuu myöhemmin sitä, mitä hän on tehnyt ja pyytää anteeksi. Mutta jos hän anteeksi pyydettyään taas käyttää väkivaltaa suuttuessaan, voisiko hän saada todellisen anteeksiannon?

Samalla tavalla vain siksi, että tunnustat syntisi Jumalan edessä, sinun ei pitäisi lopettaa siihen. Toimet, joita teet jälkeenpäin, ovat tärkeämpiä. Tämä johtuu siitä, että aito katumus ei pääty vain syntien tunnustamiseen huulilla, vaan kääntymiseen kokonaan pois synnistä.

Lisäksi toinen syy, miksi Jeesus sanoi opetuslapsilleen, että he olivat jo puhtaat, oli, että he voivat saada pyhityksen siunauksen Jumalan armosta, ei vain, koska he saavat anteeksi syntinsä, vaan myös, koska he voivat heittää pois synnit sydämestään ja tulla puhtaiksi. Jeesus sanoi: "Te olette jo puhtaat sen sanan tähden, jonka minä olen teille puhunut", mutta tuolloin opetuslapset eivät olleet saaneet Pyhää Henkeä. Mutta hän tiesi myös, että myöhemmin, kun opetuslapset saisivat Pyhän Hengen, he sitten ymmärtäisivät kaiken, mitä Hän opetti heille ja muuttuisivat puhtaiksi astioiksi.

Ei väliä kuinka vahva oksa onkaan, se ei voi kantaa hedelmää, jos se irtoaa viinipuusta. Juuri siten voimme saada elämän ja kantaa paljon hedelmää vain, kun me pysymme Jeesuksessa, joka on totinen viinipuu.

Jeesuksessa pysyminen tarkoittaa elämistä Jumalan sanan mukaan, joka on totuus. Joten vastakohta on sellainen, että jos emme elä totuudessa, voimme vain etääntyä Jeesuksesta. Aivan kuten on kirjoitettu 1. Joh 2:15:ssä: *"Älkää rakastako maailmaa älkääkä sitä, mikä maailmassa on. Jos joku maailmaa rakastaa, niin Isän rakkaus ei ole hänessä."*

Aivan kuten pannu kiehuvaa vettä lopulta jäähtyy, jos sitä ei jatkuvasti lämmitetä, jos sydämemme on keskittynyt maailmaan, rakkautemme Jumalaan alkaa jäähtyä ja me etäännymme lopulta totuudesta. Ongelmana tässä on, että jäähtymisprosessi tapahtuu hitaasti ja hienovaraisesti, joten emme ehkä edes ymmärrä, mitä on tapahtumassa. Sitten lopulta Pyhä Henki sammutetaan sydämestämme ja saatamme jopa päätyä menettämään pelastuksemme.

Maanviljelijä istuttaa puun saadakseen sen hedelmiä. Oksat, jotka eivät kanna hedelmää, tai oksat, jotka putoavat viinipuusta, ovat hyödyttömiä. Viinipuun oksat ovat erityisen taipuneita ja vinoja, joten jos se ei kanna hedelmää, sen ainoa käyttö on polttopuuksi. Samoin on myös hengellisen elämämme laita. Ihminen, joka kasvaa yhä lähemmäksi maailmaa ja putoaa pois Jeesuksesta, kulkee lopulta kuoleman tietä ja putoaa loppujen lopuksi helvetin tuleen.

### Runsaan hedelmän kantamisen salaisuus

*"Jos te pysytte minussa ja minun sanani pysyvät teissä, niin anokaa, mitä ikinä tahdotte, ja te saatte sen. Siinä minun Isäni kirkastetaan, että te kannatte paljon hedelmää ja tulette minun opetuslapsiksenI."* (15:7-8)

Ne ihmiset, jotka seuraavat Jeesuksen sydäntä ja ovat täysin yhtä Hänen kanssaan, eivät etsi omia itsekkäitä halujaan. Sen sijaan he kohottavat hartaasti rakkauden rukouksia Jumalan valtakunnan ja kadotettujen sielujen puolesta. Jumala on tyytyväinen tällaisiin ihmisiin, ja niin mitä tahansa he anovat, Hän antaa heille (1. Joh. 5:14). Siksi ne ihmiset, jotka elävät Jumalan sanan mukaan ja rukoilevat Jumalan valtakunnan ja Hänen vanhurskautensa täyttymystä, kantavat paljon hedelmää. Kantaa paljon hedelmää tarkoittaa paitsi Pyhän Hengen yhdeksän hedelmän, 1. Kor.:n rakkausluvun ja hyveiden osoittamista, se tarkoittaa myös Jumalan voiman ja vallan osoittamista tunnustekojen ja ihmeiden kautta.

Aivan kuten monet ihmiset antoivat kunnian Jumalalle, kun Jeesus näytti Jumalan voiman tunnustekojen ja ihmeiden kautta, meidän, Jumalan lasten, pitäisi myös kantaa paljon hedelmää ja antaa kunnia Jumalle. Silloin Jumala sanoo: "Olen niin tyytyväinen saadessani tällaisia todellisia lapsia" ja tuntee itsensä palkituksi ja iloiseksi ihmisen kasvattamisesta. Tätä Jeesus tarkoitti, kun Hän sanoi: "Siinä minun Isäni kirkastetaan." Meidän sydämemme ympärileikkaus Jumalan sanalla ja enemmän Hänen kaltaisekseen tuleminen itsestään antaa myös kunniaa Jumalalle ja tuo iloa Hänen sydämelleen.

Ja jokainen, joka uskoo Jeesukseen Kristukseen ja pysyy Hänen sanassaan ja antaa kunnian Jumalalle yhdessä Hänen kanssaan huolimatta siitä, minä aikakautena ihminen elää, sitä ihmistä voidaan kutsua "Herran opetuslapseksi." "Herran opetuslapsena" oleminen tarkoittaa lupausta Jumalan kanssa elämisestä Hänen kunniansa keskellä taivaaseen päästessä.

## Pysykää minun rakkaudessani

"Niinkuin Isä on minua rakastanut, niin minäkin olen rakastanut teitä; pysykää minun rakkaudessani. Jos te pidätte minun käskyni, niin te pysytte minun rakkaudessani, niinkuin minä olen pitänyt Isäni käskyt ja pysyn hänen rakkaudessaan. Tämän minä olen teille puhunut, että minun iloni olisi teissä ja teidän ilonne tulisi täydelliseksi." (15:9-11)

Miltä vanhemmista tuntuisi, jos heidän pitäisi lähettää rakastava poikansa paikkaan, jossa vaara vaanii joka puolella? He luultavasti menisivät sinne mieluummin itse eivätkä lähettäisi poikaansa. Jos mahdollista, vanhemmat kokisivat mieluummin itse kipua, jos se tarkoittaisi, että lapsi säästyisi siltä. Joten miltä luulet Jumalasta tuntuneen, kun Hän lähetti Poikansa Jeesuksen tähän syntiä täynnä olevaan maailmaan?

Koska Jumala rakasti meitä jopa meidän kulkiessamme kuoleman tietä, Hän lähetti ainokaisen Poikansa meille. Koska Jeesus tunsi Jumalan tahdon paremmin kuin kukaan muu, Hän rakasti meitä ja pelastussuunnitelma ristin kautta voitiin täyttää. Niille meistä, jotka olemme puetut tähän suureen Jumalan rakkauteen, Jeesus sanoi: "Niin minäkin olen rakastanut teitä; pysykää minun rakkaudessani."

Matteuksen evankeliumin luvussa 22 yksi laintuntijoista halusi koetella Jeesusta tällä kysymyksellä: *"Opettaja, mikä on lain suurin käsky?"* (j. 36). Tähän Jeesus antoi hänelle selkeän vastauksen: *"'Rakasta Herraa, sinun Jumalaasi, kaikesta sydämestäsi ja kaikesta sielustasi ja kaikesta mielestäsi.'*

*Tämä on suurin ja ensimmäinen käsky. Toinen, tämän vertainen on: 'Rakasta lähimmäistäsi niinkuin itseäsi'"* (j. 37-39).

Jeesus osoitti tämän meille toimillaan. Kunniansa taivaassa laittaminen syrjään tullakseen tähän maailmaan ja kaiken kivun ja kärsimyksen ottaminen ristillä oli kaikki mahdollista, koska Hän rakastaa Jumalaa ja Hän rakastaa meitä.

Todiste meidän rakkaudestamme Jumalaan näkyy kuuliaisuudessamme Hänen käskyilleen (1. Joh. 5:3). Jumalan käskyt viittaavat kaikkiin sanoihin, jotka on tallennettu Raamatun 66 kirjaan, ja ne, jotka yrittävät elää Jumalan sanan mukaan, saavat yhä enemmän ymmärtää Jumalan sydäntä. Hänen sanansa ymmärtämisessä ja sen mukaan toimimisessa he voivat ymmärtää Jumalan rakkauden ja mitata Hänen sydämensä syvyydet. Siksi Jeesus antoi tämän lupauksen: "Jos te pidätte minun käskyni, niin te pysytte minun rakkaudessani, niinkuin minä olen pitänyt Isäni käskyt ja pysyn hänen rakkaudessaan."

Viettäessään viimeistä iltaansa tässä maailmassa Jeesus halusi osoittaa Jumalan rakkautta opetuslapsilleen enemmän kuin mitään muuta. Ja Hän opetti heille, että Hänen kärsimyksensä ristillä oli Jumalan pelastussuunnitelman täytäntöönpanemista ja että sen prosessin kautta ihmiskunta, jonka lopullinen kohtalo oli kuolema synnin takia, voisi ansaita Jumalan lapsiksi tulemisen etuoikeuden ja lopulta päästä taivaaseen. Jeesus ei halunnut opetuslastensa hätääntyvän ja järkyttyvän tapahtumista, jotka olivat tapahtumassa, vaan ennemminkin ottavan ne vastaan ilolla.

"Te olette minun ystäväni, jos teette, mitä minä käsken teidän tehdä"

"Tämä on minun käskyni, että te rakastatte toisianne, niinkuin minä olen teitä rakastanut. Sen suurempaa rakkautta ei ole kenelläkään, kuin että hän antaa henkensä ystäväinsä edestä. Te olette minun ystäväni, jos teette, mitä minä käsken teidän tehdä." (15:12-14)

Jeesuksen käskyjen noudattaminen on toisten rakastamista niin kuin Jeesus rakasti meitä. Tämä rakkaus on hengellistä rakkautta eli uhrautuvaa rakkautta, joka voi antaa elämänsä Jumalan, Hänen valtakuntansa, Hänen vanhurskautensa tai jopa kanssaveljensä puolesta. Mitä enemmän syntiä ja pahaa me heitämme pois ja tulemme pyhitetyiksi, sitä enemmän hengellistä rakkautta meillä voi olla sydämissämme. Vasta kun heitämme pois synnin, mustasukkaisuuden, kateuden ja sellaiset, voimme todella rakastaa lähimmäistämme kuten itseämme ja palvella heitä rakkaudella.

Joten kun Jeesus käski meitä, että "rakastatte toisianne", tähän kahden sanan lauseeseen sisältyvä syvempi merkitys on Jeesuksen vilpitön tahto ja halu, että Jumalan lapset viljelevät sydämessään totuutta ja tulevat enemmän Hänen kaltaisekseen. Ystävät tuntevat toisensa ja ymmärtävät toisiaan, ja ystävät rakastavat toisiaan. Tosi ystävä pitää ystävänsä asioita omanaan ja on valmis uhraamaan tämän ystävän puolesta. Ja jos tämä ystävä olisi jopa valmis uhraamaan oman elämänsä ystävänsä puolesta, ei olisi sitä suurempaa rakkautta.

Joten miksi luulet Jeesuksen sanoneen, mitä Hän sanoi? Jeesus ei halunnut tulla hengelliseksi ystäväksi vain opetuslapsilleen, vaan myös kaikille ihmisille, jotka tulisivat myöhemmin lukemaan Hänen sanojaan. Mutta on yksi ehto: Jeesus sanoi: "Te olette minun ystäväni, jos teette, mitä minä käsken teidän tehdä." Tämä tarkoittaa, että jos haluamme tulla Jeesuksen hengellisiksi ystäviksi, meidän täytyy tuntea ja ymmärtää Jumalan jokainen sana, joka on totuus, ja elää totuuden mukaan. Aivan kuten Jeesus uhrasi oman elämänsä ja näytti meille suurimman rakkauden, vasta kun täytämme itsemme tällä suurella rakkaudella, voimme tulla Jeesuksen hengellisiksi ystäviksi.

### Ero palvelijan ja ystävän välillä

*"En minä enää sano teitä palvelijoiksi, sillä palvelija ei tiedä, mitä hänen herransa tekee; vaan ystäviksi minä sanon teitä, sillä minä olen ilmoittanut teille kaikki, mitä minä olen kuullut Isältäni."* (15:15)

Room. 5:12:ssä on kirjoitettu: *"Sentähden, niinkuin yhden ihmisen kautta synti tuli maailmaan, ja synnin kautta kuolema, niin kuolema on tullut kaikkien ihmisten osaksi, koska kaikki ovat syntiä tehneet."* Aadamin tehtyä syntiä kaikilla hänen jälkeläisillänsä hänen jälkeensä oli syntyessään syntinen luonto, ja syntisinä heistä tuli vihollisen, perkeleen ja saatanan, palvelijoita.

Vaan ei kukaan, joka tulee Jeesuksen Kristuksen ristin

pelastuksen kautta vapaaksi synnistä, ole enää synnin palvelija, vaan Jumalan lapsi, uudestisyntynyt Pyhästä Hengestä. Room. 8:15 sanoo: *"Sillä te ette ole saaneet orjuuden henkeä ollaksenne jälleen pelossa, vaan te olette saaneet lapseuden hengen, jossa me huudamme: 'Abba! Isä!'"*

Koska "palvelija" ei tunne herran sydäntä, ihminen, joka on synnin palvelija, ei tunne Jeesuksen sanoja tai Jumalan rakkautta. Hän ei tunne Jumalan sydäntä, joka kasvattaa ihmistä, eikä tiedä Jeesuksesta, joka tuli tähän maailmaan tuntien Isän sydämen. Näillä sanoilla Jeesus rohkaisi opetuslapsiaan, että kun Hän kuolee ristillä ja ihmiskunnan synti on annettu anteeksi, heidän ei pitäisi enää koskaan tulla synnin palvelijoiksi. Tämä ei ollut viesti ainoastaan opetuslapsille, vaan kaikille, jotka ottavat vastaan Herran tähän päivään saakka.

Näiden sanojen mukaan Jumala näyttää pelastuskaitselmuksensa ristillä jokaiselle, joka on syntynyt uudelleen Pyhästä Hengestä ja joka tulee Jeesuksen ystäväksi. Aivan kuten me voimme kertoa salaisuuksiamme luotetuille ystävillemme, Jumala antaa heidän tietää ei vain syvimpiä hengellisen maailman salaisuuksia, vaan myös tulevista tapahtumista. Varsinkin näinä päivinä, joka on Pyhän Hengen aikakausi, voi tulla jopa ymmärtämään Jumalan sydämen syvintä osaa.

## Syy, jonka takia Jeesus valitsi opetuslapsensa ja opetti heitä

"Te ette valinneet minua, vaan minä valitsin teidät ja asetin teidät, että te menisitte ja kantaisitte hedelmää ja että teidän hedelmänne pysyisi: että mitä ikinä te anotte Isältä minun nimessäni, hän sen teille antaisi. Sen käskyn minä teille annan, että rakastatte toisianne." (15:16-17)

Miten ne kaksitoista opetuslasta tulivat palvelemaan Jeesusta? Jeesus kutsui heidät ensin. Hän sanoi: "Seuraa minua" Pietarille ja Andreaalle, jotka olivat kalastamassa merellä, ja Hän kertoi heille, että heistä tulisi ihmisten kalastajia. Hän kutsui myös Jaakobin ja Johanneksen, jotka korjasivat verkkojaan isiensä kanssa (Matt. 4:18-22). Hän käski myös Filippusta ja Leeviä, veronkantajaa: "Seuraa minua!" (Mark. 2:14, Joh. 1:43)

Pelastuksen armoa ei siis annettu meille siksi, koska me ensin etsimme Jumalaa ja pyysimme Häneltä sitä. Koska on kirjoitettu Ef. 2:8:ssa: *"Sillä armosta te olette pelastetut uskon kautta, ette itsenne kautta — se on Jumalan lahja —"*, sen antoi meille hinnatta Jumala, joka halusi saada todellisia lapsia.

Tämä oli siksi, että voisimme kantaa hedelmää. Me "kannamme hedelmää", kun muutamme itseämme Jumalan sanalla. Esimerkiksi ihminen, joka ei pystynyt rakastamaan, muuttuu rakastavaksi ihmiseksi; ihminen, joka ei pystynyt ymmärtämään toisia, muuttuu ymmärtäväksi ihmiseksi. Hän ei yritä vain ymmärtää muita, kun he käyttäytyvät töykeästi, vaan yrittää myös auttaa heitä. Ihminen, joka kantaa totuuden hedelmiä kuten tämä, voi saada mitä tahansa, kun hän anoo Jeesuksen Kristuksen nimessä.

Kun Jeesus sanoi: "Sen käskyn minä teille annan", Hän käski meidän kantaa totuuden hedelmää Jumalan sanan kautta ja tulla pyhitetyiksi. Ja syy, miksi Hän käski meidän muuttaa itseämme Jumalan sanalla, joka on totuus, oli, jotta "rakastatte toisianne."

Ihminen, joka rakastaa hengellisellä rakkaudella, pyhitetään olemaan aseistettu totuudella, ja hän on sovussa kaikkien kanssa ja tunnustettu Jumalan edessä. Mitä enemmän Jumalan kuva, jonka me kerran menetimme, elpyy, sitä enemmän meistä voi tulla hengellistä rakkautta, joten voimme jopa rakastaa vihollisiamme. Tämä johtuu siitä, että Jumalan sydämen ydin on rakkaus. Siksi perimmäinen syy siihen, miksi Jeesus käski, että "rakastatte toisianne", oli, jotta me Jumalan lapsina voimme elvyttää sen, mikä kerran menetettiin: Jumalan kuvan meissä.

Jeesus halusi opettaa tämän Jumalan ydinrakkauden opetuslapsille ja kaikille Jumalan lapsille. Jokaisen, joka on saanut Jumalan armon, jonka Hän antoi hinnatta, pitäisi muuttaa sydämensä totuudella. Mitä enemmän totuutta meillä on sydämissämme, sitä enemmän voimaa meillä on rakastaa toisiamme.

# Maailma ja opetuslapset

Matteuksen evankeliumin 4. luvussa on kuvaus, jossa perkele kiusasi Jeesusta 40 päivää ennen kuin Hän aloitti julkisen toimintansa. Tässä vaiheessa perkele houkutteli Häntä näyttämällä Hänelle kaikki maailman valtakunnat ja niiden loiston: *"Tämän kaiken minä annan sinulle, jos lankeat maahan ja kumarrat minua"* (j. 9). Tietenkin Jeesus ajoi perkeleen pois Jumalan sanalla, mutta tämä tapahtuma osoittaa, että vihollisella, perkeleellä, on voima ja valta yli kaikkien tämän maailman valtakuntien.

Jumala antoi Aadamille vallan alistaa ja hallita maailmaa, mutta tottelemattomuutensa tähden tästä tuli synnin palvelija. Siksi Aadamin valta täytyi siirtää viholliselle, perkeleelle ja saatanalle. Jos vapaasta tulee jonkun palvelija, kaikki hänen oikeutensa annetaan nyt hänen isännälleen (Room. 6:16).

Ja tämä on myös syy siihen, että viholliseen, perkeleeseen ja saatanaan, viitataan sanomalla "tässä pimeydessä hallitsevia maailmanvaltiaita" aivan kuten on kirjattu Ef. 6:12:ssa, jossa sanotaan: *"Sillä meillä ei ole taistelu verta ja lihaa vastaan, vaan hallituksia vastaan, valtoja vastaan, tässä pimeydessä hallitsevia maailmanvaltiaita vastaan, pahuuden henkiolentoja vastaan taivaan avaruuksissa."*

### Miksi maailma vihaa teitä

*"Jos maailma teitä vihaa, niin tietäkää, että se on vihannut minua ennen kuin teitä. Jos te maailmasta olisitte, niin maailma omaansa rakastaisi; mutta koska te ette ole maailmasta, vaan minä olen teidät maailmasta valinnut, sentähden maailma teitä vihaa."* (15:18-19)

Aivan kuten valo ja pimeä eivät voi olla yhtä, Jumala ja tämä maailma, joka tuli vihollisen, perkeleen ja saatanan, alaisuuteen, eivät voi olla yhtä. Tämä on toinen syy, miksi tulemme sitä kaukaisemmaksi tästä maallisesta maailmasta, mitä enemmän me tottelemme Jumalan sanaa ja elämme totuudessa.

Päinvastoin ihminen, joka rakastaa maailmaa, joutuu yhä kauemmaksi Jumalasta, ja mitä enemmän hän seuraa lihallisia halujaan, sitä enemmän hän putoaa synnin kuoppaan. Mitä syvemmälle putoaa, sitä onnellisemmaksi vihollinen, perkele ja saatana, tulee. Tämän vuoksi Jeesus sanoi: "Jos te maailmasta olisitte, niin maailma omaansa rakastaisi."

Luonnollisesti maailma vihaa Jumalan valitsemia, niitä, jotka ottavat vastaan Jeesuksen Vapahtajanaan ja tavoittelevat totuutta. Hengellisessä vaelluksessamme on aikoja, jolloin koemme vaikeuksia tai koettelemuksia vain pelkästään sen vuoksi, että elämme Jumalan sanan mukaan. Saatamme yrittää saada muut tuntemaan olonsa mukavammaksi palvelemalla heitä, mutta he saattavat tehdä kaiken voitavansa löytääkseen vikaa kaikesta, mitä teemme. Tämä on seurausta siitä, että vihollinen, perkele ja saatana, ohjaa pahoja, itselleen kuuluvia ihmisiä.

Siksi on kirjoitettu 1. Joh. 3:13:ssa: *"Älkää ihmetelkö, veljet, jos maailma teitä vihaa."* Vaikka me kärsimme ajoittain pyrkiessämme elämään totuudessa, Jumala tekee lopulta työtä hyvän puolesta niissä, jotka luottavat Hänen nimeensä. Siten kaikki olosuhteet todella päätyvät siunaukseksi.

> "Muistakaa se sana, jonka minä teille sanoin: 'Ei ole palvelija herraansa suurempi.' Jos he ovat minua vainonneet, niin he teitäkin vainoavat; jos he ovat ottaneet vaarin minun sanastani, niin he ottavat vaarin teidänkin sanastanne." (15:20)

Palvelija viittaa pahoihin henkiin, jotka hallitsevat ilmojen valtakuntaa, ja vihollinen, perkele ja saatana, hallitsevat valtiaina pimeyden maailmaa. Herra viittaa Isään Jumalaan. "Ei ole palvelija Herraansa suurempi" tarkoittaa, etteivät ilmaa hallitsevien pahojen henkien voimat ole suurempia kuin Jumalan voima. Siksi meidän, Jumalan lasten, ei tarvitse olla peloissamme tai pelätä mitään tässä maailmassa.

Aivan kuten on kirjoitettu: "Jos he ovat minua vainonneet, niin he teitäkin vainoavat", vihollinen, perkele ja saatana, tekee maailman loppuun asti mitä tahansa vain voi houkutellakseen yhden ihmisen pimeyden valtakuntaan. Toisinaan saatana ohjaa niitä ihmisiä, jotka eivät tunne Jumalaa, tai ihmisiä, joilla on vähäinen usko, vainoamaan ja tuomaan vaikeuksia Jumalan lapsille. Mutta koska Jumala, jolla on enemmän valtaa kuin vihollisella, perkeleellä ja saatanalla, johtaa ja suojelee meitä, voimme olla uskaliaita ja rohkeita.

Mitä sitten luulet Jeesuksen tarkoittaneen, kun Hän sanoi: "Jos he ovat ottaneet vaarin minun sanastani, he ottavat vaarin teidänkin sanastanne"? Tämä tarkoittaa sitä, että vaikka me voimme kohdata vainoja ja pelottelua, meillä pitäisi olla uskoa Jumalaamme, jolla on enemmän valtaa kuin kaikella, mikä on tästä maailmasta, ja meidän pitäisi jatkaa Hänen sanansa levittämistä ja Hänen rakkautensa osoittamista rohkeasti ja ilman pelkoa. Silloin olemme Jumalan voiman suojaamia ja vartioimia ja voimme antaa kunnian Jumalalle.

**"Mutta kaiken tämän he tekevät teille minun nimeni tähden, koska he eivät tunne häntä, joka on minut lähettänyt. Jos minä en olisi tullut ja puhunut heille, ei heillä olisi syntiä; mutta nyt heillä ei ole, millä syntiänsä puolustaisivat. Joka vihaa minua, se vihaa myös minun Isääni. Jos minä en olisi tehnyt heidän keskuudessaan niitä tekoja, joita ei kukaan muu ole tehnyt, ei heillä olisi syntiä; mutta nyt he ovat nähneet ja ovat vihanneet sekä minua että minun Isääni. Mutta se sana oli käyvä toteen, joka on kirjoitettuna heidän**

laissaan: 'He ovat vihanneet minua syyttä.'" (15:21-25)

Fariseukset ja ylipapit väittivät tutkivansa palavasti Raamatun sanoja ja pitävänsä ne, saman Raamatun, joka ennustaa Jeesuksesta, Vapahtajasta, joka tulisi pelastamaan ihmiskunnan. Nämä ihmiset kuitenkin viime kädessä joutuivat perkeleen hallintaan ja naulasivat Jeesuksen ristille. He julistivat palvelevansa Jumalaa ja kehuivat lain tietämyksellään. Kasvattamatta sydäntään totuudella he silti tappoivat Messiaan, jota he olivat odottaneet niin kauan. Nämä ihmiset jatkoivat samaan tapaan vainotessaan myös opetuslapsia, jotka todistivat Jeesuksen ylösnousemuksesta. Oli niin kuin oli kirjoitettu: "Kaiken tämän he tekevät teille minun nimeni tähden."

Joten miksi ihmiset väittivät uskovansa Jumalaan, mutta päätyivät olemaan vihamielisiä Häntä kohtaan? Siksi, koska he eivät tunteneet Jumalan sydäntä, rakkautta, tahtoa tai kaitselmusta lähettää Jeesus tähän maailmaan. He olivat niin lain ja oman omahyväisyytensä riivaamia, että he sisällyttivät lihalliset ajatuksensa kaikkeen, mitä he tekivät, ja näkivät kaiken samasta näkökulmasta. Ei ole ihme, että heidän toimenpiteensä olivat kaukana Jumalan rakkauden osoittamisesta.

Ellei Jeesus olisi jakanut elämän sanaa ihmisille kuten fariseuksille, saddukeuksille ja ylipapeille, ja elleivät tunnusteot olisi vahvistaneet Hänen sanojaan, niin he eivät olisi suorittaneet Jeesuksen arvostelun, tuomitsemisen ja vainoamisen pahaa tekoa. Mutta koska Jeesus, joka on Valkeus, loisti Jumalan sanalla, heidän pimeät ja pahat tiensä tulivat ilmi. Heillä ei ollut tekosyytä synteihinsä.

Jeesuksen vihaaminen on samaa kuin Jumalan vihaaminen.

Jos joku todella uskoo Jumalaan, hänen pitäisi pystyä tunnistamaan Jeesus, jonka Jumala lähetti tähän maailmaan. Ja kuten Jeesus sanoi: "Mutta nyt he ovat nähneet...sekä minua että minun Isääni", Jeesus osoitti Jumalan heille tekemiensä tunnustekojen kautta.

He kuitenkin tuomitsivat Jeesuksen jokaisen liikkeen omilla perinteillään ja toimivat salaliitossa lihallisten ajatustensa kanssa löytääkseen Hänestä vikaa. He eivät vain kieltäytyneet uskomasta Häneen, vaan he myös vihasivat ja häpäisivät Häntä. Siksi emme voi sanoa, että heillä ei ole syntiä. Se, että he häpäisivät Jeesusta lihallisten ajatustensa takia, on todiste siitä, että he vihasivat, ei vain Jeesusta, vaan myös Jumalaa, joka lähetti Hänet.

Jeesus sanoi heidän teoistaan, että niissä kävivät toteen kirjoitukset, jotka toteavat, että on monia, jotka vihasivat Häntä ilman syytä (Ps. 35:19, 69:4). Tästä voimme oppia, että Jumalan jokainen sana täyttyy virheettömästi ja että meidän pitäisi uskoa Hänen sanansa sydämemme pohjasta asti. Meidän tulee pyrkiä varustamaan itsemme Jumalan sanalla, mutta ei kasaamalla pelkkää pään tietoa fariseusten lailla vaan kasvattamalla sydäntämme totuudella.

> "Mutta kun Puolustaja tulee, jonka minä lähetän teille Isän tyköä, totuuden Henki, joka lähtee Isän tyköä, niin hän on todistava minusta. Ja te myös todistatte, sillä te olette alusta asti olleet minun kanssani." (15:26-27)

Tässä kohtaa on kyse Pyhän Hengen roolista – Hengen, joka oli tuleva sen jälkeen, kun Jeesus kuoli ristillä ja täytti täysin kutsumuksensa. Pyhä Henki, eli Puolustaja, todistaa siitä, kuka Jeesus on. Levittämällä totuutta, että Jeesus on Vapahtaja, Hän johdattaa monet ihmiset kohti pelastusta.

Tämä toteutui 10 päivän kuluttua Jeesuksen taivaaseen astumisesta: Pyhä Henki tuli ihmisiin, jotka uskoivat Jeesuksen lupaukseen ja jotka olivat kokoontuneet yhteen rukoilemaan. Jeesuksen opetuslapset, jotka saivat Pyhän Hengen, alkoivat elää elämää, joka oli hyvin erilaista kuin ennen. Aivan kuten Jeesus sanoi: "Te myös todistatte, sillä te olette alusta asti olleet minun kanssani", Pyhän Hengen voimalla he ryhtyivät kutsumukseensa totisina todistajina. Jeesus tiesi Pyhän Hengen teoista, jotka tapahtuisivat, ja Hän tiesi myös, millaiseen toimintaan opetuslapset ryhtyisivät. Jeesus kertoi opetuslapsilleen näistä tulevista tapahtumista, koska Hän halusi opetuslastensa saavan Pyhän Hengen ja täyttävän kutsumuksensa Hänen todistajinaan hyvin.

*Luku* 16

# Puolustaja, Pyhä Henki

1. Pyhän Hengen tuleminen ja toiminta
(16:1-15)

2. Profetia Jeesuksen kuolemasta ja ylösnousemuksesta
(16:16-24)

3. Jeesus, joka voitti maailman
(16:25-33)

# Pyhän Hengen tuleminen ja toiminta

Lopetettuaan pääsiäisaterian ja lohdutettuaan opetuslapsia ja annettuaan heille vielä useita oppitunteja Jeesus alkoi opettaa Pyhän Hengen työstä. Hän kertoi heille, että Pyhä Henki tulisi tuomitsemaan ja nuhtelemaan maailmaa synnistä, vanhurskaudesta ja tuomiosta. Hän ei myöskään vain johtaisi opetuslapsia totuuden tielle, vaan Hän myös kertoisi heille tulevaisuuden tapahtumista.

### Jeesuksen sydämen tila, kun Hän kertoi opetuslapsilleen tulevaisuuden tapahtumista

"Tämän minä olen teille puhunut, ettette loukkaantuisi. He erottavat teidät synagoogasta; ja tulee aika, jolloin jokainen, joka tappaa teitä, luulee tekevänsä uhripalveluksen Jumalalle. Ja sen he tekevät teille, koska he eivät tunne Isää eivätkä minua. Mutta tämän minä olen puhunut teille, että, kun se aika tulee, te muistaisitte minun sen teille sanoneen. Tätä minä en ole sanonut teille alusta, koska minä olin teidän kanssanne." (16:1-4)

Jeesus paljasti ensin, miksi Hän kertoi opetuslapsilleen tulevista tapahtumista. Hän ei halunnut yhdenkään heistä masentuvan ja luopuvan uskostaan, kun Jeesus menee ristille, tai jos he kokevat kärsimystä. Jumalan näkökulmasta Jeesuksen kärsimys oli Hänen sallimansa ihmiskunnan pelastukseksi; se ei suinkaan tapahtunut siksi, etteikö Jeesuksella olisi ollut valtaa. Koska se sallittiin Jumalan kaitselmuksessa ihmiskunnan pelastukseksi, pahantekijät pystyivät vainoamaan Häntä.

Pahat ihmiset eivät tienneet, että Jumala salli Jeesuksen kärsiä ja kuolla ristillä, jotta Hän voisi saavuttaa yhden edellytyksistä tulla Vapahtajaksi. He luulivat yksinkertaisesti tappavansa Jeesuksen omalla voimallaan ja vallallaan. Lisäksi he ajattelivat Jeesuksen sanojen herjaavan Jumalaa, joten he uskoivat, että Jeesuksen tappaminen toteuttaisi heidän kertakaikkisen velvollisuutensa Jumalan edessä. Siksi Jeesus kertoi heille uudelleen, miksi Hän kertoi heille edessä olevista koettelemuksista.

"Mutta tämän minä olen puhunut teille, että, kun se aika tulee, te muistaisitte minun sen teille sanoneen. Tätä minä en ole sanonut teille alusta, koska minä olin teidän kanssanne."

Tämä osoittaa, kuinka tarkka ja oikea-aikainen Jeesus

oli kaikessa, mitä Hän sanoi ja teki. Jos Jeesus olisi kertonut heille aivan alussa, että Hän menisi ristille ja että kaikki nämä tapahtumat tapahtuisivat, opetuslasten olisi luultavasti ollut vaikea saada todellista uskoa. Heidän tarvitsi läpäistä tulevat koetukset omalla uskollaan, jotta heidän uskonsa tunnustettaisiin tosi uskoksi. Aivan kuten ei koe voi olla hyvä arviointi, jos vastaukset on jo annettu, täytyi Jeesuksen antaa opetuslastensa käydä omat kokeensa läpi rehellisesti siitä riippumatta, miten paljon Hän heitä rakastikin. Tämän vuoksi Jeesus odotti kärsivällisesti kunnes Juudas Iskariot lähti ilmiantamaan Hänet virkamiehille ennen kuin Hän kertoi kaikki nämä asiat jäljelle jääneille opetuslapsille.

## "Teille on hyväksi, että minä menen pois"

**"Mutta nyt minä menen hänen tykönsä, joka on minut lähettänyt, eikä kukaan teistä kysy minulta: 'Mihin sinä menet?' Mutta koska minä olen tämän teille puhunut, täyttää murhe teidän sydämenne. Kuitenkin minä sanon teille totuuden: teille on hyväksi, että minä menen pois. Sillä ellen minä mene pois, ei Puolustaja tule teidän tykönne; mutta jos minä menen, niin minä hänet teille lähetän." (16:5-7)**

Jeesuksen kerrottua heille olevansa lähdössä, opetuslapset ahdistuivat ja huolestuivat. Mutta ei yksikään heistä kysynyt, minne Hän oli menossa. Kun he olivat Jeesuksen kanssa todistamassa Jumalan tekoja, heidän sydämensä olivat varmoja ja rohkeita. Tuolloin heistä tuntui, että heillä oli uskoa, ja he luulivat ymmärtävänsä kaikki Jeesuksen sanat. Kuitenkin nyt, kun he kuulivat, että Jeesus oli lähdössä, heidän sydämensä olivat levottomat.

Siispä Jeesus kertoi näille huolestuneille opetuslapsilleen, miten hyödyllistä on, kun Pyhä Henki tulee. Hän kertoi heille, että jos Hän ei lähde, Puolustaja ei voi tulla, ja siksi on parempi heille, että Hän lähtee. Kun opetuslapset saisivat Pyhän Hengen, he tulisivat ymmärtämään Jumalan rakkauden Hänen täyttäessään pelastuksen kaitselmusta lähettämällä ainokaisen Poikansa tähän maailmaan. Jeesus antoi opetuslapsilleen lohtua ja toivoa, kun Hän selitti, että kun he saisivat Pyhän Hengen, Jumalan suuri rakkaus antaisi heille voiman ja he saisivat näin tosi uskon vahvan pohjan.

### Puolustajamme Pyhän Hengen työ

> "Ja kun hän tulee, niin hän näyttää maailmalle todeksi synnin ja vanhurskauden ja tuomion: synnin, koska he eivät usko minuun; vanhurskauden, koska minä menen Isän tykö, ettekä te enää minua näe; ja tuomion, koska tämän maailman ruhtinas on tuomittu. Minulla on vielä paljon sanottavaa teille, mutta te ette voi nyt sitä kantaa." (16:8-12)

Jeesus kertoi opetuslapsilleen minkälaista työtä Puolustaja eli Pyhä Henki tekisi, kun Hän tulee. Hän selitti, että Pyhä Henki näyttäisi maailmalle todeksi synnin, vanhurskauden ja tuomion ja soittaisi hälytyskelloa kaikkien ihmisten kuulla.

"Synnin, koska he eivät usko minuun..."
Kun Jeesus sanoi tämän, Hän tarkoitti sitä, että kun me saamme Pyhän Hengen, ymmärrämme, että olemme syntisiä ja että Jeesus kuoli pelastaakseen meidät synnistä. Pyhän Hengen avulla opimme myös ymmärtämään Jumalan suuren rakkauden, joka sai Hänet luopumaan ainokaisesta Pojastaan. Ja lopuksi tulemme myös vakuuttuneeksi siitä, että se, että ei tunne Jumalaa, on synti, ja siksi teemme parannuksen.

Jeesus jatkoi sanoen: "Vanhurskauden, koska minä menen Isän tykö, ettekä te enää näe minua..." Kuoltuaan ristillä Jeesus nousi kuolleista ja meni Isän Jumalan luo. Room. 5:18:ssa sanotaan: *"Niinpä siis, samoin kuin yhden ihmisen lankeemus on koitunut kaikille ihmisille kadotukseksi, niin myös yhden ihmisen vanhurskauden teko koituu kaikille ihmisille elämän vanhurskauttamiseksi."* Kun me saamme Pyhän Hengen, pystymme uskomaan Jeesuksen yhteen vanhurskauden tekoon, joka on pelastuksen tuottaminen ristillä. Ja kaikki ne, jotka uskovat tähän, Jumala tunnustaa vanhurskaaksi.

Jos me todella uskomme, että Jeesus kuoli ristillä meidän puolestamme, me varmasti pidämme Jumalan sanan, ja siinä määrin kuin elämme Hänen sanansa mukaan, meistä tulee yhtä Herran kanssa. Tämän vuoksi Jumala tunnustaa meidät vanhurskaiksi. Koska meitä kutsutaan vanhurskaiksi Herran armosta, voimme siksi heittää pahan ulos sydämestämme ja pyhittyä, jos pidämme Jumalan sanan tosi uskossa ja elämme sen mukaisesti. Tämä johtuu siitä, että Pyhä Henki ohjaa Jumalan lapsia totuuden tielle, jotta heistä voi tulla vanhurskaita ihmisiä.

Lopuksi Jeesus sanoi: "Ja tuomion, koska tämän maailman ruhtinas on tuomittu." Tässä tämän maailman ruhtinas tarkoittaa vihollista, perkelettä ja saatanaa. Jeesus tarkoitti tällä, että Pyhä Henki auttaa meitä tietämään, että vihollinen, perkele ja saatana, ovat jo saaneet tuomion.

Kun Aadam ja Eeva lankesivat saatanan kiusaukseen ja syyllistyivät tottelemattomuuteen Jumalan sanalle, heidän jälkeläisistään tuli synnin orjia, ja koska hengellinen laki sanoo, että synnin rangaistuksena on kuolema, he alkoivat kulkea kuoleman tietä. Mutta mukaan tuli vihollinen saatana, joka tappamalla Jeesuksen rikkoi hengellisen lain, koska Jeesuksessa ei ollut syntiä. Siksi kuolemalla ei ole enää valtaa niihin, jotka uskovat Jeesukseen Kristukseen. Tämän vuoksi Room. 8:2:ssa sanotaan: *"Sillä elämän hengen laki Kristuksessa Jeesuksessa on vapauttanut sinut synnin ja kuoleman laista."*

Siten Pyhä Henki auttaa meitä tietämään, että vihollinen, perkele ja saatana ovat saaneet tuomion, eli ne eivät voi johtaa Kristukseen uskovia kuolemaan. "Tämän maailman ruhtinas on tuomittu" tarkoittaa myös sitä, että valkean valtaistuimen tuomiolla vihollinen, perkele ja saatana, saa iankaikkisen tuomion. Tietenkään opetuslapset eivät voineet ymmärtää kaikkia näitä asioita silloin, mutta kun Pyhä Henki tulee, he muistaisivat kaikki Jeesuksen sanat ja ymmärtäisivät jokaisen sanan.

## Kun totuuden Henki tulee

"Mutta kun hän tulee, totuuden Henki, johdattaa hän teidät kaikkeen totuuteen. Sillä se, mitä hän puhuu, ei ole hänestä itsestään; vaan minkä hän kuulee, sen hän puhuu, ja tulevaiset hän teille julistaa. Hän on minut kirkastava, sillä hän ottaa minun omastani ja julistaa teille. Kaikki, mitä Isällä on, on minun; sentähden minä sanoin, että hän ottaa minun omastani ja julistaa teille." (16:13-15)

Jeesus jatkoi opetuslasten opettamista Pyhän Hengen toiminnasta. Hän kutsui Häntä "Totuuden Hengeksi" ja sanoi: "...johdattaa hän teidät kaikkeen totuuteen." Tämä johtuu siitä, että Pyhä Henki on yhtä Jumalan sydämen kanssa ja johdattaa meidät totuuteen. Kun Pyhä Henki tulee, Hän antaa meille armon irrottautua lihamme ajatuksista ja antaa meille enemmän voimaa ymmärtää Jumalan syvää sydäntä (1. Kor. 2:10). Sitä paitsi Hän ei koskaan puhu omasta tahdostaan, vaan Hän puhuu vain mitä kuulee ja kertoo meille tulevista tapahtumista. Hän puhuu vain Jumalan tahdon mukaisesti.

"Hän on minut kirkastava, sillä hän ottaa minun omastani ja julistaa teille. Kaikki, mitä Isällä on, on minun."

Tässä näemme, että Jeesus, Pyhä Henki ja Jumala ovat täysin yhtä. Jeesuksen sydän on Pyhän Hengen sydän ja Pyhän Hengen sydän on Jeesuksen sydän. Alkuperältään He ovat yhtä, mutta ihmisen kasvatuksen kaitselmuksessa He ottivat erilaiset roolit.

Mitä Pyhä Henki sanoo, on, mitä Jeesus sanoo, ja Jeesuksen sana on Jumalan sana. Siksi kun Pyhä Henki tulee, Hän opettaa Jeesuksesta, ja kun voimatekoja tehdään Jeesuksen Kristuksen nimessä, Jumala kirkastetaan, mutta Jumala jakaa tämän kunnian Herran Jeesuksen ja Pyhän Hengen kanssa.

# Profetia Jeesuksen kuolemasta ja ylösnousemuksesta

Jeesus ei vain näyttänyt lukuisia todisteita opetuslapsille, jotta he voisivat uskoa, vaan Hän myös kertoi heille tulevista tapahtumista. Hän kertoi heille, kuinka Juudas Iskariot myisi Hänet, miten juutalaiset vangitsisivat Hänet, kun Hän meni ylös Jerusalemiin, ja siitä, miten Hän kuolisi ristillä ja nousisi kuolleista kolmantena päivänä. Edes kuultuaan nämä sanat eivät opetuslapset voineet ymmärtää.

### Opetuslapset eivät ymmärrä hengellistä sanomaa

"'Vähän aikaa, niin te ette enää minua näe, ja taas vähän aikaa, niin te näette minut.' Silloin muutamat hänen opetuslapsistansa sanoivat toisilleen: 'Mitä se tarkoittaa, kun hän sanoo meille: "Vähän aikaa, niin te ette minua näe, ja taas vähän aikaa, niin te näette minut", ja: "Minä menen Isän tykö"?' Niin he sanoivat: 'Mitä se tarkoittaa, kun hän sanoo: "Vähän aikaa"? Emme ymmärrä, mitä hän puhuu.' Jeesus huomasi heidän tahtovan kysyä häneltä ja sanoi heille: 'Sitäkö te kyselette keskenänne, että minä sanoin: "Vähän aikaa, niin te ette minua näe, ja taas vähän aikaa, niin te näette minut"?'" (16:16-19)

Kun Jeesus suorittaa tehtävänsä ja astuu taivaaseen, Hän ei enää olisi opetuslastensa kanssa. Siksi Hän sanoi: "Vähän aikaa, niin te ette enää minua näe." Mutta kun Pyhä Henki, joka on yhtä Jeesuksen kanssa, tulee, he voisivat tavata uudelleen. Tuolloin opetuslapset eivät voineet ymmärtää, miten Pyhän Hengen tuleminen tarkoitti, että he voisivat olla taas Jeesuksen kanssa.

Jeesus tiesi, että opetuslapset eivät ymmärtäisi, mutta Hän puhui nämä asiat siksi, koska Hän tiesi, että myöhemmin, kun Pyhä Henki tulisi heidän päällensä, he ymmärtäisivät Hänen sanojensa hengellisen merkityksen ja laittaisivat elämänsä likoon työskennelläkseen Jumalan valtakunnalle. Mitä sitten tapahtui, oli, että Pyhän Hengen saatuaan opetuslapset muuttuivat täysin ja uhrasivat koko elämänsä Jeesuksen Kristuksen evankeliumin levittämistyöhön. Ja useimmat heistä kokivat jopa marttyyrikuoleman asian puolesta. Kun he kuulivat nämä sanat Jeesukselta, he eivät kuitenkaan olleet saaneet Pyhää Henkeä vielä, ja siksi he olivat hyvin hämmentyneitä.

"Mitä se tarkoittaa, kun Hän sanoo: 'Vähän aikaa'? Emme ymmärrä, mitä Hän puhuu." Jeesus määrittää tarkasti, mikä opetuslasten kysymys oli: "Sitäkö te kyselette keskenänne, että minä sanoin: 'Vähän aikaa, niin te ette minua näe, ja taas vähän aikaa, niin te näette minut'?"

Jeesus käytti sanoja "vähän aikaa" selittääkseen tapahtumia, jotka olivat tapahtumaisillaan tulevaisuudessa. Kuitenkin opetuslapset, joita rajoitti heidän lihalliset ajatuksensa, yrittivät rajata nämä sanat maalliseen määritelmään. Kun Jeesus sanoi: "Vähän aikaa, niin te näette minut", näiden sanojen hengellinen merkitys tarkoittaa, että kun Pyhä Henki tulee, he voivat nähdä Jeesuksen, koska Jeesus ja Pyhä Henki ovat yhtä, mutta se tarkoittaa myös sitä, että Jeesus nousee ylös kolmessa päivässä ja todella fyysisesti ilmestyy opetuslasten eteen.

1. Kor. 15:4-6:ssa sanotaan: *"...ja että hänet [Jeesus] haudattiin ja että hän nousi kuolleista kolmantena päivänä, kirjoitusten mukaan, ja että hän näyttäytyi Keefaalle, sitten niille kahdelletoista. Sen jälkeen hän näyttäytyi yhtä haavaa enemmälle kuin viidellesadalle veljelle."*

## "Teidän murheenne on muuttuva iloksi"

"Totisesti, totisesti minä sanon teille: te joudutte itkemään ja valittamaan, mutta maailma on iloitseva; te tulette murheellisiksi, mutta teidän murheenne on muuttuva iloksi. Kun vaimo synnyttää, on hänellä murhe, koska hänen hetkensä on tullut; mutta kun hän on synnyttänyt lapsen, ei hän enää muista ahdistustaan sen ilon tähden, että ihminen on syntynyt maailmaan. Niin on myös teillä nyt murhe; mutta minä olen taas näkevä teidät, ja teidän sydämenne on iloitseva, eikä kukaan ota teiltä pois teidän iloanne." (16:20-22)

Koska Jeesus sanoi: "Minä lähden. Vähän aikaa, niin te ette enää minua näe", opetuslapsista tuntui kuin taivas putoaisi heidän päälleen. Tietäen, mitä heidän sydämessään tapahtui, Jeesus sanoi: "Te joudutte itkemään ja valittamaan, mutta maailma on iloitseva; te tulette murheellisiksi, mutta teidän murheenne on muuttuva iloksi." Tässä näemme eron tietyn tilanteen hahmottamisessa lihallisin silmin ja saman tilanteen näkemisessä hengellisin silmin. Otetaanpa esimerkiksi Jeesuksen kärsimys. Kun näemme ja ymmärrämme tämän tapahtuman hengellisillä silmillä, tiedämme, että meidän pitäisi olla iloisia siitä. Kun katsomme tätä samaa tapahtumaa lihallisin silmin, se on kuitenkin hyvin surullinen tapahtuma ja opetuslapsille se oli käsittämätön tragedia. Tämän vuoksi Jeesus sanoi: "Te joudutte itkemään ja valittamaan." Mutta Hän myös lisäsi: "Mutta maailma on iloitseva." Mitä tämä tarkoittaa?

Tässä "maailma" tarkoittaa ihmiskuntaa, jonka piti tulla vihollisen, perkeleen, orjiksi kirouksen vuoksi, jonka he saivat synnin takia. Aadamin synnin kautta kaikki hänen jälkeläisensä saivat kirouksen: *"Synnin palkka on kuolema"* (Room. 6:23). Jeesus kuitenkin lunasti koko ihmiskunnan synneistään, tuhosi vihollisen, perkeleen ja saatanan, vallan kuoleman yli ja avasi tien iankaikkiseen elämään. Miten voi olla olematta iloinen?

Kun opetuslapset saisivat Pyhän Hengen, he ymmärtäisivät selvästi tämän Jumalan kaitselmuksen. Siksi Jeesus sanoi: "Te tulette murheellisiksi, mutta teidän murheenne on muuttuva iloksi." Sitten Hän käytti esimerkkiä: "Kun vaimo synnyttää, on hänellä murhe, koska hänen hetkensä on tullut; mutta kun hän on synnyttänyt lapsen, ei hän enää muista ahdistustaan sen ilon tähden, että ihminen on syntynyt maailmaan." Kun naisen synnyttämisen aika tulee, hän kokee suurta tuskaa. Mutta sillä hetkellä, kun hän pitää lastaan povellaan, hän unohtaa kaiken sen tuskan, jota hän kärsi, koska lapsi on niin arvokas ja ihana.

Lisäksi Jeesus sanoi: "Minä olen taas näkevä teidät, ja teidän sydämenne on iloitseva, eikä kukaan ota teiltä pois teidän iloanne." Kun Jeesus sanoi opetuslapsilleen: "Minä olen taas näkevä teidät", Hän viittasi siihen tosiasiaan, että he todella saavat nähdä Hänet henkilökohtaisesti ylösnousemuksen jälkeen, ja siihen tosiasiaan, että he myöhemmin saisivat Pyhän Hengen. Hän selitti, että kun he näkevät ylösnousseen Jeesuksen ja saavat Pyhän Hengen sydämeensä, he olisivat täynnä iloa. Tämä ilo tulee todellisesta rauhasta ja uskosta, joka tulee Jumalalta, siksi kukaan ei voi ottaa tätä iloa pois. Jeesus kertoi toistuvasti opetuslapsilleen tätä totuutta, joka osoittaa Hänen horjumatonta päättäväisyyttään hoitaa täysin loppuun pelastuksen kaitselmuksen tehtävänsä ristin kautta. Tämä johtui siitä, että vaikka vihollinen, perkele ja saatana, miten yritti puuttua asiaan käyttäen kaikenlaisia pahoja juonia ja juonitteluja, pelastus ristin kautta saataisiin päätökseen ja Jeesus nousisi ylös voittaen kuoleman Jumalan hämmästyttävän viisauden keskellä.

## Anokaa Jeesuksen Kristuksen nimessä

"Ja sinä päivänä te ette minulta mitään kysy. Totisesti, totisesti minä sanon teille: jos te anotte jotakin Isältä, on hän sen teille antava minun nimessäni. Tähän asti te ette ole anoneet minun nimessäni; anokaa, niin te saatte, että teidän ilonne olisi täydellinen." (16:23-24)

Tässä "sinä päivänä" viittaa siihen aikaan, jolloin opetuslapset ovat saaneet Pyhän Hengen. Kun Pyhä Henki asuu ihmisen sydämessä, Hän auttaa sitä ihmistä muistamaan Jeesuksen sanat ja ymmärtämään näiden sanojen merkityksen. Pyhän Hengen takia me voimme nyt ymmärtää asioita, joita emme muutoin olisi voineet ymmärtää omin voimin, ja voimme tulla valaistuneeksi kaikenlaisista asioista, joista meillä ehkä on ollut kysymyksiä ennen. Voimme myös tuntea Jumalan rakkauden ja jopa ymmärtää Hänen hämmästyttävää kaitselmustaan.

"Totisesti, totisesti minä sanon teille: jos te anotte jotakin Isältä, on hän sen teille antava minun nimessäni. Tähän asti te ette ole anoneet minun nimessäni; anokaa, niin te saatte, että teidän ilonne olisi täydellinen."

Mitä voimme oppia tästä jakeesta? Ensinnäkin me opimme, että Jeesuksen Kristuksen nimessä on suuri voima. Koska Jumala on niin tyytyväinen Jeesukseen Hänen täytettyään kutsumuksensa Vapahtajana, kenelle tahansa, joka anoo Hänen nimeensä, Jumala vastaa hänen rukouksiinsa.

Voimassa on kuitenkin ero, kun rukoilemme "Jeesuksen" nimessä ja kun rukoilemme "Jeesuksen Kristuksen" nimessä.

Kuten on kirjoitettu Matt. 1:21:ssä, "Jeesus" tarkoittaa, että *"hän on vapahtava kansansa heidän synneistänsä."* Siten "Jeesus" ei tarkoita "hän joka vapahti" menneessä aikamuodossa, vaan "hän, joka on vapahtava" tulevassa aikamuodossa. Toisaalta "Kristus" tarkoittaa "Voideltu", joka tarkoittaa "Rauhantekijä Jumalan ja ihmisen välillä, Vapahtaja ja Välittäjä." Joten nimi "Jeesus Kristus" kantaa merkitystä, että "Jeesus sai päätökseen ja täytti kutsumuksensa Vapahtajana."

Siksi ei silloin, kun rukoilemme "Jeesuksen" nimessä, vaan kun rukoilemme "Jeesuksen Kristuksen" nimessä, koemme voiman. Jeesus tuli tähän maailmaan Jumalan tahdon mukaan, ja Hän nöyryytti itsensä ja alistui siihen asti, että kuoli ristillä. Ja koska Jumala oli niin tyytyväinen siihen, että Jeesus vastasi kaikessa kyllä ja amen, Hän mielellään vastaa, kun joku anoo tässä Jeesuksen Kristuksen nimessä.

Seuraavaksi voimme myös oppia eron hengen ajatusten ja lihan ajatusten välillä. Opetuslasten näkökulmasta Jeesuksen kauhea kuolema ristillä oli erittäin tuskallinen ja surullinen tapahtuma. Mutta ristin kaitselmuksen kautta ihmiskunnan päällä oleva kirous muuttui siunaukseksi, ja nyt Jeesuksen Kristuksen nimessä olevalla voimalla voimme helposti voittaa vihollisen, perkeleen ja saatanan! Niinpä hengellisestä näkökulmasta tämä oli varsin iloinen tapahtuma.

Lopuksi tämän jakeen kautta voimme tuntea Jeesuksen lempeän ja perinpohjaisen rakkauden. Ennen ristin kantamista Jeesus kertoi opetuslapsilleen Hänen kuolemastaan, ylösnousemuksestaan, taivaaseen astumisestaan ja Pyhän

Hengen tulemisesta auttaakseen heitä valmistautumaan sydämessään siihen, mitä on tulossa. Vaikka he eivät täysin ymmärtäneet tuolloin, Hän halusi varmistaa, että tulevaisuudessa he ymmärtäisivät lopullisen suunnitelman ja Jumalan kaitselmuksen ja tulisivat uhraamaan elämänsä täyttääkseen kutsumuksensa. Opetuslapsia muistutettaisiin jatkuvasti tällaisesta Herran rakkaudesta, jotta he eivät vajoaisi epätoivoon vainoissa vaan saavuttaisivat voiton.

# Jeesus, joka voitti maailman

Neljässä evankeliumissa on erityisen paljon vertauksia. On kylväjävertaus, vertaus leivisköistä, tuhlaajapoikavertaus, vertaus viinitarhurista, vertaus viinipuusta ja oksista, vertaus sinapinsiemenestä jne. Vertaus käyttää arjen asioita, joita ihmiset kohtaavat, kertoakseen jonkin merkityksen tai opetuksen helposti ymmärrettävästi ihmisille, ja sillä on myös se vaikutus, että vertauksen kertojan aikomus tai motiivi jää hieman peittoon.

Esimerkiksi kun Jeesus kertoi kansalle, että Hän tuhoaisi temppelin ja sitten rakentaisi sen kolmessa päivässä, Hän käytti vertausta kertoakseen heille kuolemastaan ja ylösnousemuksestaan. Syy siihen, miksi Jeesus puhui käyttäen vertauksia, oli, koska ei ole vain vaikea selittää hengellisestä maailmasta tämän maailman kielellä, vaan on myös vaikea käsitttää hengellisiä asioita pelkällä inhimillisellä tiedolla.

## Tulee aika, jolloin avonaisesti julistan teille

"Tämän minä olen puhunut teille kuvauksilla; mutta tulee aika, jolloin minä en puhu teille enää kuvauksilla, vaan avonaisesti julistan teille sanomaa Isästä. Sinä päivänä te anotte minun nimessäni; enkä minä sano teille, että minä olen rukoileva Isää teidän edestänne; sillä Isä itse rakastaa teitä, sentähden että te olette minua rakastaneet ja uskoneet minun lähteneen Jumalan tyköä." (16:25-27)

Ottaen huomioon opetuslapsensa, jotka eivät voineet ymmärtää hengellistä maailmaa selvästi, Jeesus käytti tähän asti eri vertauksia auttaakseen heitä ymmärtämään. On kuitenkin rajansa, kuinka paljon voi selittää ääretöntä ja valtavaa hengellistä maailmaa käyttäen esimerkkejä tämän maailman asioista. Siksi Jeesus sanoi: "Tulee aika, jolloin minä en puhu teille enää kuvauksilla, vaan avonaisesti julistan teille sanomaa Isästä." Tässä "aika" viittaa Pyhän Hengen tuloon.

Tuolloin opetuslapset eivät voineet ymmärtää, miksi Jeesuksen täytyi ottaa risti ja kuinka Jumala kirkastuisi, vaikka Jeesus oli selittänyt heille vertauksilla. Mutta kun Pyhä Henki opettaa heitä myöhemmin, he pystyisivät ymmärtämään täysin.

Varmasti Jeesuksen ylösnousemuksen ja taivaaseen astumisen jälkeen, kun opetuslapset saivat Pyhän Hengen, he tulivat ymmärtämään Jumalan kaitselmuksen. Aikaisemmin kalastajana Pietarilla oli hyvin vähän koulutusta, mutta saatuaan Pyhän Hengen hän pystyi puhumaan osuvasti ja epäröimättä lain sisältämän Jumalan sanan todellisesta merkityksestä (Ap. t. 3. luku). Pyhän Hengen, joka ymmärtää jopa Jumalan, maailmankaikkeuden Luojan, syvää sydäntä, opetettua häntä, Pietaria ei sitonut enää mitkään rajoitukset.

Kaiken lisäksi kuten Jeesus sanoi: "Sinä päivänä te anotte minun nimessäni", aina kun opetuslapset anoivat Jeesuksen Kristuksen nimessä, Jumalan voima näytettiin. Ap.t. 3:6:ssa näemme Pietarin sanovan rammalle kerjäläiselle: *"Hopeaa ja kultaa ei minulla ole, mutta mitä minulla on, sitä minä sinulle annan: Jeesuksen Kristuksen, Nasaretilaisen, nimessä, nouse ja käy."* Juuri sillä hetkellä kerjäläisen jalat ja nilkat vahvistuivat, ja hän alkoi kävellä ja hyppiä ja ylistää Jumalaa.

Syy siihen, miksi meidän rukouksiimme vastataan, kun rukoilemme Jeesuksen Kristuksen nimessä, on, koska Jumala on suuresti tyytyväinen tähän nimeen, mutta myös siksi, koska Hän on tyytyväinen uskoon, jota osoitamme, kun uskomme Hänen nimeensä ja siten pyydämme Hänen nimessään. Tämä toiminta osoittaa Jumalalle, että tunnustamme ja uskomme siihen, että Hän lähetti ainokaisen Poikansa, Jeesuksen, tähän maailmaan, ja se myös osoittaa Hänelle, että tunnustamme ja uskomme siihen, että kaikki, mitä Jeesus Kristus teki, mukaan lukien Hänen kuolemansa ristillä, ylösnousemuksensa ja taivaaseen astumisensa, oli kaikki osa Jumalan suunnitelmaa ja kaitselmusta.

Kun Jeesus sanoi: "Te olette minua rakastaneet ja uskoneet minun lähteneen Jumalan tyköä", Jeesus puhui uskosta siihen, että Jeesus, joka on alkuperältään yhtä Jumalan kanssa, on ainoa Poika, joka tuli tähän maailmaan lihassa. Kun rakastamme Jeesusta ja olemme riippuvaisia Hänen nimestään rukoillessamme, Jumala ottaa huomioon tuon uskon, ja Hän vastaa meille. Tietysti ne, jotka rakastavat Poikaa, jonka Hän lähetti, ja ne, jotka tottelevat Hänen Poikansa sanoja, saavat Jumalan rakkauden!

"'Minä olen lähtenyt Isästä ja tullut maailmaan; jälleen minä jätän maailman ja menen Isän tykö.' Hänen opetuslapsensa sanoivat: 'Katso, nyt sinä puhut avonaisesti etkä käytä mitään kuvausta. Nyt me tiedämme, että sinä tiedät kaikki, etkä tarvitse, että kukaan sinulta kysyy; sentähden me uskomme sinun Jumalan tyköä lähteneen.'" (16:28-30)

Kun oli lähellä se aika, jolloin Jeesuksen piti ottaa risti, Hän toi esiin selvästi, kuka Hän oli; ei vain kuka Hän oli alkuperältään, vaan kuinka Hän toimi Jumalan kaitselmuksen mukaisesti, ja mitä tapahtuisi myöhemmin. Hän halusi opetuslasten kirjaavan sydämeensä, mistä he puhuivat sinä yönä, eikä koskaan unohtavan sitä.

Jeesus ei katsonut vain siihen, kuinka opetuslapset voivat tuolloin. Koska Hän näki, miten he voisivat myöhemmin muutoksensa jälkeen, Hän halusi antaa heille rakkauden sanoja, rohkaisua ja toivoa loppuun asti (Luuk. 22:28-32). Silloin opetuslapset lopulta tunnustivat uskonsa. Vaikka heillä ei ollutkaan vielä täydellistä uskoa, he tunnustivat sydämellään ja todistivat huulillaan, koska Jeesus puhui heille tällaisella rakkaudella ja myötätunnolla.

## "Olkaa turvallisella mielellä: minä olen voittanut maailman"

"Jeesus vastasi heille: 'Nyt te uskotte. Katso, tulee hetki ja on jo tullut, jona teidät hajotetaan kukin tahollensa ja te jätätte minut yksin; en minä kuitenkaan yksin ole, sillä Isä on minun kanssani. Tämän minä olen teille puhunut, että teillä olisi minussa rauha. Maailmassa teillä on ahdistus; mutta olkaa turvallisella mielellä: minä olen voittanut maailman.'" (16:31-33)

Opetuslapsille, jotka yrittivät tunnustaa uskonsa, Jeesus sanoi taas kerran: "Nyt te uskotte."

Jeesus näki suoraan heidän sydämiinsä. Hän kertoi heille, mitä he tekisivät Hänen kärsiessään. Hän ei kuitenkaan kertonut tätä heille halveksiakseen heitä, koska he eivät pystyneet taistelemaan eivätkä voittaneet pelkojaan ja pakenivat pois opettajansa luota. Hän halusi heidän tietävän, että vaikka he lähtevät, Hän ei ole yksin, koska Hän olisi hengessä Jumalan kanssa.

Koska kaikki nämä asiat olivat osa Jumalan suunnitelmaa ja kaitselmusta, jopa se, jos kaikki lähtisivät ja Hän jäisi yksin, Jeesus sanoi, että sekin on Hänen vastuullaan.

Vaikka opetuslapset viettivät aikaa Jeesuksen kanssa ja tunsivat totuuden sydämillään, lihallisten ajatustensa takia he eivät voineet saada täydellistä uskoa. Tästä syystä kukin heistä oli ahdistunut. Erityisesti Pietari, joka tunnusti Matt. 16:16:ssa: *"Sinä olet Kristus, elävän Jumalan Poika"*, viime kädessä kielsi Jeesuksen kolme kertaa. Joten miten henkisesti ahdistuneen luulet hänen olleen?

Tämä ahdistus, jota opetuslapset kokivat, koska eivät voineet saada täyttä uskoa, on se, mihin Jeesus viittasi sanoessaan: "Maailmassa teillä on ahdistus." Hän sanoi myös tämän merkitsevän vainoa ja kaikenlaisia erilaisia vaikeuksia, joita opetuslapset myöhemmin kohtaisivat kulkiessaan saarnaamassa Jeesuksesta Kristuksesta. Kun tulee vainotuksi Jeesuksen Kristuksen nimen takia, hengellisesti sitä kuitenkin pidetään palkkiona, ja taivaassa se on kohteliaisuus ja kunnia.

Jeesuksen opetuslapset eivät kohdanneet ahdistusta siksi, etteikö Jumalalla olisi valtaa. Koetukset ja kärsimykset olivat kaikki osa Jumalan kaitselmuksen toteutusta keskellä Hänen täydellistä rakkauttaan ja oikeudenmukaisuuttaan. Siksi Jeesus sanoi: "Olkaa turvallisella mielellä: minä olen voittanut maailman."

Totta tosiaan Jeesus kuoli ristillä, voitti kuoleman, nousi kuolleista ja tuli tosi Vapahtajaksi. Siispä siinä määrin kuin me olemme yhtä Jeesuksen kanssa uskossa, niin paljon me voimme voittaa tässä maailmassa Hänen nimensä kautta. Kun meillä on hengellinen usko, voimme tuhota vihollisen, perkeleen ja saatanan, linnoituksen ja saarnata rohkeasti Jumalan kirkkaudesta.

*Luku* 17

# Jeesuksen esirukous

1. Rukous ristin kantamisen puolesta
(17:1-5)

2. Rukous opetuslasten puolesta
(17:6-19)

3. Rukous uskovien puolesta
(17:20-26)

# Rukous ristin kantamisen puolesta

Koska Jumalan sana on elämän leipä, rukous on hengen henkäys. Jopa Jeesus kohotti monet rukoukset täällä maan päällä ollessaan. Hän meni tavallisesti Öljymäelle rukoilemaan. Hän myös etsi hiljaisia paikkoja rukoilemista varten kuten Getsemanen puutarha. Hän rukoili Jordanilla, ja Hän rukoili jopa ristillä. Ja juuri ennen kärsimystään ristillä Hän rukoili niin hartaasti, että Hänen hiestään tuli kuin veripisaroita (Luuk. 22:44).

Juuri ennen kuin ylipappien ja fariseusten lähettämät sotilaat pidättivät Jeesuksen, Hän rukoili hyvin hartaan rukouksen Jumalalle. Vaikkakin Hän on Jumalan Poika, näiden sanojen mukaan: "Anokaa, niin teille annetaan", Hän asetti mallin rukousta varten (Matt. 7:7).

## Jeesus näki tulevan kirkkauden

"Tämän Jeesus puhui ja nosti silmänsä taivasta kohti ja sanoi: 'Isä, hetki on tullut, kirkasta Poikasi, että Poikasi kirkastaisi sinut.'" (17:1)

Lohdutettuaan opetuslapsiaan Jeesus tiesi, että Hänen oli aika täyttää kutsumuksensa Vapahtajana. Mutta sen sijaan, että olisi ajatellut kärsimystä, jonka Hän pian kohtaisi, Hän näki kirkkauden, joka tulisi kärsimyksen jälkeen. Ei väliä millaista kärsimystä Hän kohtaisi, Hänellä oli varmuus kirkkauden näkemisestä sen jälkeen. Hän tiesi, että Hänen kuolemansa ristillä ei ollut ihmisen ajatusten tai suunnitelmien tulos, vaan että se oli osa Jumalan kaitselmusta.

Kun Jeesus rukoili: "Isä, hetki on tullut, kirkasta Poikasi", Hän sanoi, että: "On aika. Anna minun tulla ihmisten kiinniottamaksi ja naulituksi ristillä." Useaan otteeseen tähän saakka vihollinen, perkele ja saatana, oli yllyttänyt ihmisiä, jotka tappaisivat Jeesuksen, mutta ei ollut vielä aika, joten Jumala ei sallinut tämän tapahtua. Mutta nyt aika oli tullut.

Teloitus ristillä näyttää järkyttävältä ruumiillisesti, mutta Jeesus tiesi, että se oli tie kunniaan. Tuhottuaan kuoleman vallan, noustuaan kuolleista ja suoritettuaan kutsumuksensa Vapahtajana Hän saisi Kuninkaiden Kuninkaaksi ja Herrain Herraksi tulemisen hengellisen kunnian ja kirkkauden. Joten kun Jeesus rukoili: "Kirkasta Poikasi, että Poikasi kirkastaisi sinut", Hän sanoi, että Hän nostaa ylös Jumalalle kaiken kunnian, jonka Hän saa kärsittyään ristillä. Nämä sanat olivat myös ilmaus Jeesuksen rakkaudesta Jumalaan osoittaen

Hänen halunsa kirkastaa Jumalaa uskollisesti täyttämällä kutsumuksensa Vapahtajana.

"**Koska sinä olet antanut hänen valtaansa kaiken lihan, että hän antaisi iankaikkisen elämän kaikille, jotka sinä olet hänelle antanut. Mutta tämä on iankaikkinen elämä, että he tuntevat sinut, joka yksin olet totinen Jumala, ja hänet, jonka sinä olet lähettänyt, Jeesuksen Kristuksen.**" (17:2-3)

Joten millaisen kirkkauden Jumala ja Jeesus saivat Jeesuksen kärsittyä ristillä? Lähettämällä ainokaisen Poikansa Jeesuksen tähän maailmaan ja antamalla Hänen kuolla ristillä Jumala sai lukemattomia uskon lapsia. Ja sen jälkeen Hän *"antoi hänelle [Jeesukselle] nimen, kaikkia muita nimiä korkeamman"*, ja Hän antoi Pojalleen ylimmän vallan kaiken ylitse (Fil. 2:9-11).

Jumala antoi alunperin tämän vallan ensimmäiselle ihmiselle, Aadamille. Mutta hyvän ja pahan tiedon puusta syömisen seurauksena Aadam tuli synnin orjaksi luovuttaen kaiken vallan viholliselle, perkeleelle ja saatanalle.

Jeesuksen lopetettua 40 päivän paaston Luuk. 4:5-7:ssä perkele tuli Hänen luokseen ja näytti Hänelle kaikki maailman valtakunnat. Sitten se kiusasi Jeesusta sanoen: *"Sinulle minä annan kaiken tämän valtapiirin ja sen loiston, sillä minun haltuuni se on annettu, ja minä annan sen, kenelle tahdon. Jos sinä siis kumarrut minun eteeni, niin tämä kaikki on oleva sinun."*

Sen sanan mukaan, jossa todetaan, että teistä on tullut

niiden palvelijoita, joita tottelette, tulee sinusta perkeleen palvelija, jos palvot sitä (Room. 6:16). Tietäen perkeleen jumalattoman suunnitelman Jeesus heittää kiusauksen lujasti pois sanomalla: *"Kirjoitettu on: 'Sinun pitää kumartaman Herraa, sinun Jumalaasi, ja häntä ainoata palveleman'"* (Luuk. 4:8).

Vihollinen, perkele ja saatana, sai vallan pettämällä salaa Aadamin ja Eevan. Jeesus yritti kuitenkin lunastaa tämän vallan pitäytyen tiukasti hengellisessä laissa. Uhraamalla itsensä täydellisesti Hän lunasti tämän vallan perkeleeltä.

Kun uskomme tähän Jeesukseen, me voimme voittaa ja kukistaa vihollisen, perkeleen ja saatanan. Voimme olla suojassa kiusauksilta ja koettelemuksilta, sairauksilta ja onnettomuuksilta. Sen lisäksi saamme iankaikkisen elämän, joten ikuisen kuoleman tai helvetin sijaan menemme ikuiseen taivaaseen.

Niin mitä sitten tarkoittaa, kun Raamattu sanoo: "Jumalan ja Jeesuksen Kristuksen tunteminen on iankaikkinen elämä"? Joh. 6:40 sanoo: *"Sillä minun Isäni tahto on se, että jokaisella, joka näkee Pojan ja uskoo häneen, on iankaikkinen elämä; ja minä herätän hänet viimeisenä päivänä."*

Jumala lähetti Poikansa tähän maailmaan, jotta kaikki kansat voivat saada pelastuksen. Sallimalla Jeesuksen, joka oli synnitön ja joka oli hyvyys ja rakkaus itse, tulla naulituksi ristille Jumala teki Hänestä monien ihmisten Vapahtajan. Siksi ihminen, jonka on oikeutetusti mentävä helvettiin synnin takia, voi saada iankaikkisen elämän uskomalla Jeesukseen Kristukseen.

Ne ihmiset, jotka saivat pelastuksen Jeesuksen Kristuksen

kautta, tulevat tietämään hyvin, miten Jumala vuodatti tällaista rakkautta syntisille, jotka eivät sitä ansainneet. He tulevat tuntemaan totuuden Jumalasta, ei pelottavasta Jumalasta, joka tuomitsee tiukasti lain mukaan, vaan rakkauden Jumalasta, joka uhrasi oman Poikansa tehdäkseen pelastuksen tien syntisille. Siksi ne, jotka kokivat todellista pelastuksen iloa, tietävät, että ei ole mitään suurempaa kuin Jeesuksen Kristuksen armo ja Jumalan rakkaus, joten he kutsuvat Jumalaa nimellä "Abba, Isä."

### "Isä, kirkasta sinä minut tykönäsi"

*"Minä olen kirkastanut sinut maan päällä: minä olen täyttänyt sen työn, jonka sinä annoit minun tehtäväkseni. Ja nyt, Isä, kirkasta sinä minut tykönäsi sillä kirkkaudella, joka minulla oli sinun tykönäsi, ennenkuin maailma olikaan."* (17:4-5)

Jeesus kirkasti Jumalan täyttämällä koko Jumalan suunnitelman ja kaitselmuksen, joten Hän kohotti rukouksen pyytäen Jumalaa kirkastamaan Hänetkin. Jeesus oli alun perin yhtä Jumalan kanssa ennen luomista, ja kunnia, joka Hänellä oli, oli niin jalo ja kaunis, että sitä ei voi selittää ihmissanoilla. Mutta täyttääkseen Jumalan tahdon Hän jätti kaiken tämän kunnian taaksensa, tuli lihaksi ja tuli tähän maailmaan ja kuoli ristillä täyttäen kutsumuksensa Vapahtajana.

Kuten on kirjoitettu 1. Kor. 10:31:ssä: *"Söittepä siis tai joitte tai teittepä mitä hyvänsä, tehkää kaikki Jumalan kunniaksi"*, maan päällä toimintansa aikana Jeesus ei koskaan etsinyt itselleen rikkautta tai mainetta. Hän halusi vain kirkastaa Jumalaa. Siksi Hän pystyi rohkeasti rukoilemaan: "Isä, kirkasta sinä minut tykönäsi."

Jumala haluaa meidän, kuten Jeesuksen, kirkastavan Jumalaa kaikessa, mitä teemme. Ei siksi, että Jumala haluaa kaiken kunnian. Hengellisen lain mukaan, joka sanoo, että sitä niittää, mitä kylvää, Jumala haluaa antaa jokaiselle meistä palkkion ja kunnian, joka on sopiva Hänen lapselleen. Siksi Jeesus sanoo Joh. 13:32:ssa: *"Jos Jumala on kirkastettu hänessä, niin kirkastaa myös Jumala hänet itsessään ja kirkastaa hänet pian."*

# Rukous opetuslasten puolesta

Saadakseen päätökseen Jumalan työn Jeesuksella oli harvoin aikaa levätä tai nukkua. Siitä huolimatta Hän ei koskaan lakannut rukoilemasta. Nyt kun oli Hänen aikansa mennä ristille, kuinka paljon hartaammin Hänen on täytynyt rukoilla! Ensin Hän rukoili, että Hän voisi kirkastaa Jumalaa, ja sitten hän rukoili rakastavien opetuslastensa puolesta.

### Jeesus näki opetuslapsensa uskolla

"Minä olen ilmoittanut sinun nimesi ihmisille, jotka sinä annoit minulle maailmasta. He olivat sinun, ja sinä annoit heidät minulle, ja he ovat ottaneet sinun sanastasi vaarin." (17:6)

Kun Jeesus sanoi: "Minä olen ilmoittanut sinun nimesi", Hän tarkoitti, että Hän opetti Jumalan sydäntä ja tahtoa. Jeesus oli Jumalan kanssa ennen luomista, ja Hän loi maailmankaikkeuden Jumalan kanssa. Joten tietenkin Hän pystyi selvästi osoittamaan Jumalan sydämen ja tahdon.

Jeesus sanoi: "He olivat sinun, ja sinä annoit heidät minulle, ja he ovat ottaneet sinun sanastasi vaarin." Tässä he viittaa ihmisiin, joita Jumala viljelee, jotta heistä tulisi Hänen tosi lapsiaan. He kuuluvat Jumalalle, mutta Jeesus sanoi: "Sinä annoit heidät minulle", koska he saavat pelastuksen Hänen, Jeesuksen Kristuksen, kautta. Ja viitatessaan niihin ihmisiin, jotka pelastuvat, Jeesus tunnusti: "... ja he ovat ottaneet sinun sanastasi vaarin." Tämä tarkoittaa, että he todella uskovat Jumalaan ja ovat ottaneet Jeesuksen vastaan Vapahtajanaan. Siksi heillä on edellytykset pelastua.

Kuten on kirjoitettu Jaak. 2:22:ssa: *"Sinä näet, että usko vaikutti hänen tekojensa mukana, ja teoista usko tuli täydelliseksi"*, tosi uskoa seuraa teot. Se, että he ottivat Jumalan sanasta vaarin, tarkoittaa, että heillä on uskoa pelastua tai uskoa toimia Jumalan sanan mukaan.

> **"Nyt he tietävät, että kaikki, minkä olet minulle antanut, on sinulta. Sillä ne sanat, jotka sinä minulle annoit, minä olen antanut heille; ja he ovat ottaneet ne vastaan ja tietävät totisesti minun lähteneen sinun tyköäsi ja uskovat, että sinä olet minut lähettänyt."**
> **(17:7-8)**

Jos ihminen uskoo, että Jeesuksen voimateot ovat Jumalasta,

hän uskoo myös, että Jeesus on Vapahtaja. Kuten puun pystyy tunnistamaan hedelmistään, voimme me tunnistaa, että Jumala on jonkun kanssa, jos tämä tekee tunnustekoja ja ihmeitä. Jeesus kertoi Jumalalle opetuslapsista ja muista ihmisistä, joilla oli tällainen puhdas usko. Se tarkoittaa, että he tunnustivat hyvyydellä ja uskoivat Jumalaan ja Jeesukseen sydämensä pohjasta.

Niinpä Jeesus rukoili Jumalan armoa opetuslapsille ja hyville ihmisille, joilla, vaikka he olivat yhä heikkoja, oli usko upotettuna hyvään sydämeen. Jeesus tunsi opetuslastensa uskon hyvin. Vaikkakin he kaikki pakenisivat peloissaan, kun Jeesus vangittaisiin (Matt. 26:31), Jeesus rukoili kuvaillen, miten he myöhemmin saisivat täydellisen uskon ja muuttuisivat Herran voimakkaiksi todistajiksi. Tämän rukouksen kautta voimme nähdä Jeesuksen todellisen rakkauden. Vaikka Hän näki 99 negatiivista tekijää, Hän kertoi Jumalalle vain sen yhden positiivisen tekijän, jonka Hän näki.

> **"Minä rukoilen heidän edestänsä; en minä maailman edestä rukoile, vaan niiden edestä, jotka sinä olet minulle antanut, koska he ovat sinun – ja kaikki minun omani ovat sinun, ja sinun omasi ovat minun – ja minä olen kirkastettu heissä." (17:9-10)**

"Maailma" tarkoittaa tässä vihollista, perkelettä ja saatanaa, joka vastustaa Jeesusta Kristusta. Rakkauden Jumala lähetti Jeesuksen tähän maailmaan pelastamaan koko ihmiskunnan, mutta tämä ei tarkoita, että kaikki pelastuvat. Ihminen, jonka sydän on paha ja joka antaa itsensä hallinnan perkeleelle, ei lopulta pelastu. Elämän sana ja iankaikkinen elämä ovat niitä varten, jotka uskovat Jeesukseen Vapahtajanaan, ja se oli näitä ihmisiä varten, joiden puolesta Jeesus rukoili Jumalaa.

"Kaikki minun omani ovat sinun, ja sinun omasi ovat minun" osoittaa, kuinka Jumala ja Jeesus ovat yhtä (1. Kor. 8:6). Tämä tarkoittaa, että koska nämä Kaksi ovat yhtä, kunnian ja kärsimyksen, jonka Jeesus sai, Jumala sai myös. Lisäksi kunnian, jonka Jeesus saisi kuoltuaan ristillä, noustuaan ylös ja tultuaan Vapahtajaksi, Jumala saisi myös.

Jeesus tiesi, että Hänen kärsimyksensä ristillä avaisi oven pelastukseen, ja että monet sielut uskoisivat Herraan ja tulisivat Jumalan tosi lapsiksi. Hän myös tunnusti tämän, koska Hän tiesi, että nämä sielut antaisivat kunnian Jumalalle, joka Hänen ihmeellisessä rakkaudessaan valmisti pelastuksen tien, ja Jeesukselle Kristukselle, joka uhrasi itsensä täysin täyttääkseen Jumalan tahdon.

## "Että he olisivat yhtä niinkuin mekin"

**"Ja minä en enää ole maailmassa, mutta he ovat maailmassa, ja minä tulen sinun tykösi. Pyhä Isä, varjele heidät nimessäsi, jonka sinä olet minulle antanut, että he olisivat yhtä niinkuin mekin." (17:11)**

Kuinka voimme koskaan täysin ilmaista Jeesuksen kiintymystä opetuslapsiinsa? Koska Hän joutui jättämään taaksensa ne, joita Hän rakasti niin paljon, Hän rukoili ja rukoili yhä uudelleen Isää Jumalaa heidän puolestaan. Jeesus oli lähdössä, mutta pian sen jälkeen Pyhä Henki, jonka Hän lupasi, olisi tulossa. Ihminen, joka uskoo ja tottelee totuuden sanaa, jota Pyhä Henki opettaa, on se ihminen, joka voi tulla yhdeksi Jumalan kanssa, kuten Jeesus ja Jumala ovat yhtä.

Tähän asti opetuslapset oppivat totuuden Jeesukselta, ja kun he tottelivat Hänen sanojaan, he kokivat uskomattomia asioita (Matt. 17:27). Kun Pyhä Henki tulee, kaikki näkisivät lisää ihmeellisiä Jumalan tekoja, aivan kuten silloin, kun Jeesus oli itse täällä maan päällä. Lisäksi kun Jeesus oli täällä, täytyi olla lähellä Häntä kuullakseen totuuden sanaa, mutta kun Pyhä Henki tulee jokaiseen yksittäiseen ihmiseen, kuka tahansa voi kuulla totuuden sanaa ja ottaa vastaan Jumalan käskyn milloin tahansa. Siksi Jeesus rukoili pyytäen Jumalaa vuodattamaan Pyhän Hengen Hänen rakkaisiin opetuslapsiinsa, jotta he voisivat täyttää Jumalan tahdon menestyksellisesti.

> **"Kun minä olin heidän kanssansa, varjelin minä heidät sinun nimessäsi, jonka sinä olet minulle antanut, ja suojelin heitä, eikä heistä joutunut kadotetuksi yksikään muu kuin se kadotuksen lapsi, että kirjoitus kävisi toteen. Mutta nyt minä tulen sinun tykösi ja puhun tätä maailmassa, että heillä olisi minun iloni täydellisenä heissä itsessään."** (17:12-13)

Kun Jeesus sanoi "varjelin minä heidät sinun nimessäsi", Hän tarkoitti, että Hän välitti heistä Jumalan sydämellä ja rakkaudella. Jeesus tuli tähän maailmaan Jumalan nimessä. Hän opetti niin kuin se, jolla oli valta, ja osoittamalla ihmeellistä voimaa Hän johdatti opetuslapsensa elämään totuudessa. Oli kuitenkin poikkeuksia. Kuten Jeesus sanoi: "Eikä heistä joutunut kadotetuksi yksikään muu kuin se kadotuksen lapsi, että kirjoitus kävisi toteen", Juudas Iskariot lopulta kavalsi Hänet ja meni kuoleman tietä.

Näin ei käynyt siksi, ettei Jeesuksella olisi ollut valtaa; se oli tapahtuma, joka oli ennustettu jo Raamatussa. Se tapahtui juuri niin kuin on kirjoitettu Ps. 41:10:ssä: *"Ystävänikin, johon minä luotin, joka minun leipääni söi, nostaa kantapäänsä minua vastaan."* Näennäisesti tuntuu, että Jeesus vangittiin Juudas Iskariotin takia, mutta kaikki asiat tapahtuivat, koska Jumala salli sen.

Jeesuksen meneminen ristille ei osoita, että vihollinen, perkele ja saatana, oli voittanut. Se osoittaa, että Jumalan ihmiskunnan pelastussuunnitelma vietiin läpi epäonnistumatta. Tämä osoittaa myös Jumalan ottavan huomioon opetuslapset niin, etteivät he menetä voimaa myöhemmin, vaan tuntevat iloa kokiessaan Pyhän Hengen työn.

> **"Minä olen antanut heille sinun sanasi, ja maailma vihaa heitä, koska he eivät ole maailmasta, niinkuin en minäkään maailmasta ole." (17:14)**

Sanat, jotka Jeesus antoi opetuslapsilleen, olivat totuus ja valkeus itse. Mutta maailma eli ihmiset, jotka ovat osa vihollista, perkelettä ja saatanaa, vihasivat Jeesusta, joka oli Valkeus (Joh. 3:20). Kuultuaan Jeesuksen sanat ylipapit ja fariseukset olivat innokkaita tappamaan Jeesuksen (Matt. 21. luku) katumisen sijaan. Maailma vihasi myös opetuslapsia, jotka olivat osa

Valkeutta, koska he saivat Jumalan sanan Jeesukselta, joka oli Valkeus.

Joh. 15:19:ssä Jeesus sanoi: *"Jos te maailmasta olisitte, niin maailma omaansa rakastaisi; mutta koska te ette ole maailmasta, vaan minä olen teidät maailmasta valinnut, sentähden maailma teitä vihaa."* Täten jos emme ystävysty maailman kanssa, se varmasti vihaa meitä. Matt. 10:35-36:ssa on kirjoitettu: *"Sillä minä olen tullut 'nostamaan pojan riitaan isäänsä vastaan ja tyttären äitiänsä vastaan ja miniän anoppiansa vastaan; ja ihmisen vihamiehiksi tulevat hänen omat perhekuntalaisensa.'"* Tämä tarkoittaa, että toisinaan, kun toimimme totuudessa, oman perheemme jäsenet, jotka eivät ole uskovaisia, eivät ehkä ymmärrä meitä ja voivat alkaa jopa inhota meitä.

Ihminen, joka rakastaa Herraa ja tietää totuuden, ei kuitenkaan tule yhdeksi maailman kanssa, vaikka se tarkoittaisi vaikeuksien kokemista. Jos ihminen ei ole totuudesta, tosi uskovainen ei tee kompromisseja hänen kanssaan, vaikka ihminen olisi perheenjäsen. Siksi uskova ei lyöttäydy yhteen pimeyden kanssa. Aivan kuten valkeus ja pimeys ei voi sekoittua, jos joku rakastaa maailmaa tai asioita maailmassa, Jumalan rakkaus ei ole hänessä. Jeesus kertoi opetuslapsilleen yksityiskohtaisesti kaikki tapahtumat, jotka he kokisivat lähitulevaisuudessa, kun he iloisesti ottavat vastaan kutsumuksen olla Herran todistajia. Sitten Hän jälleen kerran kohotti ylös rukouksen uskoen opetuslapsensa Jumalalle.

**"En minä rukoile, että ottaisit heidät pois**

maailmasta, vaan että sinä varjelisit heidät pahasta." (17:15)

Jotkut vanhemmat ylisuojelevat lapsiaan kuin kasveja kasvihuoneessa ja kasvattavat heistä riippuvaisia ihmisiä. Mutta viisaat vanhemmat varustavat lapsensa kyvyllä kohdata vastoinkäymisiä omillaan. Sen sijaan, että pyydystäisivät kalan heidän puolestaan, he opettavat heille, miten kala pyydystetään.

Jumalan sydän on saman tapainen. Hän kasvattaa meitä, jotta voimme taistella pahaa vastaan hyvällä ja tulla lapsiksi, jotka muistuttavat Jumalan omaa kuvaa. Jumalan sydämen tuntien Jeesus ei rukoillut pyytäen Jumalaa ottamaan opetuslapsiaan tästä syntisestä maailmasta taivaaseen, vaan suojelemaan heitä lankeamasta syntiin. Toisaalla Jeesus viittasi siihen, että kun Hän olisi lähtenyt, opetuslapset voisivat elää totuudessa Pyhän Hengen voimalla.

"Pyhitä heidät totuudessa..."

"He eivät ole maailmasta, niinkuin en minäkään maailmasta ole. Pyhitä heidät totuudessa; sinun sanasi on totuus." (17:16-17)

Jeesuksen julkisen toiminnan aikana opetuslapset olivat aina Hänen kanssaan kuunnellen Hänen totuuden sanomaansa ja todistaen Hänen kaikki toimensa. Seuraten Jeesuksen jalanjälkiä he pitivät sydämensä totuudessa eivätkä tehneet kompromissia maailman kanssa. Toimiessaan opetuslastensa kanssa Jeesus johti heitä voimakkaasti totuudessa. Hän oli erityisesti asettanut heille tiukat rajat niin, ettei heitä sitoisi lihalliset intohimot tai sukulaisuussuhteet (Luuk. 9:59-62).

Hän teki tämän, koska ihminen ei voi tehdä puolueettomia päätöksiä ja voi päätyä tinkimään totuudesta, jos häntä viskellään edestakaisin sukulaisuussuhteidensa, työsuhteidensa tai lapsuussuhteidensa takia. Mark. 10:29-30:ssä Jeesus sanoi: *"Totisesti minä sanon teille: ei ole ketään, joka minun tähteni ja evankeliumin tähden on luopunut talosta tai veljistä tai sisarista tai äidistä tai isästä tai lapsista tai pelloista, ja joka ei saisi satakertaisesti: nyt tässä ajassa taloja ja veljiä ja sisaria ja äitejä ja lapsia ja peltoja, vainojen keskellä, ja tulevassa maailmassa iankaikkista elämää."*

Tämä ei kuitenkaan tarkoita, että pitäisi olla kylmä ja vastuuton perhettään kohtaan. On vain oikein tehdä velvollisuutemme palvellaksemme vanhempiamme. Mutta se tarkoittaa, että vasta kun naulaamme lihallisen rakkautemme ja itsekkyytemme ristille täysin, voimme todella rakastaa Jumalaa ennen kaikkea ja kunnioittaa vanhempiamme todellisina, uskollisina lapsina. Erinomainen esimerkki tästä on kuningas Aasa, Juudan eteläisen valtakunnan kolmas kuningas.

Kuningas Aasa rakasti Jumalaa ja johti laajaa uskonnollista uskonpuhdistusta ja poisti tarkasti epäjumalanpalvonnan. Kun hänen äitinsä, kuningatar Maaka syyllistyi epäjumalanpalvelukseen, hän jopa syrjäytti oman äitinsä. Hän oli huolissaan siitä, että jos hän unohtaisi äitinsä toimet, niin epäjumalanpalvelus alkaisi vallita kansaa jälleen. Vaikka hän syrjäyttikin äitinsä, hän luultavasti palveli ja kunnioitti häntä silti. Ja tämä kokemus olisi valistanut Maakaa suuresti ja se luultavasti antoi hänelle loistavan tilaisuuden tehdä parannuksen Jumalan edessä. Vanhempiensa todellinen kunnioittaminen johtaa heidän sielujensa pelastukseen. Kuten on kirjoitettu 2. Tim. 2:4:ssä: *"Ei kukaan, joka sodassa palvelee, sekaannu elatuksen toimiin, sillä hän tahtoo olla mieliksi sille, joka on hänet palkannut"*, meidän verisukulaisuutemme ja ruumiilliset siteemme eivät saisi tulla häiriötekijöiksi Jumalan työssä. Syy siihen, miksi Jeesus johti opetuslapsiaan niin voimakkaasti totuudessa, oli, koska heidän oli otettava suuri vastuu sen todistamisesta, että Jeesus on Kristus. Mutta ennen kuin he tulisivat voimakkaiksi työntekijöiksi, jotka täyttävät kutsumuksensa, Hän halusi heidän ennen kaikkea tulevan pyhäksi totuudessa.

Kun Jeesus rukoili: "Pyhitä heidät totuudessa", Hän halusi heidän ensin virvoittavan Jumalan kuvan itsessänsä. Jumala haluaa rakentaa valtakuntaansa lasten kautta, jotka on puettu pyhyyteen. Kuten Hepr. 12:14 sanoo: *"Pyrkikää rauhaan kaikkien kanssa, ja pyhitykseen, sillä ilman sitä ei kukaan ole näkevä Herraa"*, meidän täytyy olla täysin pyhitettyjä ilman mielikuvaakaan pahasta asuaksemme lähellä Herran valtaistuinta ja jakaaksemme iankaikkisen onnen ja ilon, kun pääsemme taivaaseen.

> **"Niinkuin sinä olet lähettänyt minut maailmaan, niin olen minäkin lähettänyt heidät maailmaan; ja minä pyhitän itseni heidän tähtensä, että myös he olisivat pyhitetyt totuudessa." (17:18-19)**

Jumala lähetti Jeesuksen tähän maailmaan keskelle

ihmiskunnan pelastussuunnitelmaansa. Siten Jeesus tuli tehtävänään olla Vapahtaja. Siksi opetuslapsilla, jotka jäisivät Hänen jälkeensä, olisi tehtävänään olla Hänen todistajiaan. Siksi Jeesus sanoi: "Niin olen minäkin lähettänyt heidät maailmaan." Syvemmällä itsetutkiskelulla voimme nähdä, että tämä ilmaus on upotettu Jeesuksen vilpittömään pyyntöön Isälle Jumalalle antaa voimaa opetuslapsille, jotta he voivat vartioida sydäntään saattaakseen kutsumuksensa uskollisesti loppuun.

Jos opetuslapset todella tuntisivat Jeesuksen sydämen, he eivät pitäisi evankeliumin levittämisen kutsumustaan vaikeana tehtävänä. Ajatellen kunniaa, jonka he saisivat myöhemmin taivaassa, he voisivat itseasiassa ottaa kutsumuksensa vastaan ilolla ja kiitoksella. Kun kirkossa pyydetään ottamaan vastaan erityinen kutsumus, jotkut vastaavat: "En voi ottaa kutsumusta vastaan, koska en ole tarpeeksi pätevä." Mutta tämä on väärä ajattelutapa. Kaikkivaltiaan Jumalan edessä ihmisen kyvyillä, suurilla tai pienillä, ei ole merkitystä. Tärkeää on, kuka voi totisesti uskoa Jumalaan ja kenellä on kyky rukoilla tarpeeksi hartaasti vetääkseen Hänen voimansa alas tämän maan päälle ja kokeakseen sen. Ja kokeakseen tämän voiman täytyy pyhittyä. Täytyy siis viljellä pyhää sydäntä.

Kun katsomme Markuksen evankeliumin 9. lukua, voimme nähdä, että tämä on totta. Eräänä päivänä isä, jolla oli riivattu poika, tuli etsimään Jeesusta. Hän oli käynyt ennen opetuslasten luona tämän ongelman takia, mutta turhaan. Koska totuus ei ollut vielä täysin muuttanut opetuslapsia, riivaaja ei hievahtanutkaan heidän sanastaan. Mutta heti kun Jeesus sanoi: *"Sinä mykkä ja kuuro henki, minä käsken sinua:*

*lähde ulos hänestä, äläkä enää häneen mene"* (j. 25), riivaaja huusi ja lähti sitten nuoresta miehestä. Siten mitä pyhempi ja synnittömämpi joku mies tai nainen on hengellisessä maailmassa, sitä enemmän valtaa hän voi käyttää.

Tämän vuoksi Jeesus rukoili: "Heidän tähtensä minä pyhitän itseni, että hekin olisivat totuudessa pyhitetyt" haluten opetuslasten tulevan täydelliseksi (Matt. 5:48). Jeesus ei kuitenkaan vain yksinkertaisesti käskenyt opetuslapsiaan: "Olkaa pyhät, olkaa täydelliset", vaan Hän näytti heille. Kaikessa, mitä Hän teki, Hän oli mallina heille.

# Rukous uskovien puolesta

Kun luemme Raamattua, voimme nähdä, kuinka eri tavalla Luoja Jumala ajattelee, ja kuinka Hänen luotunsa, ihmiset, ajattelevat. Jes. 55:8-9 sanoo: *"Sillä minun ajatukseni eivät ole teidän ajatuksianne, eivät teidän tienne ole minun teitäni, sanoo Herra. Vaan niin paljon korkeampi kuin taivas on maata, ovat minun tieni korkeammat teidän teitänne ja minun ajatukseni teidän ajatuksianne."* Siksi opetuslapset eivät voineet uskaltaa ymmärtää Jeesuksen, joka on yhtä Jumalan kanssa, sydäntä ja ajatuksia. Rukoiltuaan itsensä ja opetuslastensa puolesta Jeesus rukoili sitten niiden monien sielujen puolesta, jotka tulevat saamaan pelastuksen opetuslasten toiminnan kautta. Kuinka ihmiset voivat läheskään hahmottaa tätä Jeesuksen suurta rakkautta?

## Että maailma uskoisi, että Sinä olet minut lähettänyt

"Mutta en minä rukoile ainoastaan näiden edestä, vaan myös niiden edestä, jotka heidän sanansa kautta uskovat minuun, että he kaikki olisivat yhtä, niinkuin sinä, Isä, olet minussa ja minä sinussa, että hekin meissä olisivat, niin että maailma uskoisi, että sinä olet minut lähettänyt." (17:20-21)

Jeesus ei ole vain muutaman poikkeuksellisen ihmisen Vapahtaja. Siksi Jeesus kehottaa opetuslapsia menemään kaikkeen maailmaan ja levittämään evankeliumia kaikille kansoille, kuten on kirjoitettu Mark. 16:15:ssä: *"Menkää kaikkeen maailmaan ja saarnatkaa evankeliumia kaikille luoduille"* ja Matt. 28:19:ssä: *"Menkää siis ja tehkää kaikki kansat minun opetuslapsikseni, kastamalla heitä Isän ja Pojan ja Pyhän Hengen nimeen."* Tämä kutsumus evankeliumin levittämiseen ei ollut vain opetuslapsille. Jokaisella, joka uskoo Jeesukseen Kristukseen ja ottaa vastaan pelastuksen, on kutsumus levittää sanaa pelastuksen armosta, joka annettiin kaikille ilmaiseksi.

Apostoli Paavali tunnusti: *"Kreikkalaisille ja barbaareille, viisaille ja tyhmille minä olen velassa; omasta puolestani minä siis olen altis teillekin, Roomassa asuvaisille, julistamaan evankeliumia"* (Room. 1:14-15). Aivan kuten hän tunnusti, hän työskenteli evankeliumin levittämiseksi koko elämänsä, koska hän oli niin kiitollinen saamastaan korvaamattomasta rakkaudesta.

Se ei kuitenkaan tarkoita, että jokainen kuulee evankeliumin ja saa pelastuksen. Vain ne, jotka todella uskovat sydämensä pohjasta, että Jumala lähetti Jeesuksen tähän maailmaan Vapahtajaksi, voivat saada pelastuksen. Aivan kuten Jumala on Jeesuksessa ja Jeesus on Jumalassa, ihmisen on oltava yhtä Jeesuksen kanssa totuudessa ja hengessä.

Niille, jotka uskovat Jeesuksen hyviin tekoihin ja jotka tunnistavat Jeesuksen Jumalan Pojaksi, Jumala antaa Pyhän Hengen lahjan. Kun ihminen saa Pyhän Hengen, hänen tietoon perustuva uskonsa muuttuu lopulta hengelliseksi uskoksi. Hän tulee ymmärtämään Jeesuksen sanat ja tajuamaan Jumalan todellisen rakkauden, joka oli riittävän suuri lähettääkseen ainokaisen Poikansa tähän maailmaan. Kuinka nopeasti ihminen ymmärtää ja miten tehokkaasti hän alkaa elää sanan mukaan, riippuu tietysti kustakin ihmisestä.

Hyvyyden ja viattomuuden suuruus sydämessä ja Pyhän Hengen äänelle kuuliaisuuden määrä määrittää hengellisen kasvun vauhdin ja ratkaisee, milloin voi saavuttaa tervehenkisen uskon tason, jossa on yhtä Herran kanssa. Tästä syystä Hän rukoili, että kaikki ihmiset eivät vain saisi pelastusta, vaan tulisivat yhdeksi Hänen kanssaan totuudessa ja hengessä niin, että he saavuttaisivat tervehenkisen uskon tason.

> "Ja sen kirkkauden, jonka sinä minulle annoit, minä olen antanut heille, että he olisivat yhtä, niinkuin me olemme yhtä – minä heissä, ja sinä minussa – että he olisivat täydellisesti yhtä, niin että maailma ymmärtäisi, että sinä olet minut lähettänyt ja rakastanut heitä, niinkuin sinä olet minua rakastanut." (17:22-23)

Jeesus antoi suuren kunnian Jumalalle levittämällä evankeliumia taivaasta ja vahvistamalla Hänen sanansa tunnusteoilla. Joten kun Hän sanoi: "Ja sen kirkkauden, jonka sinä minulle annoit, minä olen antanut heille", Hän sanoi, että Hän haluaa heidän myös antavan kunnian Jumalalle tunnustekoja ja ihmeitä tekemällä.

Ja Jeesus rukoili, että Jeesuksen Kristuksen nimen kautta Hänen opetuslapsensa pystyisivät levittämään sanaa, jonka Jeesus opetti heille, ajamaan ulos riivaajia, parantamaan sairauksia ja näyttämään Jumalan voiman. Mitä sitten tapahtui, oli, että opetuslapset, jotka myöhemmin saivat Pyhän Hengen, tekivät monia suuria tunnustekoja ja antoivat kunnian Jumalalle (Ap.t. 5:15-16). Siispä monia tunnustekoja ja ihmeitä tapahtui heidän kauttaan kuten on tallennettu Ap.t. 2:43:ssa: *"Ja jokaiselle sielulle tuli pelko: ja monta ihmettä ja tunnustekoa tapahtui apostolien kautta."*

Jeesus ei halua vain opetuslastensa, vaan kaikkien, jotka ottavat vastaan Jeesuksen, osoittavan näitä Jumalan voimatekoja. Hän haluaa heidän pystyvän ajamaan ulos riivaajia, puhumaan uusilla kielilllä, nostamaan käsin käärmeitä, olemaan vahingoittumatta jopa juodessaan kuolettavaa myrkkyä ja parantamaan sairaita panemalla kätensä heidän päällensä (Mark. 16: 17-18).

Kirkkomme antaa myös kunnian Jumalalle monien Jumalan voimatekojen kautta. Kun uskoimme Jumalan voiman kuten on tallennettu Raamatussa ja rukoilimme, sokeat avasivat silmänsä, mykät puhuivat, ihmiset pyörätuoleissa nousivat ylös ja kävelivät ja monet ihmiset kokivat parantumisen sairauksista.

Hermot, kudokset ja solut, jotka olivat kerran tuhoutuneet palovammassa, uusiutuivat, ja ihminen, joka oli lakannut hengittämästä ja jonka ruumis oli jo jäykistynyt, heräsi eloon!

Jotta ihminen voisi tehdä tällaisia Jumalan tekoja, hänellä täytyy olla täysi usko. Jos meillä on täysi usko ja Herra on meissä ja me olemme Herrassa, ei ole mitään, mitä emme voi tehdä. Jeesus kertoi meille tärkeimmän syyn, miksi meidän täytyy tulla yhdeksi Hänen kanssaan.

Ihminen, joka on yhtä Jeesuksen kanssa, ymmärtää Jumalan sydäntä ja kaitselmusta, Jumalan, joka oli alusta asti. Jeesus halusi kaikkien ihmisten tulevan Jumalan tosi lapsiksi, jotka voivat ymmärtää Isän syvää sydäntä. Jumala näyttää rakkautensa todisteet tällaisille ihmiselle kuten on kirjoitettu Sananl. 8:17:ssä: *"Minä rakastan niitä, jotka minua rakastavat."*

Mooseksen aikana, kun koko Egypti kärsi kaikenlaisista vitsauksista, Goosenin maa, jossa Jumalan ihmiset elivät, ei kokenut mitään vahinkoa. Samoin niitä, jotka ovat yhtä Herran kanssa, suojataan viholliselta, perkeleeltä ja saatanalta, ja he saavat siunauksen voida hyvin ja menestyä kaikilla elämänsä alueilla. Jumala haluaa kokea tätä iloa monien lastensa kautta heidän tullessa yhdeksi Herran kanssa.

### Jeesus haluaa jakaa kirkkautensa taivaassa

"Isä, minä tahdon, että missä minä olen, siellä nekin, jotka sinä olet minulle antanut, olisivat minun kanssani, että he näkisivät minun kirkkauteni, jonka sinä olet minulle antanut, koska olet rakastanut minua jo ennen maailman perustamista. Vanhurskas Isä, maailma ei ole sinua tuntenut, mutta minä tunnen sinut, ja nämä ovat tulleet tuntemaan, että sinä olet minut lähettänyt." (17:24-25)

Kun rakastamme Jumalaa ja palvelemme Häntä, Hän ei vain siunaa elämäämme runsaasti, vaan Hän myös antaa meille käsittämättömän kirkkauden taivaassa. Tietäen tämän hyvin Jeesus rukoili: "Minä tahdon, että missä minä olen, siellä nekin, jotka sinä olet minulle antanut, olisivat minun kanssani." Jeesus halusi jakaa iankaikkisen kirkkauden taivaassa rakkaiden opetuslastensa kanssa ja kaikkien niiden kanssa, jotka saivat pelastuksen kuulemalla evankeliumin, jota opetuslapset levittivät.

Vaikka he eivät olleet vielä täyden uskon tasolla, Jeesus oli vain onnellinen siitä, että he huomasivat sydämessään, että Hän oli Jumalan Poika ja Vapahtaja. Julkisen toimintansa aikana Jeesus esitti monia todisteita auttaakseen ihmisiä uskomaan, että Hän tuli taivaasta. Voimatekojen, joita Jeesus teki, ja totuuden sanoman kautta, jota Jeesus saarnasi, hyväsydämiset ihmiset uskoivat Jeesuksen olevan Jumalan Poika ja Messias, joka pelastaisi heidät. Kuten Jeesus sanoi: "Maailma ei ole sinua tuntenut", vihollinen, perkele ja saatana, yrittää harhauttaa ihmisiä, jotta he eivät uskoisi Jumalaan, mutta nämä hyvät ihmiset valvoivat, taistelivat hyvän taistelun ja voittivat (1. Piet. 5:8-9).

"Ja minä olen tehnyt sinun nimesi heille tunnetuksi ja teen vastakin, että se rakkaus, jolla sinä olet minua rakastanut, olisi heissä ja minä olisin heissä." (17:26)

"Sinun [Jumalan] nimesi" sisältää Jumalan voiman ja vallan, sydämen ja rakkauden. Jeesus näytti kaiken voimatekojen kautta, tunnustekojen ja ihmeitten kanssa. Ja anteeksiannon ja myötätunnon tekojen, armon ja rakkauden kautta Hän opetti ihmisiä Jumalasta, joka on rakkaus.

Mitä Jeesus sitten tarkoitti, kun Hän sanoi: "Minä olen tehnyt sinun nimesi heille tunnetuksi ja teen vastakin"? Hän tarkoitti, että ottamalla ristin, vuodattamalla hikensä ja verensä, kuolemalla ja sitten nousemalla ylös, Hän panisi täytäntöön Jumalan kaitselmuksen. Hän tekee tunnetuksi Jumalan sydäntä, joka rakasti koko ihmiskuntaa niin paljon, että Hän säästelemättä lähetti ainoan Poikansa kuolemaan ristillä (Room. 8:32).

Siksi syy siihen, että Jeesus teki "Isän nimen" tunnetuksi meille, oli se, että "se rakkaus, jolla sinä [Jumala] olet minua rakastanut, olisi heissä ja minä olisin heissä." Jeesus haluaa meidän saavan rakkautta, jota Hän sai Jumalalta, ja Hän haluaa olla meissä. Se, että Jeesus on meissä, tarkoittaa sitä, että Jumalan Sana on meissä (Joh. 14:21), koska "Sana, joka tuli lihaksi" on Jeesus. Vain ne, jotka elävät Jumalan Sanan mukaan, voivat todella sanoa, että he rakastavat Jumalaa.

Meidän täytyy muistaa, että koska Jeesus rakasti Jumalaa, Hän noudatti täydellisesti lakia, kun Hän oli tässä maailmassa, ja Hän totteli täydellisesti ristillä kuolemiseen asti. Tämän seurauksena Hän sai uskomattoman määrän Jumalan rakkautta.

Mitä eroa luulet olleen Jumalan rakkaudessa, jota Jeesus

koki ennen kuin Hän tuli tähän maailmaan, ja Jumalan rakkaudessa, jota Hän koki suoritettuaan tehtävänsä ja noustuaan takaisin taivaaseen? Koska Jeesus on alunperin yhtä Jumalan kanssa, tietysti Hän tunsi Jumalan rakkauden, mutta Jumalan rakkauden syvyys ja merkitys, jonka Hän tunsi ennen ja jonka Hän tunsi suoritettuaan kutsumuksensa Vapahtajana, oli vertaansa vailla.

Myös Aabraham koki ja ymmärsi Jumalan rakkauden selvemmin vasta toteltuaan Jumalan käskyä uhrata Iisakin. Jumala oli todennäköisesti hyvin iloinen nähdessään Aabrahamin uskon, joka oli riittävän suuri uhraamaan säästämättä ainoan poikansa, mutta miten mahtavia onkaan Aabrahamin omien tunteiden täytynyt olla, kun hän pystyi osoittamaan Jumalalle tämän uskon?

Jeesus haluaa meidänkin ymmärtävän ja kokevan tämän syvän, syvän Jumalan rakkauden. Kun meillä on uskoa ja toimimme Jumalan sanan mukaan, ja kun rakkaudestamme Häneen annamme Hänelle, mikä on arvokkainta meille, voimme kokea Jumalan suuren rakkauden, jota emme koskaan ennen kokeneet.

*Luku 18*

# Jeesus, joka kärsi

1. Juudas Iskariot, se, joka kavalsi Jeesuksen
(18:1-14)

2. Jeesus seisoo ylipappien edessä
(18:15-27)

3. Jeesus seisoo Pilatuksen edessä
(18:28-40)

# Juudas Iskariot, se, joka kavalsi Jeesuksen

Jeesuksen rukoiltua Jumalaa juuri ennen kuolemaansa Hän siirtyi Getsemaneen opetuslastensa kanssa. Getsemane on puutarha, joka sijaitsee Öljymäen länsipuolella Kidronin laaksoa vastapäätä. Getsemane oli puiden ja pensaiden peittämä ja se oli melko rauhallinen paikka, joten Jeesus ja Hänen opetuslapsensa hakeutuivat usein tähän paikkaan.

Getsemanen puutarha on paikka, jossa juuri ennen Jeesuksen kärsimistä ristillä, Hän rukoili niin hartaasti, että Hänen hiestään tuli kuin veripisaroita. Juudas Iskariotkin tunsi tämän paikan oikein hyvin. Jeesus tiesi, että Juudas kavaltaisi Hänet, mutta siitä huolimatta Hän tuli takaisin tähän paikkaan täyttääkseen tehtävänsä Vapahtajana.

## Jeesus menee Getsemanen puutarhaan

*"Kun Jeesus oli tämän puhunut, lähti hän pois opetuslastensa kanssa Kedronin puron tuolle puolelle; siellä oli puutarha, johon hän meni opetuslapsinensa. Mutta myös Juudas, joka hänet kavalsi, tiesi sen paikan, koska Jeesus ja hänen opetuslapsensa usein olivat kokoontuneet sinne."* (18:1-2)

Matteuksen, Markuksen ja Luukkaan evankeliumeissa kaikki Jeesuksen Getsemanen puutarhasta lähdön ja Jeesuksen vangitsemisen välisen ajan tapahtumat on tallennettu hyvin yksityiskohtaisesti. Saavuttuaan Getsemaneen Jeesus sanoi opetuslapsilleen: "Minä menen rukoilemaan tuonne, pysykää te tässä." Sitten Hän otti Pietarin, Jaakobin ja Johanneksen ja meni rukoilemaan. Kävellessään läpi villipensaiden ja mennessään syvälle metsään jonkin aikaa Hän käski niiden kolmen rukoilla siellä.

*"Olkaa tässä ja valvokaa minun kanssani"* (Matt. 26:38).

*"Rukoilkaa, ettette joutuisi kiusaukseen"* (Luuk. 22:40).

Mennen pidemmälle noin yhden loikan etäisyydelle Jeesus laittoi kasvonsa maahan ja alkoi rukoilla hyvin hartaasti. Jeesuksen elämä riippui tästä rukouksesta. Jeesuksen, jonka synnitön veri maksaisi kaikkien tämän mailman sielujen pelastuksen, elämä oli vaakalaudalla. Tämä rukous oli huuto Jumalan puoleen: voimaa ja kykyä ottaa kokonaan kannettavakseen musertava kärsimys ristillä. Jeesus rukoili niin hartaasti kaikella voimallaan ja vallallaan, että Hänen ruumiinsa pienet verisuonet puhkesivat muuttaen hikipisarat veripisaroiksi (Luuk. 22:42-44).

Rauhallisessa Getsemanen puutarhassa ainoa yön hiljaisuutta rikkova ääni oli Jeesuksen harras rukous. Jonkin ajan kuluttua Jeesus, joka oli rukoilemassa, tuli Pietarin, Jaakobin ja Johanneksen luo. Koska heidän lihansa oli heikko, he eivät pystyneet taistelemaan väsymystä vastaan ja he olivat nukahtaneet. Jeesus oli surullinen nähdessään heidän heikkoutensa ja herätti Pietarin.

> *"Niin ette siis jaksaneet yhtä hetkeä valvoa minun kanssani! Valvokaa ja rukoilkaa, ettette joutuisi kiusaukseen; henki tosin on altis, mutta liha on heikko"* (Matt. 26:40-41).

Vähän ajan kuluttua Juudas Iskariot olisi tulossa yhdessä sotilaiden kanssa ottamaan Jeesusta kiinni. Tällaisen vakavan asian ollessa tapahtumaisillaan aivan heidän silmiensä edessä Jeesus toivoi vakavasti, etteivät Hänen opetuslapsensa lankeaisi kiusaukseen. Sitten Jeesus meni vähän matkan päähän ja jatkoi rukoilemista jälleen. Opetuslapset yrittivät kovasti rukoilla, mutta lopulta he eivät voineet torjua uneliaisuuttaan. Siten Jeesus jäi yksin rukoilemaan sellaisella voimalla, että Hänen hiestään tuli kuin veripisaroita. Kolmen rukousjakson jälkeen Jeesus herätti opetuslapset ja sanoi: *"Nouskaa, lähtekäämme; katso, se on lähellä, joka minut kavaltaa"* (Matt. 26:46).

## Juudas Iskariot kavaltaa Jeesuksen

"Niin Juudas otti sotilasjoukon sekä ylipappien ja fariseusten palvelijoita ja tuli sinne soihdut ja lamput ja aseet mukanaan. Silloin Jeesus, joka tiesi kaiken, mikä oli häntä kohtaava, astui esiin ja sanoi heille: 'Ketä te etsitte?' He vastasivat hänelle: 'Jeesusta, Nasaretilaista.' Jeesus sanoi heille: 'Minä se olen.' Ja Juudas, joka hänet kavalsi, seisoi myös heidän kanssaan. Kun hän siis sanoi heille: 'Minä se olen', peräytyivät he ja kaatuivat maahan." (18:3-6)

Heti kun Jeesus lopetti puhumisen, välkkyvät valot alkoivat lähestyä. Valon tullessa kirkkaammaksi jalkojen äänet jyrisivät kaikkialla. Pian sen jälkeen aseistetut miehet näkyivät palavien soihtujen valossa. Keskellä seisoi tuttu mies. Se oli Juudas Iskariot, yksi niistä kahdestatoista opetuslapsesta.

Ryhmä sotilaita piteli miekkoja ja seipäitä ikään kuin he tulisivat vangitsemaan julmaa rikollista. Voimme nähdä kuinka peloissaan he olivat vangitessaan Jeesusta. Myös Juudas Iskariot, vaikka hän toi mukanaan aseistetun sotilasjoukon, pelkäsi Jeesuksen hengellistä valtaa.

"Ketä te etsitte?"
"Jeesusta, Nasaretilaista."

Juudas Iskariot oli juonitellut sotilasryhmän kanssa sanoen: *"Se jolle minä suuta annan, hän se on; ottakaa hänet kiinni"* (Matt. 26:48). Koska Jeesus oli jo päättänyt alistua

Jumalan tahtoon kuolemaan asti, Hän oli rohkea jopa raskaasti aseistettujen sotilaiden edessä. Totuuden ihmiset kuten Jeesus, jotka ovat keskellä Jumalan tahtoa, voivat olla rohkeita, vaikka heidät raahattaisiinkin kuolemaansa.

Tällaiset ihmiset pelkäävät eksymistä Jumalan tahdosta; he eivät pelkää menettävänsä henkeänsä tai kohtaavansa vahinkoa. Tämä johtuu siitä, että he ovat vakaasti sitä mieltä, että ainoa todellinen elämän ja kuoleman valtias on Isä Jumala. Siksi Matt. 10:28:ssa sanotaan: *"Älkää peljätkö niitä, jotka tappavat ruumiin, mutta eivät voi tappaa sielua; vaan ennemmin peljätkää häntä, joka voi sekä sielun että ruumiin hukuttaa helvettiin."* Jeesus paljasti itsensä rohkeasti sotilasjoukolle sanoen: "Minä se olen."

Tällöin Hänen hengellinen voimansa oli niin suuri, että ne, jotka tulivat vangitsemaan Häntä, vetäytyivät ja kaatuivat maahan. Tässä tilanteessa Juudas Iskariot yritti taas lähestyä Jeesusta suudellakseen Häntä. *"Terve, rabbi!"* (Matt 26:49) Nähden hänen sydämensä syvimmänkin osan Jeesus yritti viime hetkellä antaa Juudas Iskariotille vielä yhden mahdollisuuden. *"Juudas, suunantamisellako sinä Ihmisen Pojan kavallat?"* (Luuk. 22:48).

Jos hänellä olisi tippaakaan omaatuntoa, hän ei uskaltaisi suudella opettajaansa myydäkseen Hänet, koska hänen sydämensä sisin oli paljastettu. Mutta koska Juudas Iskariot oli jo saatanan riivaama, hän suuteli Häntä ja myi Hänet. Kaikki tämä tapahtui kuitenkin ristin pelastussuunnitelman täyttämiseksi.

Salataksen sen, että hän myi Jeesuksen, Juudas Iskariot ei

suoraan sanonut: "Tämä henkilö on Jeesus Nasaretilainen." Hän järjesti esityksen luonnollisesti ja toimi kuin hänellä ei olisi mitään tekemistä sen ihmisryhmän kanssa, joka tuli vangitsemaan Jeesusta. Koska hän oli petollinen, hän yritti katkeraan loppuun asti peitellä sitä, että hän oli se, joka myi Jeesuksen.

### Jeesus yrittää suojella opetuslapsia

"Niin hän taas kysyi heiltä: 'Ketä te etsitte?' He sanoivat: 'Jeesusta, Nasaretilaista.' Jeesus vastasi: 'Minähän sanoin teille, että minä se olen. Jos te siis minua etsitte, niin antakaa näiden mennä'; että se sana kävisi toteen, jonka hän oli sanonut: 'En minä ole kadottanut ketään niistä, jotka sinä olet minulle antanut.'" (18:7-9)

Vaikkakin Jeesus paljasti kuka Hän oli, miesjoukko ei vanginnut Häntä. Joten Hän kysyi heiltä uudestaan: "Ketä te etsitte?"

Jeesuksen kysymyksen toistamiseen oli syy. Hän yritti suojella opetuslapsia, jotka olivat Hänen kanssaan. Laittamalla miehet sanomaan huulillaan uudestaan ja uudestaan: "Etsimme Jeesusta, Nasaretilaista", Jeesus yritti estää heitä koskemasta kehenkään muuhun.

He vastasivat: "Jeesusta, Nasaretilaista." "Jos te siis minua etsitte, niin antakaa näiden mennä", sanoi Jeesus. Varmistaakseen, ettei opetuslapsia vahingoitettu millään tavalla,

Jeesus laittoi viisaasti suojakilven heidän ympärilleen. Ennen siirtymistään Getsemanen puutarhaan Hän oli kohottanut ylös rukouksen rakkauden puolesta. Rukouksessaan Hän tunnusti: *"Kun minä olin heidän kanssansa, varjelin minä heidät sinun nimessäsi, jonka sinä olet minulle antanut, ja suojelin heitä, eikä heistä joutunut kadotetuksi yksikään muu kuin se kadotuksen lapsi, että kirjoitus kävisi toteen"* (Joh. 17:12).

Aivan kuten Hän rukoili, Hän oli huolissaan opetuslastensa turvallisuudesta enemmän kuin omastaan, ja riippumatta siitä, mitä vaaroja Hän itse kohtasi, Hän ei perääntynyt. Useimmiten kun ihmiset tuntevat joutuvansa epäedulliseen asemaan tai kokevat huonoja seurauksia, he joko siirtävät vastuun jollekin toiselle tai yrittävät paeta tilanteesta. Mutta Jeesus otti auliisti itse vaarat ja vaikeudet niskoilleen.

> **"Niin Simon Pietari, jolla oli miekka, veti sen ja iski ylimmäisen papin palvelijaa ja sivalsi häneltä pois oikean korvan; ja palvelijan nimi oli Malkus. Niin Jeesus sanoi Pietarille: 'Pistä miekkasi tuppeen. Enkö minä joisi sitä maljaa, jonka Isä on minulle antanut?'"** (18:10-11)

Opetuslapsena Jeesuksen hoidossa tilanne oli hyvin vakava Pietarin silmissä. Vaikka Jeesus kertoi hänelle, että Hänet otettaisiin kiinni Jumalan tahdon mukaisesti, ei Pietari ymmärtänyt tätä edes tässä vaiheessa. Miekoilla ja seipäillä aseistautuneen miesjoukon ympäröimänä tilanne oli kauhea, sillä hänellä ei ollut aavistustakaan, mitä voisi tapahtua seuraavaksi. Hetken varoitusajalla Pietari otti miekan ja sivalsi yhden henkilön korvan pois. Kellään ei ollut aikaa estää tai pysäyttää häntä. Henkilö, joka huusi kivusta ja kaatui maahan, oli Malkus, ylipapin palvelija.

Pietari ei voinut vain seisoa katsomassa sivusta rakkaan opettajansa tulevan vangituksi. Jeesus tunsi Pietarin sydämen, mutta Hän nuhteli häntä hengellisesti: "Pistä miekkasi tuppeen. Enkö minä joisi sitä maljaa, jonka Isä on minulle antanut?" Pelastusuunnitelma ristin kautta oli Jumalan kaitselmus, joka oli peräisin aikojen alusta. Vaikka Pietari iskeekin Malkuksen korvaa ja yrittää estää käsillä olevaa välitöntä vaaraa, hän ei voi muuttaa ihmiskunnan pelastussuunnitelmaa Jeesuksen kautta. Nähdessään Pietarin iskevän miekalla tuntematta todella Jeesuksen sydäntä, joka halusi totella Jumalan tahtoa, Jeesus täyttyi pikemminkin surulla.

### Jeesus otettiin kiinni

> "Niin sotilasjoukko ja päällikkö ja juutalaisten palvelijat ottivat Jeesuksen kiinni ja sitoivat hänet ja veivät ensin Hannaan luo, sillä hän oli Kaifaan appi, ja Kaifas oli sinä vuonna ylimmäisenä pappina. Ja Kaifas oli se, joka neuvottelussa oli juutalaisille sanonut: 'On hyödyllistä, että yksi ihminen kuolee kansan edestä.'" (18:12-14)

Ei ole väliä kuinka voimakkaita sotilasjoukko, päällikkö ja juutalaisten palvelijat olivat, he eivät olisi voineet koskea sormellaankaan Jeesukseen, ellei se olisi ollut Jumalan tahto.

: : Tie paikkaan, jossa Kaifas kuulusteli Jeesusta

: : Paikka, jossa Kaifas kuulusteli Jeesusta

Kukaan ei voisi uskaltaa tulla Hänen hengellisen voimansa tielle. Mutta koska oli aika ja Jumala salli sen, he sitoivat Jeesuksen ja veivät Hänet Hannaan luo.

Tähän aikaan Kaifas oli ylipappina. Mutta miksi ihmiset veivät Jeesuksen ensin Hannaan luo? Tämä oli yksi seuraus Israelin olemisesta Rooman vallan alla. Hannas oli alunperin ylipappi, mutta Rooman päätöksen mukaan Kaifas oli satunnaisesti valittu olemaan ylipappi. Kuitenkin ihminen, jota juutalaiset seurasivat ja jonka he todella tunnustivat ylipapiksi, oli Hannas. Koska Hannas oli Kaifaan appi, näiden kahden piti olla salaliitossa keskenään. Tästä historiallisesta taustasta johtuen, vaikka olisi pitänyt olla vain yksi ylipappi, neljä evankeliumia viittaavat ylipappiin monikkomuodossa ylipapit (Joh. 7:32, 11:47).

Kaifas, ylipappi, sanoi: *"Ettekä ajattele, että teille on parempi, että yksi ihminen kuolee kansan edestä, kuin että koko kansa hukkuu"* (Joh. 11:50). Tässä hän viittasi Jeesuksen kuolemaan. Tuohon aikaan Kaifas ei luultavasti tiennyt tarkalleen mistä hän puhui, mutta aivan kuin hän olisi julistanut, että Jeesuksen kuolema oli osa Jumalan kaitselmussuunnitelmaa.

Ylipappeja, Hannasta ja Kaifasta, käytettiin pahoina välineinä toteuttamaan Jeesuksen vangitseminen ja kuolema. Koska nämä kaksi miestä olivat kasanneet itselleen suurta syntiä tähän asti, heidän oli helppo osallistua Jeesuksen lähettämiseen ristille ristiinnaulittavaksi.

# Jeesus seisoo ylipappien edessä

Ylipappi oli se ihminen, joka voi mennä kaikkein pyhimpään kerran vuodessa uhraamaan synti- ja vikauhreja Jumalalle. Tähän aikaan ylipappi oli Sanhedrinin, Israelin korkeimman tuomioneuvoston, puheenjohtaja, joten ylipappi oli mies, jolla oli suuri valta. Tästä syystä Jeesus vangittiin ja vietiin heidän eteensä kuulusteltavaksi. Heti kun Jeesus oli vangittu, järkytys, pelko ja hämmennys nujersivat opetuslapset. Ja aistien välittömän vaaran he kaikki hajaantuivat (Mark. 14:27, Joh. 16:32). Mutta heidän joukossaan oli niitä, jotka seurasivat Jeesusta aina kuulustelupaikkaan asti – kaukaa tietysti, peittäen itsensä ihmisten näkyvistä.

"Ja Jeesusta seurasi Simon Pietari ja eräs toinen opetuslapsi. Tämä opetuslapsi oli ylimmäisen papin tuttava ja meni Jeesuksen kanssa sisälle ylimmäisen papin kartanoon. Mutta Pietari seisoi portilla ulkona. Niin se toinen opetuslapsi, joka oli ylimmäisen papin tuttava, meni ulos ja puhutteli portinvartijatarta ja toi Pietarin sisälle." (18:15-16)

Pietari, joka oli sivaltanut korvan pois Malkukselta, ylipapin palvelijalta, seurasi visusti Jeesuksen perässä. Kuva Jeesuksesta sidottuna kuin vakava rikollinen näytti Pietarista melko oudolta ja vieraalta. Tuolloin oli eräs toinen opetuslapsi, joka myös seurasi Jeesusta. Se oli Johannes, joka yhdessä Pietarin ja Jaakobin kanssa oli aina Jeesuksen vierellä. Pietari pystyi seuraamaan Jeesusta aina Hannaan talolle asti, mutta siellä alkoi ongelma. Johannes, joka oli ylimmäisen papin tuttava, pääsi sisälle taloon, mutta Pietarin täytyi jäädä portin ulkopuolelle. Mutta Johannes puhui portinvartijattarelle, jotta Pietarikin pääsisi taloon.

"Niin palvelijatar, joka vartioi porttia, sanoi Pietarille: 'Etkö sinäkin ole tuon miehen opetuslapsia?' Hän sanoi: 'En ole.' Mutta palvelijat ja käskyläiset olivat tehneet hiilivalkean, koska oli kylmä, ja seisoivat ja lämmittelivät. Ja myös Pietari seisoi heidän kanssaan lämmittelemässä." (18:17-18)

Palvelijatar näki Pietarin ja ihmetteli: "Etkö sinäkin ole tuon miehen opetuslapsia?" Yhtäkkiä Pietarin mieli samentui. "En ole."

Hän olisi voinut vain vaieta eikä kiistää näin, mutta

lihallinen ajatus siitä, että hän voisi vahingoittua, sai Pietarin valehtelemaan. Hän oli kerran tunnustanut: *"Sinä olet Kristus, elävän Jumalan Poika"* (Matt. 16:16). Mutta nyt, kun hän oli pelästynyt ja peloissaan, hän kiisti olevansa Jeesuksen opetuslapsi. Aivan kuin hänellä ei olisi ollut mitään tekemistä Jeesuksen kanssa, hän lisäksi piiloutui palvelijoiden joukkoon, jotka olivat lämmittelemässä valkean ääressä.

## Ylipappi Hannas kuulustelee Jeesusta

**"Niin ylimmäinen pappi kysyi Jeesukselta hänen opetuslapsistaan ja opistaan. Jeesus vastasi hänelle: 'Minä olen julkisesti puhunut maailmalle; minä olen aina opettanut synagoogissa ja pyhäkössä, joihin kaikki juutalaiset kokoontuvat, enkä ole salassa puhunut mitään. Miksi minulta kysyt? Kysy niiltä, jotka ovat kuulleet, mitä minä olen heille puhunut; katso, he tietävät, mitä minä olen sanonut.'" (18:19-21)**

Jeesus oli rohkea seisoessaan Hannaan edessä, joka oli tuolloin mahtavin mies juutalaisten keskuudessa. Vaikka Hän oli tilanteessa, jossa Hän voisi menettää henkensä, Hän ei yrittänyt paeta tai kiertää olosuhteita. Koska Hänellä oli täydellinen usko Jumalaan, Hän hyväksyi Jumalan kaitselmuksen varauksitta. Koska Hän oli pyhä ja synnitön, Hänellä ei ollut myöskään mitään pelättävää (Hepr. 7:26).

Hannas kuulusteli Jeesusta kaikesta, mitä Jeesus opetti, ja Hänen opetuslapsistaan, mutta Jeesus ei maininnut mitään opetuslapsistaan. Ja sanomalla: "Minä olen julkisesti puhunut" ja "Minä olen puhunut" ja "Minä olen sanonut", Jeesus yritti pitää itsensä polttopisteessä. Hän suojeli opetuslapsiaan olemalla mainitsematta heitä kertaakaan katkeraan loppuun asti.

Jeesus tuli tähän maailmaan Jumalan tahdon mukaisesti. Ja kun Hän opetti taivaan evankeliumia, Hän teki sen hyvin julkisesti. Hän opetti synagoogissa ja pyhäkössä, joissa monet juutalaiset kokoontuivat. Hän ei opettanut salaa hämärissä paikoissa. Saddukeukset ja ylipapit palkkasivat ihmisiä vakoilemaan Häntä, joten he tiesivät Hänen opetuksestaan. Tietäen tämä tosiasian Jeesus kysyi sen sijaan Hannaalta: "Miksi minulta kysyt? Kysy niiltä, jotka ovat kuulleet, mitä minä olen heille puhunut; katso, he tietävät, mitä minä olen sanonut." Ylipappi häkeltyi. Sen lisäksi, ettei hän saanut lisää syitä kyseenalaistaa tai kumota Jeesusta, nyt häntä kyseenalaistettiin.

> "Mutta kun Jeesus oli tämän sanonut, antoi eräs palvelija, joka seisoi vieressä, hänelle korvapuustin sanoen: 'Niinkö sinä vastaat ylimmäiselle papille?' Jeesus vastasi hänelle: 'Jos minä pahasti puhuin, niin näytä toteen, että se on pahaa; mutta jos minä puhuin oikein, miksi minua lyöt?' Niin Hannas lähetti hänet sidottuna ylimmäisen papin Kaifaan luo." (18:22-24)

Kun näytti siltä, että tilanne oli kääntymässä epäsuotuisaksi ylipapille, yksi sitä katselevista palvelijoista antoi kädellään korvapuustin Jeesukselle. "Niinkö sinä vastaat ylimmäiselle papille?" Koska Hänet oli pidätetty, Hänen odotettiin painavan päänsä alas nöyrällä asenteella. Mutta Jeesus ei ollut lainkaan sellainen. Hän ei näyttänyt kumartavan ylipappia, jota he kaikki palvelivat. Oli kuitenkin toinenkin syy, miksi palvelija antoi korvapuustin Jeesukselle. Hän teki tämän siksi, että asioiden eteneminen sai kaikki tuntemaan Jeesuksen syyttömyyden, joten hän yritti rikkoa sen tunnelman. Jeesus tietysti tiesi, mitä hänen sydämessään oli.

"Jos minä pahasti puhuin, niin näytä toteen, että se on pahaa; mutta jos minä puhuin oikein, miksi minua lyöt?"

Kun Jeesus puhui syyttömyydestään, palvelija yritti keskeyttää, mitä Jeesus oli sanomassa, mutta hänellä ei ollut mitään muuta sanottavaa. Tuntien, ettei hänellä ollut valtaa tehdä enempää, Hannas ei tehnyt mitään muuta kumotakseen Jeesuksen syyttömyyttä vaan lähetti Hänet Kaifaan luo. Hän ei pystynyt syyttämään Häntä mistään, mutta juuri kuten he olivat myöntäneet aiemmin, ylipapit yrittivät ajaa Jeesusta kuolemaansa joka tapauksessa. Näin ylipapit tiesivät, että Jeesuksella ei ollut syntiä, ja silti he ottivat ahkerasti tehtäväkseen olla saatanan orjia.

### Pietari, se, joka kielsi Jeesuksen kolme kertaa

"Mutta Simon Pietari seisoi lämmittelemässä. Niin he sanoivat hänelle: 'Etkö sinäkin ole hänen opetuslapsiaan?' Hän kielsi ja sanoi: 'En ole.' Silloin eräs ylimmäisen papin palvelijoista, sen sukulainen, jolta Pietari oli sivaltanut korvan pois, sanoi: 'Enkö minä nähnyt sinua puutarhassa hänen kanssaan?' Niin Pietari taas kielsi, ja samassa lauloi kukko." (18:25-27)

Kun Jeesusta kuulusteltiin, Pietari oli aivan lähellä pihassa lämmittelemässä palvelijoiden kanssa. Kiellettyään vahvasti palvelijattaren epäilyn Pietari toimi kuin hänellä ei olisi ollut mitään tekemistä Jeesuksen kanssa. Hän ei kuitenkaan voinut päästä eroon pelostaan, että joku saattaisi tunnistaa hänet.

Vaikka he olivat laittaneet valkean, koska oli myöhä yö, ja vaikka aamunkoitto lähestyi, ilmakehä oli pimeä ja viipyilevä tulen valo teki vaikeaksi erottaa kuka oli kuka. Mutta palvelijat eivät pystyneet olemaan kiinnittämättä huomiotaan muukalaiseen, joka oli lämmittelemässä heidän joukossaan. He alkoivat kuiskia toisilleen: "Eikö hän ole Jeesuksen opetuslapsi? Hän se on, eikö vain?" Ja sitten, tutkittuaan Pietarin kasvoja tarkasti, yksi heistä kysyi: "Etkö sinäkin ole hänen opetuslapsiaan?"

Pietari vastasi kiiruusti: "En ole." Hän oli juuri kieltänyt Jeesuksen kaksi kertaa. Ja juuri kun Pietarin pelosta johtuva ahdistuneisuustaso alkoi nousta, Malkuksen, jonka korvan hän sivalsi pois, sukulainen tunnisti hänet lopulta.

"Enkö minä nähnyt sinua puutarhassa hänen kanssaan?" Häkeltyneenä Pietari kielsi vahvasti. Jos Pietari olisi ollut rohkea totuuden keskellä, hän ei olisi kieltänyt tuntevansa Jeesusta. Hän olisi rohkeasti luottanut Jumalaan kaikkien Hänen kaitselmuksensa mukaan tapahtuvien tapahtumien kautta. Pietari täyttyi kuitenkin huolilla kuten: "Mitä jos he tunnistavat minut ja vangitsevat minut?", "Mitä vaaroja joudun kohtaamaan, jos minut vangitaan?" ja "Mitä tapahtuu seuraavaksi?"

Koska hän liitti lihalliset ajatuksensa ja kielsi Jeesuksen kerran, hän päätyi kieltämään Hänet toisenkin kerran. Hän ei kieltänyt vain yksinkertaisesti sanomalla: "Ei." Kun ihmiset eivät tuntuneet uskovan häntä, hän kielsi vahvemmin joka kerta. Matt. 26:74:ssä sanotaan: *"Silloin hän rupesi sadattelemaan ja vannomaan: 'En tunne sitä miestä.'"* Vasta kuultuaan kukon laulavan Pietari hätkähti järkiinsä.

Hän muisti sitten Jeesuksen sanoneen: *"Ei laula kukko, ennenkuin sinä minut kolmesti kiellät"* (Joh. 13:38). Juostuaan ulos Hannaan talosta Pietari itki katkerasti. Tämä Jeesuksen kieltäminen pelon takia pysyi Pietarin mukana hänen loppuelämänsä. Hän katui vuosia eikä hänen katumuksen, hämmennyksen ja häpeän tunnettaan voinut pyyhkiä pois hänen viimeisiin päiviinsä mennessä. Siksi kuollessaan marttyyrinä hän sanoi: "Minä en ole ristille oikein päin ripustamisen arvoinen kuten Herra", ja siten hänet ripustettiin ylösalaisin ristille. Edes viimeisellä hetkellä ennen kuolemaa hän ei yksinkertaisesti pystynyt poistamaan tätä tapahtumaa sydämestään.

Tämä tapahtuma muutti Pietarin elämän ikiajoiksi täysin. Ennen hän rakasti huomion keskipisteenä olemisesta ja hänellä oli taipumus tulla ylpeäksi ja kopeaksi. Hänessä oli yhä myös pahaa, jota hän ei pystynyt heittämään pois sydämestään vielä, eikä hänen toimintansa ollut täysin tervehenkistä. Mutta tämän koetuksen kautta hänen lihalliset ajatuksensa murenivat ja hänen sydämensä nöyrtyi ja alentui. Seurauksena tästä tapauksesta tuli Pietarille siunattu mahdollisuus rikkoa mielensä puitteet ja ympärileikata sydämensä tullaksensa yhdeksi merkittävimmistä Kristuksen opetuslapsista.

Jumala, joka katsoo ihmisen sydämeen, tiesi, että tämän kokemuksen kautta Pietari kohoaisi Jeesuksen huippuopetuslapseksi täyttäen voimakkaasti kutsumuksensa koko elämällään. Vaikka Pietari tuolloin koki suurta tuskaa sydämessään siitä, mitä hän teki, tästä tapauksesta tuli Pietarille käännekohta itsensä muuttamiseksi täysin. Tämän tapahtuman lopputuloksen näkeminen auttaa meitä tuntemaan Jumalan rakkauden, koska Hän toimii aina niiden hyväksi, jotka rakastavat Häntä.

Tästä meidän tarvitsee ymmärtää, miten tietämättömiä ja säälittäviä meistä tulee, kun liitämme lihalliset ajatuksemme tekoihimme. Jos liitämme lihalliset ajatuksemme vain kerrankin, hautaudumme siihen helposti ja lankeamme jopa syvemmälle siihen. Mitä syvemmälle lankeamme siihen, sitä vähemmän meillä on rauhaa sydämissämme ja sitä enemmän ahdistusta ja pelkoa alkaa sen sijaan kehittyä ja levitä sydämiimme. Ja välttääksemme pelon kohtaamisen, voimme hetkessä valehdella tai toimia vilpillisesti. Jos meillä kuitenkin on aina Hengen ajatuksia, vaikka saatamme kävellä pimeässä kuoleman varjon laaksossa, meidän sielumme voi olla rauhassa.

# Jeesus seisoo Pilatuksen edessä

Ylipappi Kaifaan edessä seisovaa Jeesusta kuulusteltiin taas kerran. Matteuksen evankeliumin 26. luku kuvaa tämän tapahtuman yksityiskohtaisesti. Juutalaiset tekivät kaikkensa löytääkseen syyn tappaa Jeesuksen. He jopa ostivat ihmisiä olemaan vääriä todistajia, mutta oli vaikea löytää todisteita Hänen syyttämisekseen. Sillä hetkellä he muistivat jotakin, mitä Jeesus oli sanonut aiemmin: *"Hajottakaa maahan tämä temppeli, niin minä pystytän sen kolmessa päivässä"* (Joh. 2:19). Nämä sanat viittaavat Jeesuksen kuolemaan ja ylösnousemukseen. Tietämättömyyttään syyttäjät kuitenkin ottivat nämä sanat kirjaimellisesti ja tekivät siitä perusteen syytökselle. Ja saadakseen todisteet, jotka voisivat lopulta johtaa Jeesuksen kuolemaan, he tarkoituksellisesti heittivät Jeesukselle johdattelevan kysymyksen: *"...sanot meille, oletko sinä*

*Kristus, Jumalan Poika"* (Matt. 26:63).

Jeesus huomasi heidän kuulustelunsa tarkoituksen, mutta Hän vastasi selvästi: *"Sinäpä sen sanoit"* (Matt 26:64). Lopulta päätettiin, että Jeesus saa kuolemantuomion Jumalan ja Hänen temppelinsä pilkkaamisesta. Koska juutalaiset olivat Rooman vallan alla, heillä ei ollut valtuuksia panna täytäntöön kuolemantuomiota. Niin he johdattivat Hänet palatsiin luovuttaakseen Hänet Pilatukselle, Rooman maaherralle.

**"Mikä syytös ja kanne teillä on tätä miestä vastaan?"**

"Niin he veivät Jeesuksen Kaifaan luota palatsiin; ja oli varhainen aamu. Ja itse he eivät menneet sisälle palatsiin, etteivät saastuisi, vaan saattaisivat syödä pääsiäislammasta. Niin Pilatus meni ulos heidän luokseen ja sanoi: 'Mikä syytös ja kanne teillä on tätä miestä vastaan?' He vastasivat ja sanoivat hänelle: 'Jos tämä ei olisi pahantekijä, emme olisi antaneet häntä sinun käsiisi.'" (18:28-30)

"Palatsi" oli paikka, jossa Rooman käskynhaltija asui, ja tuolloin käskynhaltija oli Pontius Pilatus. Juutalaiset johdattivat Jeesuksen palatsin sisäänkäynnille, mutta eivät itse menneet sisälle. He pitivät ympärileikkaamattomia pakanoita saastaisina ja pidättäytyivät kosketuksesta heidän kanssaan. He olivat erityisen varovaisia, etteivät saastuttaisi itseään pääsiäisen aikana, joten he yrittivät kovemmin pysyä erossa pakanoista tänä aikana. He eivät edes menneet pakanan palatsiin, jotta eivät vahingossakaan rikkoisi lakia.

Tietenkään pakanat eivät olleet pääsiäisen pitämisen ulkopuolella. Jos pakanain seassa oli joitakin, jotka halusivat osallistua pääsiäiseen, he voisivat tehdä niin tultuaan ympärileikatuksi (2. Moos. 12:48). Sitävastoin vaikka henkilö olisikin juutalainen, ellei häntä ollut ympärileikattu, hän ei voisi osallistua pääsiäiseen. Ei ole tärkeää, onko juutalainen tai pakana, on tärkeämpää, onko ympärileikkaamaton vai ympärileikattu Jumalan käskyn mukaan.

Näin menneisyyden perinteet opettavat meille, että Jumala katsoo tärkeämmäksi sen, mitä on sisällä, kuin sen, mitä on ulkoisesti. Vielä nykyäänkään ei ole tärkeää, olemmeko kristittyjä ulkoisesti vai ei. On tärkeää, että pääsemme eroon synnistä ja ympärileikkaamme sydämemme. Jeesuksen ajan juutalaisethan tunnustavat noudattavansa lakia, eivätkä he siltikään tunteneet Jumalan Poikaa ja yrittivät tappaa Hänet. Tämä osoittaa, kuinka heidän uskonsa oli hyvin pinnallinen ja muodollisuuspohjainen.

Jos he olisivat noudattaneet tiukasti lakia todellisesta rakkaudesta Jumalaan, niin he eivät olisi vainonneet niin ankarasti Hänen Poikaansa, Sitä, joka tuli tähän maailmaan lihassa ja joka on alun perin yhtä Jumalan kanssa. Pinnalta katsoen he väittivät noudattavansa Mooseksen lakia ja loivat jopa vanhinten perinnäissäännöt ja noudattivat niitä, mutta heidän sydämensä olivat sisältä pahat ja heidän hengelliset silmänsä oli täysin peitetty. He eivät ainoastaan olleet tunnistamatta Messiasta, jota he olivat odottaneet niin kauan, vaan he yrittivät tappaa Hänet julmimmalla saatavilla olevalla rangaistuksella, ristiinnaulitsemisella.

Aivan kuin Pilatus tietäisi juutalaisten tavat, etteivät he

menneet palatsiin pitääkseen pääsiäisen, Pilatus tuli ulos heidän luokseen ja kysyi: "Mikä syytös ja kanne teillä on tätä miestä vastaan?" "Jos tämä ei olisi pahantekijä, emme olisi antaneet Häntä sinun käsiisi."

Laillisessa oikeudenkäynnissä syyttäjän on kerrottava tuomarille jokainen syytöksensä yksityiskohta. Tulkitakseen sitten totuutta tuomarin pitää antaa syytetylle reilu mahdollisuus puolustautua. Ylipapit ja vanhimmat kuitenkin itsepintaisesti syyttivät Jeesusta pahantekijäksi esittämättä edes selkeää syytöstä. Todellisuudessa he itse tiesivät, että Jeesuksessa ei ollut syntiä. Mutta kun heidän kansansa alkoi seurata Jeesusta ja heidän oma valtansa näytti olevan vaakalaudalla, he päättivät syyttää Jeesusta pahantekijäksi.

Juutalaisten syytöstä Jumalan ja temppelin pilkasta ei kuitenkaan pidetty syntinä roomalaisen lain mukaan. Sitäpaitsi jo yhdellä silmäyksellä voi nähdä, että tämä oli selvästi ylipappeihin liittyvän ihmisjoukon kateudesta loihdittu. Pilatuksen silmin oli hämmästyttävämpää nähdä, että Jeesus ei sanonut sanaakaan vastaan ihmisille, jotka herjasivat syyttäen Häntä (Mark. 15:5).

Joten kun Pilatus lopulta julisti: *"En minä löydä mitään syytä tässä miehessä"* (Luuk. 23:4), ylipappi ja väkijoukko vastasivat kiivaalla hälinällä.

### "Ottakaa te hänet ja tuomitkaa hänet lakinne mukaan"

"Niin Pilatus sanoi heille: 'Ottakaa te hänet ja tuomitkaa hänet lakinne mukaan.' Juutalaiset sanoivat hänelle: 'Meidän ei ole lupa tappaa ketään'; että

Jeesuksen sana kävisi toteen, jonka hän oli sanonut, antaen tietää, minkälaisella kuolemalla hän oli kuoleva." (18:31-32)

Pilatus ei halunnut sekaantua juutalaisten uskonnollisiin ongelmiin. Hän halusi vapauttaa itsensä pian tästä hankalasta tapauksesta. Sitten hän kuuli, että Jeesus oli Galileasta (Luuk. 23:5-6). Tuolloin Israelissa Juudean alue, joka oli Jerusalemin ympärillä, oli Pilatuksen alaisuudessa, mutta pohjoinen Galilean alue oli Herodeksen (Herodes Antipaan) hallinnassa.

Herodes oli silloin Jerusalemissa juuri oikeaan aikaan pääsiäisen takia, joten Pilatus lähetti Jeesuksen hänelle heti (Luuk. 23:6-7). Herodes oli ihastunut. Hän oli kuullut Jeesuksesta kauan aikaa ja halusi todistaa omin silmin ihmeet, joita Jeesus teki. Mutta kaikki hänen odotukset romahtivat. Kun hän ei saanut edes vastausta yhteenkään kysymykseensä saati ihmettä, hän ja hänen sotilaansa pilkkasivat Jeesusta. Laitettuaan Hänelle sitten loistavan puvun hän lähetti Hänet takaisin Pilatuksen eteen (Luuk. 23:8-11).

Pilatus halusi yhä luovuttaa tuomion juutalaisille. "Ottakaa te hänet ja tuomitkaa hänet lakinne mukaan." Mutta rangaistus, jota juutalaiset hakivat, ei ollut sellainen, joka päättyy pelkkään tuskaan. He halusivat Jeesuksen naulittavan ristille.

Jeesus tiesi jo, millaisen kuoleman Hän kohtaisi. Siksi Hän sanoi Joh. 12:32:ssa: *"Ja kun minut ylennetään maasta, niin minä vedän kaikki tyköni."* Aivan kuten tämä jae ennusti, ylipappi ja väkijoukko huusivat ristillä teloituksen puolesta ja painostivat Pilatusta, jotta tämä tapahtuisi. He näyttelivät osaa, joka sai Jeesuksen sanat toteutumaan.

### "Oletko sinä juutalaisten kuningas?"

"Niin Pilatus meni taas sisälle palatsiin ja kutsui Jeesuksen ja sanoi hänelle: 'Oletko sinä juutalaisten kuningas?' Jeesus vastasi hänelle: 'Itsestäsikö sen sanot, vai ovatko muut sen sinulle minusta sanoneet?'" (18:33-34)

Pilatus tunsi häpeää väkijoukon edessä, joka kiivaasti huusi Jeesuksen kuoleman puolesta. Vaikkakin heidän syytöksensä vaikuttivat olevan pelkkiä spekulaatioita, hän tunsi itsensä aivan avuttomaksi, koska niin suuri väkijoukko kiivaasti pyysi teloitusta ristillä. Väkijoukko oli nyt muuttunut meluisaksi ja näytti siltä kuin heidän huutonsa alkaisi ravistella palatsin perustuksia. Tietämättä mitä tehdä Pilatus palasi sisälle palatsiin ja kuulusteli Jeesusta: "Oletko sinä juutalaisten kuningas?"

Jeesus oli niin rauhallinen, ettei voinut uskoa, että Hän seisoi kuolemantuomionsa edessä. Pilatuksen kysymykseen Jeesus vastasi toisella kysymyksellä: "Itsestäsikö sen sanot, vai ovatko muut sen sinulle minusta sanoneet?"

Fyysisiltä sukujuuriltaan Jeesus syntyi aivan erinomaisen kuningas Daavidin jälkeläisenä. Tietenkin Hän sikisi Pyhästä Hengestä Neitsyt Marian kautta, ja Marian aviomies Joosef oli Daavidin jälkeläinen (Jes. 11:10). Myös silloin, kun Jeesus syntyi, kolme itämaan tietäjää sanoivat: *"Missä on se äsken syntynyt juutalaisten kuningas? Sillä me näimme hänen tähtensä itäisillä mailla ja olemme tulleet häntä kumartamaan"* (Matt. 2:2). Joten Jeesus ei ole vain juutalaisten kuningas, vaan hengellisesti Hän on myös kuningasten Kuningas (Ilm. 17:14).

Jeesuksen vastaus oli viisas reaktio, joka osoitti, kuinka merkityksetön ja mitätön Pilatuksen kysymys oli. Pilatus tiesi, mitä Jeesus opetti ja minkälaista työtä Hän teki, koska hän oli kuullut siitä kaiken aikaa. Ja tavatessaan Jeesuksen omakohtaisesti hän aisti hengellisen valtasuuruuden, jota ei voinut aistia muista tämän maailman kuninkaista. Joten kun Jeesus kysyi, kysyikö hän tämän, koska hän halusi aidosti tietää, oliko Hän todella juutalaisten kuningas, vai kysyikö hän pelkästään juutalaisten syytösten takia, Pilatus oli sekä järkyttynyt että hämmentynyt.

"Pilatus vastasi: 'Olenko minä juutalainen? Oma kansasi ja ylipapit ovat antaneet sinut minun käsiini. Mitä olet tehnyt?' Jeesus vastasi: 'Minun kuninkuuteni ei ole tästä maailmasta; jos minun kuninkuuteni olisi tästä maailmasta, niin minun palvelijani olisivat taistelleet, ettei minua olisi annettu juutalaisten käsiin; mutta nyt minun kuninkuuteni ei ole täältä.'" (18:35-36)

Pilatus antoi Jeesukselle mahdollisuuden puolustautua, jotta Hän voisi todistaa oman syyttömyytensä. "Olenko minä juutalainen? Oma kansasi ja ylipapit ovat antaneet sinut minun käsiini. Mitä olet tehnyt?" Mutta vastaus, jonka hän sai, oli sellainen, jota hän ei odottanut. "Minun kuninkuuteni ei ole tästä maailmasta; jos minun kuninkuuteni olisi tästä maailmasta, niin minun palvelijani olisivat taistelleet, ettei minua olisi annettu juutalaisten käsiin; mutta nyt minun kuninkuuteni ei ole täältä."

Pilatus katsoi juutalaisten ja Jeesuksen olevan samasta

kansakunnasta. Jeesus kuitenkin selvästi erottautui juutalaisista. Kaikki riippui siitä, tarkasteltiinko hengellisin silmin vai lihallisin silmin. Jos ajattelet syvällä hengessä Jeesuksen sanoja, voit selvittää Jeesuksen alkuperän. Alkuperältään Jeesus on yhtä Jumalan kanssa ja Hänen Poikansa, Hänellä on rajoittamaton valta ja voima. Mutta täyttääkseen pelastuksen suunnitelman Hän tuli tähän maailmaan. Jos Hän olisi tullut tähän maailmaan tullakseen sen kuninkaaksi kuten tämän maailman ihmiset ajattelivat Hänen tekevän, enkeliarmeijat vartioitsisivat ja suojelisivat Häntä. Jeesuksen tähän maailmaan tulon tarkoitus oli kuitenkin tulla sovitusuhriksi synnin orjaksi tulleen ihmiskunnan puolesta. Kaiken tämän seurauksena Hänestä tulisi lopulta kuninkaiden Kuningas ja herrojen Herra.

## "Minä en löydä Hänessä yhtäkään syytä"

> "Niin Pilatus sanoi hänelle: 'Sinä siis kuitenkin olet kuningas?' Jeesus vastasi: 'Sinäpä sen sanot, että minä olen kuningas. Sitä varten minä olen syntynyt ja sitä varten maailmaan tullut, että minä todistaisin totuuden puolesta. Jokainen, joka on totuudesta, kuulee minun ääneni.' Pilatus sanoi hänelle: 'Mikä on totuus?' Ja sen sanottuaan hän taas meni ulos juutalaisten luo ja sanoi heille: 'Minä en löydä hänessä yhtäkään syytä.'" (18:37-38)

Jeesus puhui hengellisin merkityksin, mutta Pilatus ei ymmärtänyt. Aivan kuin hän ei olisi edes tiennyt, mitä hän oli itse kysynyt, hän kysyi uudelleen: "Sinä siis kuitenkin olet kuningas?" "Sinäpä sen sanot, että minä olen kuningas. Sitä varten minä olen syntynyt ja sitä varten maailmaan tullut, että minä todistaisin totuuden puolesta. Jokainen, joka on totuudesta, kuulee minun ääneni."

Ihminen, jolla on hyvä sydän, ja joka pelkää Jumalaa sydämensä pohjasta, tietää ja uskoo, että Jeesus on Jumalan Poika ja että Hän tuli tähän maailmaan Vapahtajana. Mutta koska Pilatus ei voinut ymmärtää Jeesuksen hengellisiä sanoja, hän turhaantui. Lisäkuulustelut olisivat turhia. Viimeiseksi hän heitti tämän kysymyksen: "Mikä on totuus?"

Hän ei odottanut vastausta. Tämä kysymys oli vain yritys selvittää hänen hämmentynyttä sydäntään. Hän meni heti ulos väkijoukon luo. Heti kun he näkivät Pilatuksen, väkijoukko alkoi liikehtiä jälleen. Tuolloin Pilatus huusi heille. Vaikka väkijoukko miten kovasti halusi kuulla sen, hän ei voinut tuomita viatonta miestä syntisenä. "Minä en löydä hänessä yhtäkään syytä."

Jeesus, jota kuulusteltiin Pilatuksen hovissa, oli hyvin tyyni ja rauhallinen. Hän ei vastustanut mitään sanoja tai näyttänyt vihaa. Hänestä ei voinut löytää mitään pahaa. Hän vastasi Hänelle annettuihin kysymyksiin vain ylivoimaisella viisaudella ja hengellisin merkityksin. Jos Hänessä olisi ripaustakaan pahaa, Hän olisi vastustanut kovin sanoin tai huudahtanut vihaisena ja turhautuneena vedotakseen syyttömyyteensä. Jeesus ei kuitenkaan ollut paha, joten Hän vastasi jokaiseen kysymykseen rauhalla ja hengessä.

Mutta ei Jeesus puhunut hengellisin sanoin siksi, ettei Hän olisi pystynyt selvästi perustelemaan itseään synnittömäksi. Hän oli jo nöyrästi hyväksynyt sydämessään kantavansa kärsimyksen ristillä alistuen Jumalan tahtoon kuolemaan asti. Tässäkin näemme, että Jeesuksen kärsimys ristillä on Jumalan tahto ja kaitselmus.

"'Mutta te olette tottuneet siihen, että minä päästän teille yhden vangin irti pääsiäisenä; tahdotteko siis, että päästän teille juutalaisten kuninkaan?' Niin he taas huusivat sanoen: 'Älä häntä vaan Barabbas!' Mutta Barabbas oli ryöväri." (18:39-40)

Pilatus keksi juonen vapauttaakseen Jeesuksen. Voittaakseen juutalaisten suosion käskynhaltija vapautti joka vuosi pääsiäisenä yhden vangin, jonka kansa valitsi.

Pilatus ajatteli Jeesuksen vangitsemisen olevan pelkkä ylipappien ja vanhimpien salaliitto, mutta väkijoukon reaktio oli hänelle yllätys. Ylipappien ja vanhimpien vaikutusvalta ihmisiin oli jo liian suuri. "Älä häntä vaan Barabbas!"

Barabbas oli pahamaineinen rikollinen, joka vangittiin murhasta ja rähinän aiheuttamisesta. Mutta juutalaiset halusivat hirttää Jeesuksen, joka oli synnitön, Barabbaan sijaan. Juutalaisista tuli uskollinen työkalu saatanalle, joka halusi tappaa Jeesuksen.

Tappaakseen Jeesuksen saatana liikutti heidän pahoja sydämiään. Kaiken tämän takana oli kuitenkin piilossa Jumalan kaitselmus. Saatana ajatteli, että jos se naulaisi Jeesuksen ristille ja tappaisi Hänet, sen oma voima ja valta olisi ikuinen tässä maailmassa. Se kuitenkin itseasiassa kaivoi omaa hautaansa, kun se ajatteli tätä. Se ei ymmärtänyt, että kuoleman laki ei soveltunut Jeesukseen, koska Jeesus oli synnitön.

Mitä luulet liikkuneen Jeesuksen mielessä keskellä ihmisten vihaisia uhkauksia ja vaatimuksia, jotka heittelehtivät ja kääntelehtivät kuin raivoava meri? Tietenkin Jeesus tiesi, että Häntä kuulusteltaisiin ja Hänet tuomittaisiin ristille Jumalan kaitselmuksen ja kätketyn tahdon takia, mutta myös Jeesus oli tällä hetkellä tunteiden tienristeyksessä.

Miltä luulet Jeesuksesta tuntuneen, kun Hän näki samat ihmiset, jotka olivat toivottaneet Hänet tervetulleeksi palmunlehdillä pari päivää sitten, nyt huutavan Hänen ristiinnaulitsemisensa puolesta? Hän ei ollut surullinen tai turhautunut siksi, että Häntä pakotettiin kärsimään ilman pätevää syytä. Ei. Hän ei edes säikkynyt tai pelännyt sitä, minkä Hän pian kohtaisi. Hän oli kuitenkin järkyttynyt siitä, että juuri ne ihmiset, jotka luotiin Jumalan kuvaksi, tekivät syntiä ja tottelivat saatanan ääntä ja toimivat sen orjina.

Toisaalta myös Jeesus katsoi taakseen siihen astista toimintaansa. Hän kohotti kiitosuhrin Jumalalle, koska siitä hetkestä, kun Hän tuli alas tähän maailmaan, tähän mennessä kaikki tapahtumat, jotka olivat toteutuneet, olivat tapahtuneet Jumalan tahdon mukaan. Ilo ja kiitos täytti Jeesuksen sydämen, koska Hänen kärsimyksellään Jumalan tahto ja kaitselmus olisi lopulta täytetty ja saatettu päätökseen.

*Luku* 19

# Jeesus ristillä

1. Pilatus valtuuttaa kuolemantuomion
(19:1-16)

2. Jeesus naulitaan ristille
(19:17-30)

3. Jeesus haudataan
(19:31-42)

# Pilatus valtuuttaa kuolemantuomion

Pilatuksella oli vakava ongelma. Koska Jeesuksessa ei ollut syntiä, Pilatus aikoi vapauttaa Hänet pääsiäistapojen mukaan, mutta juutalaiset vastustivat niin voimakkaasti, ettei hän tiennyt mitä tehdä. Palatsin edessä kokoontuvat juutalaiset huusivat vaatien vapauttamaan murhaajan, Barabbaan, ja sen sijaan tappamaan Jeesuksen, joka oli synnitön. Tässä vaiheessa väkijoukko oli jo muuttunut meluisaksi. *"Älä puutu siihen vanhurskaaseen mieheen, sillä minä olen tänä yönä unessa paljon kärsinyt hänen tähtensä"* (Matt. 27:19). Juuri silloin Pilatus muisti viestin, jonka hänen vaimonsa lähetti hänelle. Keskellä meteliä ja kaaosta, joka ei suostunut vaimenemaan, hänen piti kuitenkin tehdä päätös.

## Syy siihen, että Jeesus ruoskittiin ja kruunattiin orjantappurakruunulla

"Silloin Pilatus otti Jeesuksen ja ruoskitti häntä. Ja sotamiehet väänsivät kruunun orjantappuroista, panivat sen hänen päähänsä ja pukivat hänen ylleen purppuraisen vaipan ja tulivat hänen luoksensa ja sanoivat; 'Terve, juutalaisten kuningas'; ja he antoivat hänelle korvapuusteja." (19:1-3)

Pilatus aikoi ruoskituttaa Jeesuksen, ja kun väkijoukko vaimenisi hieman, hän aikoi vapauttaa Hänet (Luuk. 23:22). Tuolloin roomalaiset sotilaat olivat vahvoja ja hyvin koulutettuja. Ruoskat, joita he käyttivät, olivat nahkahihnoja, joihin oli sidottu teräviä luita tai upotettu metallikappaleita, joten jo hihnojen näkeminen sai ihmiset kavahtamaan.

Ilman vähääkään myötätuntoa sotilaat alkoivat lyödä Jeesusta hihnoilla. Joka kerta, kun hihnat osuivat ja tarttuivat kiinni Jeesuksen ruumiiseen, Hänen lihan palojaan irtosi ja Hänen luunosiaan tuli näkyviin. Jokaisesta hihnojen tekemästä haavasta syöksyi ulos punaisia veripuroja. Sen jälkeen sotilaat ottivat pitkän teräväpiikkisen oksan ja väänsivät sen karkeasti kruunuksi, laittoivat sen Jeesuksen päähän ja painoivat sitä alas kaikin voimin. Terävät piikit lävistivät ihon ja saivat verta ruiskahtamaan ulos. Sitten he asettivat purppuraisen vaipan Hänen päällensä, pilkkasivat Häntä ja löivät Häntä kasvoihin. Purppura pellava ja kruunu symboloivat kuninkuutta, mutta he pukivat Jeesuksen purppuraan vaippaan ja kruunuun pilkatakseen Häntä. Jotkut sotilaat jopa kumarsivat kuin he olisivat kohteliaita kuninkaalle ja sanoivat halveksivasti: "Terve, juutalaisten kuningas!"

Kyllä, Pilatus käski tämän tapahtua, mutta se ei tapahtunut hänen tahtonsa mukaan. Kuten on kirjoitettu Jes. 53:5:ssä: *"Mutta hän on haavoitettu meidän rikkomustemme tähden, runneltu meidän pahain tekojemme tähden. Rangaistus oli hänen päällänsä, että meillä rauha olisi, ja hänen haavainsa kautta me olemme paratut"*, tämä tapahtuma oli jo ennustettu.

On myös kirjoitettu 1. Piet. 2:24:ssä: *"Hänen haavainsa kautta te olette paratut."* Siksi voimme näemme, että nämä kaikki tapahtumat tapahtuivat osana Jumalan kaitselmuksen täyttymystä. Ja kuten sanotaan: *"Ilman verenvuodatusta ei tapahdu anteeksiantamista"* (Hepr. 9:22), Jeesusta ruoskittiin ja Hän vuodatti verensä voidakseen maksaa syntimme. Joten tämän uhrin kautta synti, joka on kaikkien sairauksien ja ongelmien juuri, sovitettiin.

Ja syy siihen, että Jeesuksen oli käytettävä orjantappurakruunua, oli osa Jumalan kaitselmusta sovittaa kaikki ajatuksissamme tehdyt synnit. Ihmisillä on yleensä valheellisia ajatuksia, jotka ovat vastoin Jumalan tahtoa. Vihollinen saatana ohjaa näitä ajatuksia niin, että ihmiset kasvavat kauaksi Jumalasta eivätkä pysty uskomaan. Jos ihminen saa edelleen valheellisia ajatuksia, joita vihollinen saatana jatkuvasti antaa hänelle, lopputuloksena on ikuinen kuolema eli helvetti. Siksi Jeesus sai orjantappurakruunun ja maksoi kaikista ajatussynneistämme.

Edes kärsiessään lävistävien hihnojen ja orjantappurakruunun aiheuttamasta kivusta Jeesus ei tehnyt vastarintaa. Hän kesti kärsimyksen hiljaa (Jes. 53:7). Pikemminkin Hän tunsi surua ihmisten puolesta, jotka pilkkasivat ja ruoskivat Häntä. Hän sääli heitä, koska he ottivat osaa näihin pahoihin tekoihin tietämättömyyttään. Mutta tietäen, että tämä oli tapa tuoda rauha ihmiskunnan ja Jumalan välille ja tie maailman pelastukseen, maailman, joka oli kulkemassa kuoleman tietä, Jeesuksella oli kärsivällisyyttä ja sinnikkyyttä (2. Kor. 5:18-20).

> "Pilatus meni taas ulos ja sanoi heille: 'Katso, minä tuon hänet ulos teille, tietääksenne, etten minä löydä hänessä yhtäkään syytä.' Niin Jeesus tuli ulos, orjantappurakruunu päässään ja purppurainen vaippa yllään. Ja Pilatus sanoi heille: 'Katso ihmistä!'" (19:4-5)

Rauhoittaakseen väkijoukon ja luodakseen syyn vapauttaa Jeesuksen Pilatus ruoskitutti Jeesuksen ja vei Hänet sitten ulos palatsista. "Katso, minä tuon hänet ulos teille, tietääksenne, etten minä löydä hänessä yhtäkään syytä."

Veren tahraamana hihnojen ja orjantappurakruunun lävistyksistä Jeesuksen kasvot olivat tunnistamattomat. Jopa nähdessään Jeesuksen, joka oli synnitön, seisomassa heidän edessään niin surkeassa tilassa, väkijoukko ei tuntenut edes ripaustakaan syyllisyyttä omassatunnossaan. Veren näkeminen teki heistä itseasiassa entistä armottomampia. Pilatuksen viimeinen strategia Jeesuksen vapauttamiseksi romahti.

> "Kun siis ylipapit ja palvelijat näkivät hänet, huusivat he sanoen: 'Ristiinnaulitse, ristiinnaulitse!' Pilatus sanoi heille: 'Ottakaa te hänet ja ristiinnaulitkaa,

sillä minä en löydä hänessä mitään syytä.' Juutalaiset vastasivat hänelle: 'Meillä on laki, ja lain mukaan hänen pitää kuoleman, koska hän on tehnyt itsensä Jumalan Pojaksi.'" (19:6-7)

Väkijoukon keskellä ylipapit ja palvelijat huusivat Jeesusta ristiinnaulittavaksi. Heidän kiihotuksensa sai väkijoukon hyvin kiihtyneeksi, joten oli vain ajan kysymys, että teloitustuomio ristiinnaulitsemalla vedettäisiin esiin. Todellisuudessa myös he näkivät voiman, jota Jeesus käytti. He tiesivät, että Hän paransi sairaita ja osoitti armoa ja myötätuntoa köyhille ja heikoille. Mutta he kuuntelivat saatanan ääntä huutaessaan Jeesuksen ristiinnaulitsemista ja liikuttivat väkijoukkoa tekemään samoin.

Pelko, jota Pilatus tunsi tuolloin, on kirjattu selvästi asiakirjaan, jonka hän lähetti Rooman keisarille. Tämä asiakirja, jota nyt säilytetään Pyhän Sofian moskeijassa Turkissa, tallentaa tietoa siitä, miten Jeesus pidätettiin, kuulusteltiin ja teloitettiin.

"Sitten määräsin hänet ruoskittavaksi toivoen tämän tyydyttävän heidät, mutta se vain lisäsi heidän raivoaan. Sitten vaadin maljan ja pesin käteni tämän levottoman joukon läsnäollessa merkiksi siitä, että minun tuomioni mukaan Jeesus Nasaretilainen ei ollut tehnyt mitään kuoleman arvoista, mutta turhaan, sillä se oli hänen elämänsä, jota nämä raukat janosivat.

Meidän siviilikapinoissamme olen usein todistanut väkijoukon raivoisia vihamielisyyksiä, mutta mitään ei voi verrata siihen, mitä todistin tässä yhteydessä.

Olisi totisesti voinut sanoa, että tällä kertaa kaikki helvetillisten alueiden aaveet olivat kokoontuneet Jerusalemiin. Väkijoukko ei näyttänyt kävelevän, vaan oli kuin sitä olisi kannateltu ja se pyöri kuin pyörre liikkuen eteenpäin elävinä aaltoina palatsin porteilta aina Siionin vuorelle asti ulvoen, kirkuen, kiljahdellen ja karjuen kuten ei ollut koskaan kuultu Pannonian kapinassa tai foorumin meteleissä."

Pilatus täyttyi äkkiä pelolla siitä, että saattaisi tulla kansannousu, ja että hän saattaisi menettää henkensä. Päätettyään, ettei ollut mitään muuta, mitä hän voisi tehdä, hän yritti poistaa vastuunsa tästä tuomiosta luovuttamalla Jeesuksen kansalle, jotta he voisivat käsitellä tilanteen itse. "Ottakaa te hänet ja ristiinnaulitkaa, sillä minä en löydä hänessä mitään syytä."

Tuomarina Pilatus tiesi selvästi, ettei Jeesuksella ollut syntiä. Hän ei osannut kuitenkaan antaa oikeudenmukaista tuomiota ja antoi koko vastuun kansalle. Peläten kansaa hän antoi periksi heidän vaatimukselleen ja luovutti viattoman miehen heille. Miten raukkamainen hänen päätöksensä olikaan!

Jumala ei vain satunnaisesti anna yhdelle ihmiselle pahaa roolia ja toiselle ihmiselle hyvää roolia. Hän työskentelee jokaisen ihmisen kanssa kunkin ihmisen sydämen mukaan. Pelastussuunnitelman täyttämisessä Jeesuksen uhrilla ristillä jokaista mukana ollutta ihmistä käytettiin sen mukaan, millainen astia hän oli.

"Meillä on laki, ja lain mukaan hänen pitää kuoleman, koska hän on tehnyt itsensä Jumalan Pojaksi."

Kun he sanoivat tässä laki, he viittasivat "Mooseksen lakiin", josta he pitivät tiukasti kiinni. Juutalaiset väittivät, että koska Jeesus kutsui itseään Jumalan Pojaksi, Hän oli tehnyt syntiä, joka on rangaistava kuolemalla. Raamatun kohta, joka tukee tätä, löytyy 2. Moos. 20:7:stä: *"Älä turhaan lausu Herran, sinun Jumalasi, nimeä, sillä Herra ei jätä rankaisematta sitä, joka hänen nimensä turhaan lausuu."* Myös 3. Moos. 24:16 sanoo: *"Ja joka Herran nimeä pilkkaa, rangaistakoon kuolemalla; koko kansa kivittäköön hänet kuoliaaksi. Olipa se muukalainen tai maassa syntynyt, joka pilkkaa Herran nimeä, hänet surmattakoon."*

Juutalaiset ajattelivat, että Jeesus oli ihminen aivan kuten hekin. Siksi he ajattelivat Hänen pilkkaavan Jumalan nimeä, kun Hän kutsui itseään Jumalan Pojaksi. Jeesus ei kuitenkaan koskaan käyttänyt Jumalan nimeä turhaan tai pilkannut Hänen nimeään. Hän vain antoi kunnian Jumalalle. Johtui heidän tietämättömyydestään ja pahuudestaan, että he eivät tunteneet Jeesusta, joka oli todellakin tosi Jumalan Poika.

Jos he olisivat oikein tunteneet Jumalan sydämen ja tahdon, joka sisältyy lakiin, he eivät olisi yrittäneet tappaa Jeesusta, joka tuli Messiaana. Mutta koska heidän käsityksensä lain vanhurskaudesta perustui heidän omiin ajatuksiinsa ja puitteisiinsa, he eivät voineet tehdä todella oikeaa päätöstä. He pikemminkin luulivat Jeesuksen tappamisen olevan oikein.

## "Sen synti on suurempi, joka jätti minut sinun käsiisi"

"Kun nyt Pilatus kuuli tämän sanan, pelkäsi hän vielä enemmän ja meni sisälle palatsiin ja sanoi Jeesukselle: 'Mistä sinä olet?' Mutta Jeesus ei hänelle vastannut. Niin Pilatus sanoi hänelle: 'Etkö puhu minulle? Etkö tiedä, että minulla on valta sinut päästää ja minulla on valta sinut ristiinnaulita?' Jeesus vastasi: 'Sinulla ei olisi mitään valtaa minuun, ellei sitä olisi annettu sinulle ylhäältä. Sentähden on sen synti suurempi, joka jätti minut sinun käsiisi.'" (19:8-11)

Juutalaiset julistivat, että heidän täytyi tappaa Jeesus, koska Hän väitti olevansa "Jumalan Poika." Kuultuaan tämän julkilausuman, Pilatus alkoi toisaalta pelätä vielä enemmän. Vaikka Pilatus oli pakana, hän tunsi selittämätöntä pelkoa Jeesuksen edessä, koska Hän oli erilainen kuin kaikki muut ja Hänellä oli hengellinen voima, jota ei ollut kellään muulla. Tietämättä, mitä tehdä, Pilatus palasi palatsiin ja kysyi Jeesukselta: "Mistä sinä olet?"

Jeesus ei vastannut. Hän tiesi, että vaikka Hän kertoisi Pilatukselle, Pilatus luovuttaisi Hänet silti väkijoukolle, koska hän pelkäsi heitä. On aivan kuten on esitetty Joh. 2:24-25:ssä: *"Mutta Jeesus itse ei uskonut itseänsä heille, sentähden että hän tunsi kaikki, eikä tarvinnut kenenkään todistusta ihmisestä, sillä hän tiesi itse, mitä ihmisessä on."* Edes Pilatus itse ei tuntenut omaa sydäntään. Hän vain turhautui Jeesukseen, joka ei vastannut hänelle. Niinpä hän kysyi uudelleen: "Etkö tiedä, että minulla on valta sinut päästää ja minulla on valta sinut ristiinnaulita?" Vaikka Pilatus katseli ympärilleen hermostuneesti ja oli ahdistunut juutalaisten painostuksen vuoksi, hän kehui, että hänellä oli valta muuttaa tilanne. Tähän Jeesus antoi hänelle vastauksen, jonka Pilatus saattaisi ymmärtää tai olla ymmärtämättä: "Sinulla ei olisi mitään valtaa minuun, ellei sitä olisi annettu sinulle ylhäältä."

Ajatellen, että koko Juudeassa ei ollut ketään muuta, jolla oli enemmän valtaa kuin hänellä, Pilatus ei voinut ymmärtää tätä väitettä. Koska kaikki voima ja valta kuuluvat Jumalalle, ihminen on Jumalan vallan alla, vaikka olisikin voimakkaan kansakunnan kuten Rooman käskynhaltija (Room. 13:1). Siksi kukaan ei voi tehdä mitään, jos Jumala ei salli sitä. Tietämättä tätä totuutta Pilatus kukkoili vallallaan.

Koska Jumala tiesi, että Pilatus oli melko pinnallinen ja luovuttaisi Jeesuksen kansalle, Hän salli tämän tilanteen osana kaitselmustaan. Kun ihminen, jolla on pinnallinen sydän, joutuu vaikeaan tilanteeseen, hän tekee päätöksen, joka hyödyttää häntä itseään. Nämä ominaisuudet eivät tule pintaan tavanomaisissa olosuhteissa, mutta kun edessä on vaikeita tai painostavia olosuhteita, tämäntyyppinen ihminen joko livahtaa pois ja ulos tilanteesta tai keksii valheen. Jos ihmisellä on pahuutta sydämessään, sen pahuuden on pakko tulla pintaan tavalla tai toisella.

Lopuksi Pilatus antaa periksi juutalaisten vaatimukselle säilyttääkseen asemansa ja valtansa. Suurempi vastuu lankeaa kuitenkin Juudas Iskariotille, joka toimitti Jeesuksen hänen käsiinsä. Siksi Jeesus sanoi hänen syntinsä olevan suurempi.

"Tämän tähden Pilatus koetti päästää hänet irti. Mutta juutalaiset huusivat sanoen: 'Jos päästät hänet, et ole keisarin ystävä; jokainen, joka tekee itsensä kuninkaaksi, asettuu keisaria vastaan.' Kun Pilatus kuuli nämä sanat, antoi hän viedä Jeesuksen ulos ja istui tuomarinistuimelle, paikalle, jonka nimi on Litostroton, hebreaksi Gabbata." (19:12-13)

Omalla tavallaan Pilatus yritti kovasti vapauttaa Jeesuksen. Hänestä ei tuntunut mukavalta teloittaa jotakuta, joka ei ollut syyllistynyt rikokseen, ja hänen vaimonsa uni vaivasi häntä. Juuri silloin juutalaiset sanoivat jotain, mikä sai Pilatuksen muuttamaan mielensä: "Jos päästät hänet, et ole keisarin ystävä; jokainen, joka tekee itsensä kuninkaaksi, asettuu keisaria vastaan." Olipa idässä tai lännessä, rangaistus maanpetoksesta on kuolema. Erityisesti poliitikolle se on kohtalokas rikos, ja jopa hänen perheenjäsentensä elämä voisi olla vaakalaudalla. Kuilun partaalla Pilatus tiesi, että hänkin joutuisi tämän tapahtuman jonkinlaisiin jälkimaininkeihin.

### Väkijoukkoa pelänneen Pilatuksen koetus

"Ja oli pääsiäisen valmistuspäivä, noin kuudes hetki. Ja hän sanoi juutalaisille: 'Katso, teidän kuninkaanne!' Niin he huusivat: 'Vie pois, vie pois, ristiinnaulitse hänet!' Pilatus sanoi heille: 'Onko minun ristiinnaulittava teidän kuninkaanne?' Ylipapit vastasivat: 'Ei meillä ole kuningasta, vaan keisari.' Silloin hän luovutti hänet heille ja antoi ristiinnaulittavaksi. Ja he ottivat Jeesuksen." (19:14-16)

Viimeiseen oljenkorteen tarttumisen tilassa Pilatus istui tuomarin istuimelle ja kysyi juutalaisilta viimeisen kerran: "Onko minun ristiinnaulittava teidän kuninkaanne?" Vaikka Pilatus tiesi selvästi, ettei Jeesus ollut syyllistynyt rikokseen, hänen sydämensä vapisi, koska hän näki itsensä vaikeassa tilanteessa. Hänen pinnallinen ja häilyväinen sydämensä tuli selvästi ilmi. Juutalaiset olivat niin vakaasti päättäneet nähdä Jeesuksen kuoleman, että he menettivät kaiken järjen tunnon siihen pisteeseen asti, etteivät edes tienneet, mitä sanoivat. "Ei meillä ole kuningasta, vaan keisari."

Juutalaiset sanoivat, ettei heillä ollut muuta kuningasta kuin keisari, Rooman valtakunnan, Israelia tuolloin hallinneen kansan, keisari. Tämä oli kuin siirtomaassa viholliskansakunnan vallan alla kärsivät ihmiset pettäisivät oman kansakuntansa ja vannoisivat uskollisuutta viholliskansakunnalle. He eivät epäröineet sanoa asioita, jotka olivat vastoin heidän kansallisia uskomuksiaan, ja he myivät jopa Jumalan, Isänsä ja Kuninkaansa, nimen. Jeesuksen tappaminen oli heille sellainen pakkomielle, että he laittoivat syrjään jopa uskonsa Herraan Jumalaan. He uppoutuivat täysin lakeihinsa ja omahyväisyyteensä, niin että toimivat vastoin Jumalan tahtoa, ja täyttääkseen tavoitteensa he panivat uskonsakin pois.

Petturiksi syytetyksi tulemisen sijaan Pilatus päätti, että olisi parempi olla juutalaisten puolella. Siispä hän antoi lopulta tuomion tappaa Jeesus. Juuri ennen tätä hän nosti esiin vesimaljan ja pesi kätensä väkijoukon edessä. Hän teki tämän tarkoituksenaan osoittaa, ettei hänellä ollut mitään tekemistä tämän teloituksen kanssa. *"Viaton olen minä tämän miehen vereen. Katsokaa itse eteenne"* (Matt. 27:24). Nähdessään, että heidän vaatimuksensa täyttyivät, ihmiset tulivat vielä rajummiksi toimissaan. *"Tulkoon hänen verensä meidän päällemme ja meidän lastemme päälle!"* (Matt. 27:25). Heillä ei ollut aavistustakaan, millaisen katastrofin nämä sanat tuottaisivat myöhemmin heille itselleen ja heidän lapsilleen. Monta vuotta, jotka juutalaiset joutuivat viettämään hajallaan menetettyään maansa, ja miljoonien juutalaisten kuolema natsien armeijan käsissä toisen maailmansodan aikana ovat seurauksia, joita ei voida täysin erottaa näistä sanoista.

Jeesuksen kuolema oli osa Jumalan kaitselmusta, joka oli suunniteltu ennen ajan alkua. Tämän suunnitelman täyttämisen aikana jokaista käytettiin joko hyvän työkaluna tai pahan työkaluna sen mukaan, millainen astia hän oli. Pilatuksen tapauksessa, koska hänen sydämensä oli häilyväinen ja väärämielinen, hän päätyi näyttelemään ratkaisevaa roolia Jeesuksen kuolemassa.

# Jeesus naulitaan ristille

Teloitustuomion jälkeen Jeesus sai ankarampaa ruoskintaa. Yleensä roomalaiset sotilaat ottivat tuomitun vaatteet pois, taivuttivat heidät ja sitoivat tolppaan tai kehykseen ja ruoskivat armotta. Jo tästä pelkästään sanotaan monen tuomitun pyörtyneen tai kuolleen. Myös Jeesus oli heikossa tilassa tästä ankarasta ruoskimisesta. Välittämättä tippaakaan roomalaiset sotilaat laittoivat Jeesuksen kantamaan painavan ristin.

"Ja kantaen itse omaa ristiänsä hän meni ulos niin sanotulle Pääkallonpaikalle, jota kutsutaan hebreankielellä Golgataksi. Siellä he hänet ristiinnaulitsivat ja hänen kanssaan kaksi muuta, yhden kummallekin puolelle, ja Jeesuksen keskelle." (19:17-18)

Kun ihminen on tuomittu ristillä teloitukseen, hänen täytyi kantaa risti, jolle hänet naulattaisiin, koko matkan Golgatalle, paikkaan, jossa hänet lopulta naulattaisiin juuri siihen ristiin. Ottaessaan raskaita askeleita kapealla "Via Dolorosalla" Jeesus kaatui monta kertaa. Vaikka Hän olikin Jumalan Poika, Hän ei voinut olla uupumatta, koska Hänellä oli liha ja luut kuten meillä. Kärsimättöminä roomalaiset sotilaat laittoivat lopulta henkilön nimeltään Simon kyreneläinen (Kyrene on nykyinen Libya) kantamaan ristin ja seuraamaan Jeesusta (Luuk. 23:26).

Mitä luulet käyneen Jeesuksen mielessä Hänen kantaessaan ristiä Pilatuksen palatsilta koko matkan Golgatalle? Hän ei ainoastaan ajatellut ristin raskautta tai kärsimystä, jonka Hän tunsi lihassaan. Kantaessaan ristiä Hän muisti monia kohtauksia. Hän ajatteli Jumalan tarkoitusta ihmisen luomisessa ja ihmisen kasvatuksen merkitystä. Hän ajatteli myös sitä perimmäistä syytä, miksi Hänet täytyi antaa sovitusuhrina, ja syvällä sydämessään Hän kohotti kiitosrukouksen.

Kuten on kirjoitettu Johanneksen evankeliumin 1. luvussa, Jeesus, joka oli Sana, joka tuli tähän maailmaan lihaksi, on alunperin yhtä Jumalan kanssa, ja Hän oli Jumalan kanssa aivan alusta asti. Siksi Hän tiesi kaiken luomishetkestä alkaen. Kun Jumala loi taivaat ja maat ja kaiken elävän niiden välillä, Raamattu sanoo: *"Ja Jumala näki, että se oli hyvä"* (1. Moos. 1:25). Mutta kun asiat alkoivat muuttua ihmisen synnin takia, Jeesus tunsi tuskaa Isän Jumalan rinnalla.

Inhimillisestä näkökulmasta Jeesus ei seuraajiensa hävittyä ja vailla voimaa tai valtaa ollut muuta kuin köyhä, surkea rikollinen. Hengellisestä näkökulmasta tämä oli kuitenkin se kunniakas hetki, jolloin Jeesus täyttäisi rakkauden suurimman tehtävän. Tämä oli se hetki, kun Hän, jolla oli rajoittamaton kunnia, valta ja voima, luopui kaikesta tullakseen sovitusuhriksi ihmiskunnan synnin puolesta. Tämä oli se historiallinen hetki, kun suuri tehtävä, Jumalan salainen suunnitelma aikojen alusta, ihmiskunnan pelastus, täytettäisiin.

Lopulta he saapuivat Golgatan mäelle. Golgata, joka hepreaksi tarkoittaa "pääkalloa", oli teloituspaikka aivan Jerusalemin muurien ulkopuolella. Maksimoidakseen nöyryytyksen kaikkien katsojien edessä sotilaat riisuivat Jeesuksen vaatteet ja laskivat Hänet ristin päälle. Sitten he naulasivat Hänen kätensä ja Hänen jalkansa. Hakkaavan vasaran kaikuva ääni toi kylmät väreet katsojien sydämiin.

Jättimäisen ristin muoto nostettiin ylös kuin se olisi kohonnut korkealle taivaalle. Kun koko ruumiin paino siirtyi naulatuille käsille ja jaloille, sanoin kuvaamaton kipu hulmahti läpi koko ruumiin. Ristiinnaulitseminen oli julmin teloitusmuoto. Muihin rangaistusmuotoihin verrattuna teloitus ristiinnaulitsemalla sai ristiinnaulittavan kärsimään kipua hyvin pitkän ajan. Silloin tällöin saattoi olla ollut tapauksia, joissa teloittajat olivat saattaneet osoittaa armoa rikolliselle rikkomalla hänen sääriluunsa tai lävistämällä hänen kylkensä, jotta hän voi kokea nopeamman kuoleman. Mutta useimmissa tapauksissa rikolliset jätettiin kärsimään hidas kuolema, joka kesti yhdestä useampaan päivään. Ristiin naulitsemisesta johtuvan kivun lisäksi ristiinnaulitun täytyi myöskin kärsiä vakavasta kuivumisesta ja kaikkien elinten rappeutumisesta huonon verenkierron takia. Lisäksi hän joutui jopa kestämään hyönteisiä, jotka parveilivat ympärillä veren hajun takia!

Jeesus kuitenkin kärsi kello yhdeksästä aamulla kello kolmeen iltapäivällä. Hän kuoli kuudessa tunnissa säännön vastaisesti. Tällä kertaa kaksi ryöväriä naulittiin Jeesuksen kanssa, yksi Hänen molemmille puolilleen. Tämä oli juutalaisten salaista, vilpillistä laskelmointia, koska he halusivat saada Jeesuksen näyttämään siltä, kuin Hän olisi maksanut jonkun synnin hintaa aivan kuten ryövärit.

> "Ja Pilatus kirjoitti myös päällekirjoituksen ja kiinnitti sen ristiin; ja se oli näin kirjoitettu; 'Jeesus Nasaretilainen, juutalaisten kuningas.' Tämän päällekirjoituksen lukivat monet juutalaiset, sillä paikka, jossa Jeesus ristiinnaulittiin, oli lähellä kaupunkia; ja se oli kirjoitettu hebreaksi, latinaksi ja kreikaksi. Niin juutalaisten ylipapit sanoivat Pilatukselle: 'Älä kirjoita: "Juutalaisten kuningas", vaan että hän on sanonut: "Minä olen juutalaisten kuningas."' Pilatus vastasi: 'Minkä minä kirjoitin, sen minä kirjoitin.'" (19:19-22)

Pilatus oli pelkuri, joka luovutti Jeesuksen kansalle heitä peläten, mutta lopussa hän kuunteli omaatuntoaan. Niinpä hän laittoi sotilaat kirjoittamaan päällekirjoituksen: "Jeesus Nasaretilainen, juutalaisten kuningas" ja laittoi sen ristille. Hän ei tehnyt päällekirjoitusta pilkatakseen Jeesusta tai tehdäkseen hänestä pilaa. Pilatuksesta todella tuntui, että Jeesus oli totisesti juutalaisten kuningas.

Ylipapit näkivät päällekirjoituksen ja raivostuivat. Aivan kuin he olisivat olleet vakavan rikoksen uhreja, he eivät epäröineet pyytää Pilatusta muuttamaan päällekirjoitusta sanomaan: "Hän on sanonut: 'Minä olen juutalaisten kuningas.'" Aivan loppuun asti he yrittivät antaa oikeutuksen käytökselleen lisäämällä sanat: "Hän on sanonut", niin että Jeesus näyttäisi syntiseltä. Mutta sanomalla: "Minkä minä kirjoitin, sen minä kirjoitin" Pilatus ilmaisi taas kerran, että hänen mielestään Jeesus ei ollut tehnyt mitään rikosta.

Jopa tässä tilanteessa Jeesus ajatteli Jumalan rakkautta. Hän tunsi Jumalan rakkauden, Jumalan, joka ei säästänyt edes ainokaista Poikaansa pelastaakseen ihmiset, joista oli tullut vihollisen, perkeleen ja saatanan, orjia, ja jotka kulkivat kuoleman tietä. Jumalan rakkautta koskien 1. Joh. 4:9-10 sanoo: *"Siinä ilmestyi meille Jumalan rakkaus, että Jumala lähetti ainokaisen Poikansa maailmaan, että me eläisimme hänen kauttansa. Siinä on rakkaus – ei siinä, että me rakastimme Jumalaa, vaan siinä, että hän rakasti meitä ja lähetti Poikansa meidän syntiemme sovitukseksi."*

## Kaitselmus sen takana, että sotamiehet jakoivat Hänen vaatteensa ja heittivät Hänen ihokkaastaan arpaa

"Kun sotamiehet olivat ristiinnaulinneet Jeesuksen, ottivat he hänen vaatteensa ja jakoivat ne neljään osaan, kullekin sotamiehelle osansa, sekä ihokkaan. Mutta ihokas oli saumaton, kauttaaltaan ylhäältä asti kudottu. Sentähden he sanoivat toisillensa: 'Älkäämme leikatko sitä rikki, vaan heittäkäämme siitä arpaa, kenen se on oleva'; että tämä kirjoitus kävisi toteen:

'He jakoivat keskenänsä minun vaatteeni ja heittivät minun puvustani arpaa.' Ja sotamiehet tekivät niin." (19:23-24)

Ristiinnaulittuaan Jeesuksen sotamiehet tekivät jotain, mitä he eivät yleensä tehneet. Keskustellessaan keskenänsä he päättivät jakaa Jeesuksen vaatteet ja ihokkaan ja jokaisen ottavan osan niistä. He jakoivat vaatteet neljään osaan, yksi jokaiselle sotamiehelle, ja sitten he pohtivat, mitä tehdä hänen ihokkaalleen, koska se oli ylhäältä asti kudottu, ja he päättivät lopulta heittää arpaa nähdäkseen, kuka saisi sen. "Älkäämme leikatko sitä rikki, vaan heittäkäämme siitä arpaa, kenen se on oleva."

Ulkoisesti näytti vain kuin sotilaat jakaisivat vaatteet ja heittäisivät arpaa itse, mutta hengellisestä näkökulmasta näin ei ollut. Tämä tapahtuma oli ennustettu jo Ps. 22:18:ssa: *"He jakoivat keskenänsä minun vaatteeni ja heittivät minun puvustani arpaa."* Vaikkakin sotilaat luultavasti ajattelivat, että he tekivät vain mitä he halusivat tehdä, kaikki nämä tapahtumat tapahtuivat tarkalleen Jumalan kaitselmuksen mukaan. Jeesuksen vaatteet eivät olleet millään tavalla kalliita tai tarpeeksi arvokkaita, jotta sotilaat olisivat halunneet jakaa ne ja pitää itsellään. Mutta miksi he jakoivat Hänen vaatteensa ja heittivät hänen ihokkaastaan arpaa?

Jos katsomme Israelin historiaa vuoden 70 j.Kr. jälkeen, voimme nähdä, miksi tämä tapahtui. Koska Jeesus oli juutalaisten kuningas, Hänen pukunsa on Israelin tai juutalaisen kansan vertauskuva. Se, että sotilaat jakoivat Jeesuksen vaatteet neljään osaan ja jokainen otti yhden osan, enteili tapaa, jolla pakanat hävittäisivät Israelin kansakunnan identiteetin ja tapaa, jolla sen ihmiset hajotettaisiin ympäri maan. Ennustus oli, että roomalaiset lopulta tuhoaisivat Israelin kansakunnan, koska juutalaiset itse tappoivat Jeesuksen, joka tuli heidän kuninkaakseen ja vapahtajakseen.

Todellisuudessa vuonna 70 j.Kr. roomalainen kenraali Tiitus valloitti Israelin ja temppeli tuhoutui täysin niin, ettei kahta kiveäkään jäänyt päällekkäin. Ja 1 100 000 juutalaista tapettiin vain noin 9000:n jäädessä henkiin. Ja ne jotka jäivät henkiin, otettiin joko vangiksi tai hajaantuivat ympäriinsä. Tämä on yksi syy siihen, miksi juutalaiset ovat yhä hajallaan ympäri maailmaa.

Jeesuksen vaatteiden ollessa Israelin fyysisen aspektin vertauskuva Hänen ihokkaansa on Israelin kansan sydämen sisimmän vertauskuva. Se, että Jeesuksen ihokas oli saumaton tai kudottu ylhäältä asti yhtenä kappaleena, tarkoittaa, että aina Israelin synnystä Jaakobin kautta nykyisiin aikoihin, sen perimä ei koskaan sekoittunut pakanoiden kanssa, tarkoittaen, että Israelin kansakunta koostui homogeenisistä ihmisistä. Ja se, että ihokasta ei leikattu rikki kuten vaatteita, vaan pidettiin yhtenä kappaleena arvan heittämisen jälkeen, symboloi sitä, ettei heidän kansallisuuttansa tai heidän sydäntänsä Jumalan palvelemiseen ole leikattu rikki, vaan sitä suojellaan hyvin.

Tämä oli ennustus, että vaikka pakanoiden kädet tuhosivat kansakunnan ja sen alue hävitettiin, Israelin sydän ei muuttunut Jumalaa kohtaan. Aivan kuten Jeesuksen ihokas oli kudottu ylhäältä asti kauttaltaan eikä sitä voitu leikata rikki, ei israelilaisten sydämiä voitu leikata rikki ja heidän kansakuntansa syntyi uudelleen. 1900 vuotta itsemääräämisoikeuden menettämisen jälkeen 14. toukokuuta vuonna 1948 Israelin kansakunta saavutti itsenäisyytensä ja yllätti koko maailman. Ja vain lyhyen ajan kuluttua Israelin kansakunnasta kehittyi yksi maailman vauraimmista kansakunnista todistaen, että Israelin kansa on erinomainen kansa.

**"Mutta Jeesuksen ristin ääressä seisoivat hänen äitinsä ja hänen äitinsä sisar ja Maria, Kloopaan vaimo, ja Maria Magdaleena. Kun Jeesus näki äitinsä ja sen opetuslapsen, jota hän rakasti, seisovan siinä vieressä, sanoi hän äidillensä: 'Vaimo, katso, poikasi!' Sitten hän sanoi opetuslapselle: 'Katso, äitisi!' Ja siitä hetkestä opetuslapsi otti hänet kotiinsa." (19:25-27)**

Jeesuksen ristin lähellä oli ihmisiä, jotka halusivat pilkata Häntä ja katsoa Hänen kuolevan, mutta Hänen ristinsä ääressä oli myös Hänen rakas opetuslapsensa ja naiset, jotka saivat Hänen armonsa. Nämä ihmiset olivat tilanteessa, jossa he olisivat kuolleet, mutta Jeesuksen takia he saivat elämän ja heidän murheellinen elämänsä muuttui arvokkaaksi elämäksi. Sillä hetkellä, kun he kuulivat, että Jeesus oli vangittu, he juoksivat Jeesuksen luo eivätkä jättäneet Häntä ennen kuin Hän veti viimeisen henkäyksensä. Jopa Jeesuksen kärsiessä ristillä Hän huolehti Neitsyt Mariasta sanoen hänelle: "Vaimo, katso, poikasi!" ja sanoen opetuslapselle: "Katso, äitisi!"

Tässä poikasi viittaa Hänen rakkaaseen opetuslapseensa Johannekseen. Jeesus sanoi Marialle, että hänen pitäisi nyt ottaa Johannes omaksi pojakseen, ja Johannesta Hän pyysi Jumalan lapsena palvelemaan Mariaa kuin hän olisi hänen oma äitinsä.

Ja syy, miksi Jeesus kutsui Mariaa vaimoksi eikä äidiksi, pitää sisällään hengellisen merkityksen. Jeesus syntyi pelkästään neitsyt Marian ruumiin kautta, ei hänen munasolustaan. Hänet siitti Pyhä Henki ja Hän on yhtä Jumalan kanssa. Luoja Jumala on se, joka Hän on (2. Moos. 3:14), ja Hän on ensimmäinen ja viimeinen (Ilm. 1:17, 2:8), joten Hänellä ei voi olla äitiä. Siksi Jeesus ei kutsunut Mariaa tässä äidiksi.

Vaikka Maria ei ollut Jeesuksen äiti, Hän tunsi Marian sydämen. Jeesus ymmärsi Mariaa, joka katsoi Jeesuksen kasvavan ja kypsyvän syntymästä lähtien, ja Hän ymmärsi hänen sydäntään paremmin kuin kukaan muu. Miten Maria voisi ilmaista kivun nähdessään Jeesuksen, jota hän rakasti enemmän kuin omaa elämäänsä, kuolevan tuollaisen viheliäisen kuoleman ristillä?

"Herra, minun Herrani! Jumala armostaan antoi Sinun tulla tähän maailmaan tämän köyhän ja nöyrän palvelijattaren kautta, mutta katsoessani Sinua siellä ylhäällä täältä alhaalta sydämeni ei tiedä mitä tehdä. Kun katselin Sinua joka hetki, kun kasvatin Sinua, tunsin kuin olisin kohdannut Taivaan Isän ... Olin aina varovainen suojellen jokaista hiusta päässäsi ... kun katselin Sinun kasvavan, olin aina huolissani sydämessäni, ettei Sinulle sattuisi vahinkoa, ettei Häntä millään lailla häpäistäisi ... mutta nyt, kun minun on todistettava tätä viheliäistä kärsimystä, mitä minä teen, Herra? Mitä minä teen? Minun sydänraukkani ei lohdutuksesta huoli ..."

Tuntien Marian sydämen hyvin Jeesus pyysi Johannesta palvelemaan häntä kuin omaa äitiänsä. Tämä opettaa meille, että uskossa kaikki ovat siskoja ja veljiä, yhtä perhettä. Matt. 12:48-50:ssä kuvataan: *"Mutta hän vastasi ja sanoi sille, joka sen hänelle ilmoitti: 'Kuka on minun äitini ja ketkä ovat minun veljeni?' Ja hän ojensi kätensä opetuslastensa puoleen ja sanoi: 'Katso, äitini ja veljeni! Sillä jokainen, joka tekee minun taivaallisen Isäni tahdon, on minun veljeni ja sisareni ja äitini"* opettaen meille hengellisestä perheestä.

Tästä hetkestä lähtien Johannes palveli Mariaa kuin omaa äitiään ja vei hänet kotiinsa. Kuunnellessaan Marian puhuvan tavasta, jolla Jeesus kasvoi, hän saavutti suuremman varmuuden, että Hän oli totisesti Kristus, ja pystyi siksi ottamaan vastaan kutsumuksensa koko sydämestään.

### Jeesus kuolee ristillä

"Sen jälkeen, kun Jeesus tiesi, että kaikki jo oli täytetty, sanoi hän, että kirjoitus kävisi toteen: 'Minun on jano.' Siinä oli astia, hapanviiniä täynnä; niin he täyttivät sillä hapanviinillä sienen ja panivat sen isoppikorren päähän ja ojensivat sen hänen suunsa eteen. Kun nyt Jeesus oli ottanut hapanviinin, sanoi hän: 'Se on täytetty', ja kallisti päänsä ja antoi henkensä." (19:28-30)

Jeesus tiesi, ettei Hänellä ollut enää paljon elinaikaa. Ja

mitä lähemmäksi kuolemaansa Hän tuli, sitä enemmän Hänen sydämensä oli ahdistunut kaikkien sielujen puolesta. "Minun on jano."

Koska Hän oli vuotanut verta pitkään kuuman auringon alla, tottakai Hänellä oli jano. Mutta kun Jeesus sanoi: "Minun on jano", se ei ollut pelkästään siksi, että Hän tunsi fyysistä janoa. Se oli myös ilmaus siitä, että Hänen sydämensä janosi kaikkien synnin takia kuolevien sielujen pelastusta.

Ihmiset, jotka eivät ymmärtäneet Jeesuksen sanan takana olevaa hengellistä merkitystä, laittoivat hapanviiniä täynnä olevan sienen isoppikorren päähän ja laittoivat sen Hänen suuhunsa. Psalmin 69:22 ennustus, joka sanoo: *"Koiruohoa he antoivat minun syödäkseni ja juottivat minulle janooni hapanviiniä"*, täyttyi. Hengellisesti viini on veren vertauskuva. Jeesuksen hapanviinin juominen on vertauskuva siitä, että Hän täytti Vanhan testamentin lain rakkaudella ja että Hän otti päällensä koko ihmiskunnan synnit ja kiroukset. Vanhan testamentin aikaan, ennen kuin Jeesus tuli maailmaan, joka kerta, kun ihminen teki syntiä, hänen piti tappaa eläin ja uhrata se uhrina.

Meidän ei kuitenkaan tarvitse enää tappaa ja uhrata eläimiä, koska Jeesus naulittiin ristille, vuodatti verensä meidän puolestamme ja antoi ikuisen uhrin (Hepr. 10:10). Meidän tarvitsee pelkästään ottaa Jeesus Kristus vastaan uskossa ja saada syntimme anteeksi. Hapanviini edustaa Vanhan testamentin lakia, ja uusi viini edustaa pelastuksen armoa Jeesuksen Kristuksen kautta. Joten antaakseen meille tätä uutta viiniä Jeesus oli itse ottanut tämän hapanviinin meidän tilallamme.

Jeesus oli janoinen, koska Hän vuodatti verensä. Hän tunsi janoa, koska Hän oli vuodattanut pyhän verensä pelastaakseen meidät. Joten sammuttaaksemme Herramme janon meidän täytyy löytää Hänen verensä todellinen arvo. Meidän täytyy johtaa kaikki ihmiset (joiden elämän Jeesus osti ja maksoi verellään) pelastuksen tielle. Juotuaan hapanviinin Jeesus tunnusti: "Se on täytetty!" Tämä tarkoittaa, että Hän tuhosi synnin muurin Jumalan ja ihmisen välillä ja että Hän täytti pelastuksen tien. Täytettyään tehtävänsä täysin Jeesus huusi: *"Isä, sinun käsiisi minä annan henkeni"* (Luuk. 23:46).

Tämän sanottuaan Hän kallisti päänsä ja hengitti viimeisen kerran. Tämä ilmaistiin Raamatussa: "Hän antoi henkensä." Tämä merkitsee, että Vapahtajana, joka täytti pelastustien, Jeesus palaisi kunniakkaaseen asemaansa.

Neljä evankeliumia tallentavat kaikki sanat, jotka Jeesus sanoi ristillä, kunnes Hän kuoli. Näitä sanoja kutsutaan nimellä Viimeiset seitsemän sanaa ristillä ja jokainen näistä sanoista sisältää syviä, hengellisiä merkityksiä. Ristin juurella opetuslapset ja naiset, jotka saattoivat vain seurata sivusta Jeesuksen kuollessa, itkivät ja surivat katkerasti. Yksi heistä oli Maria Magdaleena, joka itki ja lohdutti neitsyt Mariaa.

"Herra, joka on kalliimpi minulle kuin oma elämäni...
Herra, joka antoi minulle uuden elämän ja ohjasi minua tähän asti...
Olin aivan kuin kuollut eikä minulla ollut elämää.
Mutta kohtasin sinut ja sain uuden elämän.
Sinä vapautit minut kärsimyksestäni
ja johdatit minut elämään tosi ihmisenä.

Herra, kuinka voit olla siellä ylhäällä?
Miten voit olla kärsimässä siellä?
Herra, en voi elää ilman sinua.
Jos vain voisin säästää veren,
jota olet vuodattamassa siellä...
Jos vain voisin ottaa kärsimyksesi itselleni...
Miten voin lohduttaa tuskaasi?
Miten voin jakaa kärsimyksesi?
Herra, miksi Sinä kuolet näin?"

Maria Magdaleena itki katkerasti ristin juurella, koska hän tunsi itsensä niin avuttomaksi, koska kaikki mitä hän pystyi tekemään, oli katsoa Jeesuksen kärsimystä. Vaikka hän oli hauras nainen eikä hänellä ollut voimaa tehdä mitään paitsi vuodattaa kyyneleitään, hänen rakkautensa Jeesukseen oli suurempi kuin kenenkään toisen. Hänen sydämensä tosi rakkaus liikutti Jumalan sydäntä. Siksi hän sai myöhemmin siunauksen olla ensimmäinen ihminen, joka kohtasi Herran Hänen ylösnousemuksensa jälkeen.

# Jeesus haudataan

Kello oli noin 3 iltapäivällä, kun Jeesus kuoli. Sillä hetkellä aurinko menetti valonsa, joten kaikkialla oli pimeys. Maa tärisi ja haudat avautuivat. Pystyi todellakin tuntemaan ahdistuksen ja surun, jota Jumala tunsi ihmiskunnan pahuutta kohtaan. Samaan aikaan kuin Jeesus kuoli, temppelin esirippu repeytyi keskeltä kahtia ylhäältä alas asti (Luuk. 23:44-45).

Temppelin esirippu on verho, joka erottaa pyhäkön ja kaikkeinpyhimmän toisistaan. Koska pyhäkkö on se, missä Jumala on läsnä, tavallinen ihminen ei voinut mennä sinne sisälle. Sen lisäksi kaikkeinpyhin oli paikka, jonne vain ylipappi sai mennä kerran vuodessa. Se, että tämä temppelin esirippu repesi kahtia, on vertauskuva siitä, miten Jeesus tuhosi synnin muurin tulemalla sovitusuhriksi. Siksi jokainen, joka uskoo Jeesukseen Kristukseen nyt, voi mennä temppeliin ja palvoa ja

## :: Jeesuksen viimeinen ateria ja muistokirkko

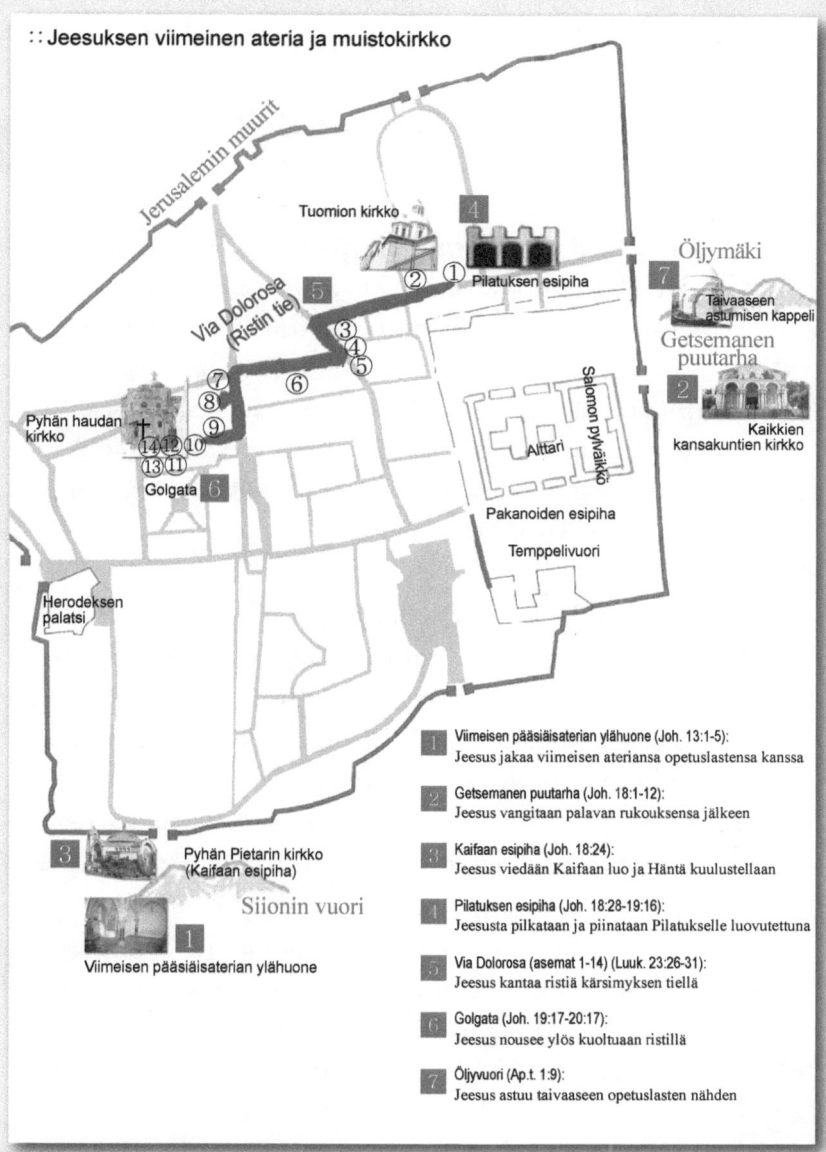

1. Viimeisen pääsiäisaterian ylähuone (Joh. 13:1-5):
   Jeesus jakaa viimeisen ateriansa opetuslastensa kanssa

2. Getsemanen puutarha (Joh. 18:1-12):
   Jeesus vangitaan palavan rukouksensa jälkeen

3. Kaifaan esipiha (Joh. 18:24):
   Jeesus viedään Kaifaan luo ja Häntä kuulustellaan

4. Pilatuksen esipiha (Joh. 18:28-19:16):
   Jeesusta pilkataan ja piinataan Pilatukselle luovutettuna

5. Via Dolorosa (asemat 1-14) (Luuk. 23:26-31):
   Jeesus kantaa ristiä kärsimyksen tiellä

6. Golgata (Joh. 19:17-20:17):
   Jeesus nousee ylös kuoltuaan ristillä

7. Öljyvuori (Ap.t. 1:9):
   Jeesus astuu taivaaseen opetuslasten nähden

Jeesus ristillä | 259

rukoilla myös suoraan Jumalaa (Hepr. 10:19-20)

## Syy, miksi Jeesuksen sääriluita ei rikottu

"Koska silloin oli valmistuspäivä, niin – etteivät ruumiit jäisi ristille sapatiksi, sillä se sapatinpäivä oli suuri – juutalaiset pyysivät Pilatukselta, että ristiinnaulittujen sääriluut rikottaisiin ja ruumiit otettaisiin alas. Niin sotamiehet tulivat ja rikkoivat sääriluut ensin toiselta ja sitten toiselta hänen kanssaan ristiinnaulitulta. Mutta kun he tulivat Jeesuksen luo ja näkivät hänet jo kuolleeksi, eivät he rikkoneet hänen luitaan." (19:31-33)

Päivä, jona Jeesus ristiinnaulittiin, oli valmistuspäivä. Valmistuspäivä oli perjantai, joten se oli päivä, jona valmistauduttiin sapattia varten. Sapatinpäivä oli pyhä päivä, joten kukaan ei voinut tehdä minkäänlaista työtä sinä päivänä. Lain mukaan ei ollut laillista jättää ruumista roikkumaan ristinpuuhun yöksi. Niinpä juutalaiset menivät Pilatuksen luo ja pyysivät häntä rikkomaan ristiinnaulittujen rikollisten sääriluut.

Roomalaisen tavan mukaan rikollisen kuollut ruumis jätettiin ristille varoitukseksi muille ihmisille. Siksi juutalaisten piti saada Pilatukselta lupa ennen kuin tekivät mitään ristiinnaulituille ruumiille. Rikolliset, jotka oli ristiinnaulittu, kuolivat hitaasti, koska he pystyivät hieman tukeutumaan jalkoihinsa vähentääkseen jännitystä käsivarsissaan ja rinnassaan. Jos heidän sääriluunsa kuitenkin rikottiin, heidän verenkiertonsa katkesi heti ja hengitysvaikeuksien ja munuaisongelmien takia he kuolivat nopeammin.

Pilatuksen käskystä sotamiehet rikkoivat sääriluut kahdelta rikolliselta Jeesuksen molemmilla puolilla. Kun he menivät Jeesuksen luo ja näkivät, että Hän oli jo kuollut, he eivät rikkoneet Hänen sääriluitaan. Tällä on myös hengellinen merkitys. Jeesus kuoli ristillä osana Jumalan kaitselmusta, ei siksi, että Hän oli tehnyt syntiä. Siksi Hänen sääriluitaan ei voitu rikkoa kuten rikollisten.

Kuten on kirjoitettu Ps. 34:21:ssä: *"Hän varjelee kaikki hänen luunsa; ei yksikään niistä murru"*, Jumala varmisti, että Hänen luitaan ei rikottu. Tästä samasta syystä Jumala käski israelilaisia syömään lampaan rikkomatta sen luita (2. Moos. 12:46, 4. Moos. 9:12). Lammas on vertauskuva Jeesuksesta, joka oli tahraton ja virheetön.

### Syy, miksi Jeesuksen kylki puhkaistiin ja Hänen oli vuodatettava kaikki verensä ja vetensä

*"Vaan yksi sotamiehistä puhkaisi keihäällä hänen kylkensä, ja heti vuoti siitä verta ja vettä. Ja joka sen näki, on sen todistanut, ja hänen todistuksensa on tosi, ja hän tietää totta puhuvansa, että tekin uskoisitte. Sillä tämä tapahtui, että kirjoitus kävisi toteen: 'Älköön häneltä luuta rikottako.' Ja vielä sanoo toinen kirjoitus: 'He luovat katseensa häneen, jonka he ovat lävistäneet.'"* (19:34-37)

Jopa varmistettuaan, että Jeesus oli jo kuollut, yksi sotamiehistä otti keihään ja puhkaisi Hänen kylkensä. Vaikka hän olisi tehnyt tämän vain tarkastaakseen, oliko Jeesus todella kuollut, voimme nähdä tässä ihmisluonnon pahuuden. Kyljestä, joka puhkaistiin terävällä keihäällä, vuoti vuolas virta vettä ja verta. Tämä oli todiste siitä, että Jeesus tuli ihmismuodossa.

Vaikka Häntä ei ollut siitetty ihmisen verilinjasta, Hän tuli tähän maailmaan täysin ihmismuodossa, luomisen muodossa. Ja viimeiseen hengenvetoonsa asti Hän täytti tehtävänsä täysin. Vaikka Hän on alkuperältään yhtä Jumalan kanssa, Hän tuli tähän maailmaan ihmisruumiissa ja vahvisti rakkautensa meihin oman ruumiinsa kaiken veren ja veden vuodattamiseen asti.

Jeesuksen kaiken veren ja veden vuodattamisessa on vielä toinenkin hengellinen merkitys. Veri on elämän vertauskuva (3. Moos. 17:14) ja vesi on Jumalan sanan vertauskuva. Siksi Jeesuksen veren ja veden vuodattaminen symboloi sitä, kuinka Hän lunasti koko ihmiskunnan elämällään ja Jumalan sanalla pyyhkien pois synnin muurin Jumalan ja ihmisen väliltä. Ja tämän uhrin takia meitä ei ole vapautettu vain synnistä, vaan kaikista kirouksista, jotka tulevat synnistä kuten sairauksista, koetuksista ja ahdistuksista.

Lihan silmin näyttää kuin kauhea ja hirvittävä asia olisi tapahtunut nuorelle miehelle nimeltään Jeesus, joka ristiinnaulittiin ja jonka kylki lävistettiin keihäällä. Hengellisin silmin tämä oli kuitenkin tapahtuma, joka kantoi Jumalan rakkauden täydellistä hedelmää. Raamatun sanat ovat totta ja ne ovat totuus. Koko Raamattu on Jumalan inspiroima (2. Tim. 3:16). Siksi kaikki Vanhan ja Uuden testamentin sanat muodostavat yhdessä täydellisesti säeparin ja kaikki ennustukset on joko jo täytetty tai tulevat täyttymään (Jes. 34:16). Jakeessa 37 on kirjoitettu: "Ja vielä sanoo toinen kirjoitus: 'He luovat katseensa häneen, jonka he ovat lävistäneet.'" Ilm. 1:7:ssä on tallennettu: *"Katso, hän tulee pilvissä ja kaikki silmät saavat nähdä hänet, niidenkin, jotka hänet lävistivät, ja kaikki maan sukukunnat vaikeroitsevat hänen tullessansa. Totisesti, amen."* "He luovat katseensa häneen, jonka he ovat lävistäneet" tarkoittaa lisäksi sitä, että he näkevät ylösnousseen Herran vielä kerran ja myös sitä, että Herra palaa viimeisenä päivänä. Siksi pelastuksen suunnitelma ja kaitselmus Jeesuksen Kristuksen kautta ei ole täydellinen vain ajoituksessaan, vaan se on myös kokoonpantu mutkikkaasti ja täydellisesti.

### Joosef arimatialainen, joka valmisti haudan Jeesukselle

> "Mutta sen jälkeen Joosef, arimatialainen, joka oli Jeesuksen opetuslapsi, vaikka salaa, juutalaisten pelosta, pyysi Pilatukselta saada ottaa Jeesuksen ruumiin; ja Pilatus myöntyi siihen. Niin hän tuli ja otti Jeesuksen ruumiin." (19:38)

Heti kun Jeesus oli tuomittu ristiinnaulittavaksi, ei vain opetuslapset, vaan suurin osa niistä, jotka seurasivat Häntä, piiloutuivat peloissaan. Suojellakseen rakkaan Poikansa ruumista, Jumala siksi inspiroi miehen, joka oli kokenut Hänen armonsa, valmistelemaan Hänen hautauksensa. Hän laittoi ensin Joosef arimatialaisen valmistelemaan haudan, jonne laittaa

Jeesuksen ruumis. Raamattu kutsui häntä rikkaaksi mieheksi (Matt. 27:57), arvossapidetyksi neuvoston jäseneksi, joka odotti Jumalan valtakuntaa (Mark. 15:43) Hän oli myös hyvä ja hurskas mies, joka ei ollut suostunut Sanhedrinin salaliittoon vangita ja tappaa Jeesus (Luuk. 23:50-51).

Sanhedrinin jäsenen ei ollut helppo avoimesti sanoa, että hän oli Jeesuksen opetuslapsi. Juutalaiset olivat jo päättäneet erottaa synagoogasta jokaisen, joka tunnustaa, että Jeesus oli Kristus (Joh. 9:22). Siksi, kuten kirjoitus sanoi: "Joosef, arimatialainen, joka oli Jeesuksen opetuslapsi, vaikka salaa", Joosef ei avoimesti tuonut esiin sitä, että hän oli opetuslapsi. Voimme nähdä kuinka vihamielinen ilmapiirin on täytynyt olla tuolloin kenelle tahansa, joka uskoi Jeesukseen Vapahtajana.

Vaikka Joosef arimatialainen salasi sen, että hän oli Jeesuksen opetuslapsi, hän ei voinut vain olla välittämättä Jeesuksen kuolemasta. Siksi hän tarjoutui hoitamaan Hänen hautaamisensa. Niinpä hän meni vaivihkaa Pilatuksen luo ja pyysi Jeesuksen ruumista (Matt. 15:43). Pilatus, joka oli yhä erittäin hämillään Jeesuksen kuolemasta, antoi Joosefille luvan helposti.

### Nikodeemus, joka valmisti yrtit hautausta varten

"Tuli myös Nikodeemus, joka ensi kerran oli yöllä tullut Jeesuksen tykö, ja toi mirhan ja aloen seosta noin sata naulaa. Niin he ottivat Jeesuksen ruumiin ja käärivät sen hyvänhajuisten yrttien kanssa käärinliinoihin niinkuin juutalaisilla on tapana haudata. Ja sillä paikalla, missä hänet ristiinnaulittiin, oli puutarha, ja puutarhassa uusi hauta, johon ei vielä oltu ketään pantu. Siihen he nyt panivat Jeesuksen, koska oli juutalaisten valmistuspäivä ja se hauta oli lähellä." (19:39-42)

Joosef arimatialaisen lisäksi oli toinen mies, joka valmisteli Jeesuksen hautausta varten. Se oli Nikodeemus, juutalaisten suuren neuvoston jäsen. Hän tuli ensimmäisen kerran Jeesuksen luo aikaisin ja kuuli Jeesuksen puhuvan uudelleen syntymisestä, jonka jälkeen hän tunnusti, että Jeesus oli Jumalan mies ja myöhemmin puolusti Häntä (Joh. 3:7). Hän toi mirhan ja aloen seosta noin sata naulaa ja kääri Jeesuksen ruumiin käärinliinoihin ja yrtteihin. Ruumiin kääriminen käärinliinoihin ja yrtteihin ja ruumiin laittaminen luolahautaan oli juutalainen hautaustapa.

Se määrä yrttejä, jonka Nikodeemus toi, oli kuninkaallisiin hautauksiin käytettyä vastaava. Hän uskoi sydämensä pohjasta, että Jeesus oli arvokkaampi kuin yksikään tämän maailman kuningas. Hauta, jota ei oltu koskaan ennen käytetty, oli lähellä ristiinnaulitsemispaikkaa. Voimme nähdä Jumalan rakkauden ja huolenpidon myöskin tässä. Valmistaen etukäteen ihmisiä, jotka olivat saaneet Jumalan armon, Jumala varmisti, että Jeesuksen hautaus oli valmisteltu ja tehty täydellisesti ja hyvin.

Meidän täytyy katsoa itseämme ja nähdä, voisimmeko mekin tehdä mitä Joosef arimatialainen ja Nikodeemus tekivät. Joosef arimatialainen ja Nikodeemus olivat neuvoston jäseniä, siksi heidän olisi asemansa takia ollut hyvin vaikea tehdä avoimesti se, mitä he tekivät. Jos he olisivat ajatelleet negatiivisia seurauksia, joita he kohtaisivat, he eivät olisi voineet tehdä mitään pelon takia. Jeesukselta saamansa armon takia ja koska he rakastivat Häntä, he kuitenkin pystyivät olemaan rohkeita. Palvellessaan Jumalaa ja Herraa he eivät etsineet omaa etuaan tai ottaneet mukaan lihallisia ajatuksiaan. Sen sijaan he toimivat vain tosi uskosta ja rakkaudesta.

*Luku* 20

# Jeesus, joka nousi ylös

1. Ihmiset, jotka tulivat katsomaan tyhjää hautaa
(20:1-10)

2. Ihmiset, jotka tapasivat ylösnousseen Herran
(20:11-23)

3. "Sentähden, että minut näit, sinä uskot"
(20:24-31)

# Ihmiset, jotka tulivat katsomaan tyhjää hautaa

Neljä evankeliumia tallentavat Jeesuksen toiminnan, mutta jokaisella evankeliumilla on ainutlaatuiset piirteensä. Ainoa vähäinen ero tulee Pyhän Hengen inspiroimien kirjoittajien erilaisista näkökulmista. Tätä seikkaa lukuunottamatta kaikki evankeliumeissa tallennetut tiedot ovat ehdoton totuus. Apostoli Johannes, joka kirjoitti Johanneksen evankeliumin, kirjoitti esimerkiksi ylösnousemuksesta Maria Magdaleena keskipisteenä. Tämä johtui siitä, että hän tiesi oikein hyvin, kuinka paljon Maria Magdaleena rakasti Herraa ja kuinka paljon Herra rakasti häntä.

Matteuksen evankeliumissa on kirjoitettu, että "Maria Magdaleena ja se toinen Maria" tulivat katsomaan hautaa (Matt. 28:1) ja Luukkaan evankeliumi kutsuu heitä pelkästään "naisiksi" (Luuk. 23:55). Niinpä kun laitamme kaikki nämä tallennukset yhteen, saamme selvemmän kuvan siitä, mitä tapahtui.

## Maria Magdaleena oli ensimmäinen, joka löysi tyhjän haudan

"Mutta viikon ensimmäisenä päivänä Maria Magdaleena meni varhain, kun vielä oli pimeä, haudalle ja näki kiven otetuksi pois haudan suulta. Niin hän riensi pois ja tuli Simon Pietarin luo ja sen toisen opetuslapsen luo, joka oli Jeesukselle rakas, ja sanoi heille: 'Ovat ottaneet Herran pois haudasta, emmekä tiedä, mihin ovat hänet panneet.'" (20:1-2)

Ihmiset, jotka uskoivat Jeesukseen ja seurasivat Häntä, traumatisoituivat suuresti, kun Jeesus ristiinnaulittiin, joten he eivät voineet olla tuntematta katkeruutta. Maria Magdaleena, neitsyt Maria ja useat muut naiset olivat sen ristin juurella, jolla Jeesus kuoli. Surun murtamina he eivät voineet jättää ristiä. Niinpä he jäivät ja katsoivat, kun Joosef arimatialainen otti Jeesuksen ruumiin, valmisteli Hänen hautaustaan ja laittoi Hänet hautaan (Luuk. 23:50-55).

Koska seuraava päivä oli sapatti, Joosef arimatialainen, joka oli neuvoston jäsen, päätti ottaa asiat omiin käsiinsä. Kun Nikodeemus tuli yrttien kanssa, nuo kaksi miestä käärivät ruumiin käärinliinoihin ja yrtteihin ja laittoivat Jeesuksen ruumiin uuteen hautaan lähellä. Hautauksen jälkeen Joosef vieritti suuren kiven haudan suulle. Silloin naiset tulivat järkiinsä ja lähtivät kiireesti mennäkseen ostamaan yrttejä ja hajuvoidetta laitettavaksi Jeesuksen ruumiiseen. He kiirehtivät pois, koska pian päivä päättyisi ja sapatinpäivä alkaisi, mikä tarkoitti, etteivät he pystyisi ostamaan tai myymään mitään.

Koska heidän sydämensä olivat täysin keskittyneitä Jeesukseen, joka kuoli, naiset eivät edes tienneet, kuinka he viettivät sapattinsa. Muutamat naiset valmistautuivat nopeasti käymään haudalla aamuhämärässä sapatin jälkeisenä päivänä. Mutta naisia, jotka olivat huolissaan siitä, kuinka he pystyisivät vierittämään ison kiven haudan suulta, odotti uskomaton näky. Kukaan ei tiennyt, kuka vieritti kiven, mutta haudan suu oli jo auki.

Järkytyttyään avatulla haudalla Maria Magdaleena ja naiset lähestyivät nähdäkseen haudan sisälle eivätkä nähneet Jeesuksen ruumista. Sillä hetkellä kaksi kirkkaiden, säteilevien valojen peittämää enkeliä ilmestyi heidän eteensä. *"Miksi te etsitte elävää kuolleitten joukosta? Ei hän ole täällä, hän on noussut ylös"* (Luuk. 24:5-6).

Naiset kuulivat enkeleiltä, että Jeesus oli noussut ylös kuolleista, mutta he olivat niin järkyttyneitä, että he eivät aivan ymmärtäneet, mitä enkelit tarkoittivat. Kerrassaan pelästyneinä säteilevien enkeleiden näkemisestä ja huomattuaan Jeesuksen ruumiin kadonneen haudasta, he juoksivat suoraan alas siitä paikasta puoliksi pyörryksissä. Maria Magdaleena löysi Pietarin ja Johanneksen ja kertoi heille uutiset: "Ovat ottaneet Herran pois haudasta, emmekä tiedä, mihin ovat hänet panneet."

Se, mitä Maria sanoi, oli tarpeeksi järkyttämään sekä Pietaria että Johannesta. Kyllä, Jeesus kyllä kertoi opetuslapsilleen, että Hän kuolisi ja nousisi sitten ylös kolmantena päivänä (Matt. 17:22-23). Todistettuaan todella Jeesuksen kuoleman he kuitenkin traumatisoituivat niin, etteivät pystyneet muistamaan, mitä Jeesus oli sanonut. He todella luulivat jonkun varastaneen Jeesuksen ruumiin.

### Pietari ja Johannes tarkastavat tyhjän haudan

"Niin Pietari ja se toinen opetuslapsi lähtivät ja menivät haudalle. Ja he juoksivat molemmat yhdessä; mutta se toinen opetuslapsi juoksi edellä, nopeammin kuin Pietari, ja saapui ensin haudalle. Ja kun hän kurkisti sisään, näki hän käärinliinat siellä; kuitenkaan hän ei mennyt sisälle. Niin Simon Pietarikin tuli hänen perässään ja meni sisälle hautaan ja näki käärinliinat siellä ja hikiliinan, joka oli ollut hänen päässään, ei pantuna yhteen käärinliinojen kanssa, vaan toiseen paikkaan erikseen kokoonkäärittynä. Silloin toinenkin opetuslapsi, joka ensimmäisenä oli tullut haudalle, meni sisään ja näki ja uskoi." (20:3-8)

Kuultuaan uutiset Maria Magdaleenalta Pietari ja Johannes juoksivat haudalle. Johannes, joka juoksi nopeammin kuin Pietari, saapui ensin haudalle. Hän katsoi sisälle hautaan. Hän ei voinut nähdä ruumista, vaan vain siellä olevat käärinliinat.

Hengästynyt Pietari saapui hieman myöhemmin ja meni suoraan sisään hautaan. Vaikka hän kuinka kovasti katsoi, hän näki vain käärinliinat ja hikiliinan. Outo asia oli, että käärinliinat ja hikiliina eivät olleet samassa paikassa. Hikiliina oli siististi kokoonkäärittynä omassa paikassaan. Johannes meni sisään Pietarin jälkeen ja todisti saman näyn.

Se tosiasia, että hikiliina oli siististi kokoonkäärittynä, todistaa selvästi, että Herra oli noussut ylös. Jos joku olisi itseasiassa varastanut Jeesuksen ruumiin aivan kuten juutalaiset virkamiehet olivat pelänneet, heillä ei olisi ollut mahdollisuutta jättää hautaa niin siistiin kuntoon. He olisivat joko vain ottaneet ruumiin käärinliinojen peittämänä tai jos he olisivat irroittaneet käärinliinat, he olisivat tehneet sen sellaisessa kiireessä, että he olisivat jättäneet hautaan sekasotkun jättäen käärinliinat ympäriinsä. Pietarista ja Johanneksesta haudan sisällä oli kuitenkin melko rauhallista ja siistiä.

**"Sillä he eivät vielä ymmärtäneet Raamattua, että hän oli kuolleista nouseva. Niin opetuslapset menivät takaisin kotiinsa." (20:9-10)**

Ps. 16:10 sanoo: *"Sillä sinä et hylkää minun sieluani tuonelaan etkä anna hurskaasi nähdä kuolemaa."* Opetuslapset eivät tienneet, että tämä oli ennustus Jeesuksen ylösnousemuksesta. He tajusivat tämän vasta kohdattuaan ylösnousseen Herran henkilökohtaisesti. Herran ylösnousemusta ei ole ennustettu vain Vanhassa testamentissa, vaan Jeesus itseasiassa puhui siitä myöskin. Mutta opetuslapset järkyttyivät ja huolestuivat tilanteen perusteella, jonka he näkivät pelkästään fyysisillä silmillään.

Pilatuksen raportti Rooman keisarille antaa

yksityiskohtaisen kuvauksen tästä tapahtumasta.

"Seuraavana päivänä hänen hautaamisensa jälkeen yksi papeista tuli palatsiin ja sanoi, että he olivat hyvin huolissaan, että hänen opetuslapsensa aikoivat varastaa Jeesuksen ruumiin ja piilottaa sen, ja sitten saisivat näyttämään, että Hän oli noussut kuolleista, niin kuin Hän oli ennustanut, ja josta he olivat täysin vakuuttuneita. Lähetin hänet kuninkaallisen kaartin kapteenin (Malkus) luo käskemään häntä ottamaan juutalaisia sotilaita, sijoittamaan niin monta haudan ympärille kuin tarvittiin, sitten jos jotain sattuisi tapahtumaan, he voisivat syyttää itseään eikä roomalaisia.

Kun suurta jännitystä oli syntynyt haudan löydyttyä tyhjänä, tunsin syvempää huolta kuin koskaan. Haetin tämän miehen, Islamin, joka kertoi minulle niin tarkkaan kuin voin muistaa seuraavat seikat. He näkivät pehmeän ja kauniin valon haudan yläpuolella. Hän luuli aluksi, että naiset olivat tulleet voitelemaan Jeesuksen ruumiin, kuten oli heidän tapansa, mutta hän ei voinut ymmärtää, miten he olivat päässeet vartijoiden ohi. Näiden ajatusten mennessä läpi hänen mielessään, katso: koko paikka valaistui, ja siellä tuntui olevan kuolleiden joukkoja hautavaatteissaan.

Kaikki näyttivät huutavan ja olevan täynnä hurmiota samalla, kun kaikkialla ympärillä ja yläpuolella oli kaunein musiikki, jota hän oli koskaan kuullut, ja koko ilma tuntui olevan täynnä Jumalaa kiittäviä ääniä. Koko ajan maa tuntui huojuvan ja uivan niin, että häntä näytti oksettavan ja pyörryttävän eikä hän pystynyt seisomaan jaloillaan. Hän sanoi, että maa näytti uivan hänen altaan, ja hänen aistinsa jättivät hänet, joten hän ei tiennyt, mitä ihan todella tapahtui.

Kysyin häneltä, missä kunnossa hän oli, kun hän tointui. Hän sanoi maanneensa maassa naama alaspäin. Kysyin häneltä, etteikö hänen huimauksensa olisi saattanut tulla herätyksestä ja liian äkkiä nousemisesta, koska sillä on joskus se vaikutus. Hän sanoi, ettei hän ollut nukkunut, koska rangaistus töissä nukkumisesta oli kuolema. Hän sanoi, että muutama sotilas nukkui kerrallaan ja jotkut nukkuivat silloin. Kysyin häneltä, kuinka kauan kohtaus kesti. Hän sanoi, ettei tiedä, mutta luultavasti lähes tunnin. Kysyin häneltä, menikö hän haudalle, kun hän oli tointunut. Hän sanoi, että ei, koska hän pelkäsi, että heti kun vaihto tulisi, he menisivät kortteeriinsa.

Kysyin häneltä, olivatko papit kuulustelleet häntä. Hän sanoi, että kyllä olivat. He halusivat hänen sanovan, että se oli maanjäristys, ja että he nukkuivat, ja he tarjosivat hänelle rahaa, jos hän sanoisi, että opetuslapset tulivat ja varastivat Jeesuksen, mutta hän ei nähnyt yhtään opetuslasta eikä hän tiennyt, että ruumis oli poissa, ennen kuin hänelle kerrottiin."

Herran ylösnousemus ei ole tarina, jonka opetuslapset tai kristityt keksivät. Se oli tosi, historiallinen tapahtuma. Noustuaan ylös Jeesus ei näyttäytynyt vain Maria Magdaleenalle, vaan Pietarille ja useille opetuslapsille ja myöhemmin yhtä aikaa yli viidellesadalla veljelle (1. Kor. 15:6). Ne opetuslapset, jotka todistivat Herran ylösnousemusta, tulivat yhdeksi sydämeltään eivätkä pelänneet kuolemaa. Pelotta he levittivät Jeesuksen Kristuksen ja Hänen ylösnousemuksensa ilosanomaa kaikkialla, minne he menivät. Tämä johtui siitä, että Herran ylösnousemus on itse elämä ja voima.

# Ihmiset, jotka tapasivat ylösnousseen Herran

Maria Magdaleena seurasi Pietaria ja Johannesta takaisin haudalle. Edes noiden kahden miehen palattua kotiinsa Maria ei voinut jättää hautaa pystymättä löytämään mitään johtolankoja siitä, mitä oli tapahtunut. Oli tarpeeksi vaikeaa hyväksyä Jeesuksen kuolema. Mutta nyt, kun Hänen ruumiinsa oli kadonnut, miltä luulet hänestä tuntuneen? Hän oli tullut varhain aamulla laittamaan öljyä Jeesuksen ruumiille, ja nyt, kun Hänen ruumiinsa oli kadonnut, ei ollut mitään tapaa lohduttaa hänen tyhjää ja toivotonta sydäntään. Niinpä hän vain seisoi haudan edessä ulkopuolella itkien ja taas itkien.

"Mutta Maria seisoi haudan edessä ulkopuolella ja itki. Kun hän näin itki, kurkisti hän hautaan ja näki kaksi enkeliä valkeissa vaatteissa istuvan, toisen pääpuolessa ja toisen jalkapuolessa, siinä, missä Jeesuksen ruumis oli maannut. Nämä sanoivat hänelle: 'Vaimo, mitä itket?' Hän sanoi heille: 'Ovat ottaneet pois minun Herrani, enkä tiedä mihin ovat hänet panneet.'" (20:11-13)

Itkettyään jonkin aikaa Maria kurkisti haudan sisälle vielä yhden kerran. Hetken hän epäili silmiään. Kaksi enkeliä valkeissa vaatteissa istui siinä, missä Jeesuksen ruumis oli ollut, yksi pääpuolessa ja yksi jalkapuolessa. Enkelit kysyivät häneltä: "Vaimo, mitä itket?" Sitten hän sanoi: "Ovat ottaneet pois minun Herrani, enkä tiedä mihin ovat hänet panneet."

Tässä voimme nähdä Marian mielentilan. Ainoa toivo, joka hänellä oli tässä pisteessä, oli kunnioittaa Jeesusta laittamalla öljyä Hänen ruumiiseensa. Tämän lisäksi ei ollut mitään muuta, mitä hän olisi voinut tehdä maksaakseen Hänelle takaisin armon, jonka hän oli saanut Häneltä. Kuitenkin jopa tämä toivo oli nyt mennyt. Maria oli niin onneton, ettei pystynyt edes tunnistamaan enkeleitä puhumattakaan siitä, että olisi pystynyt kuvittelemaan, että Jeesus oli noussut ylös.

### Maria Magdaleena kohtaa ylösnousseen Herran

"Tämän sanottuaan hän kääntyi taaksepäin ja näki Jeesuksen siinä seisovan, eikä tiennyt, että se oli Jeesus. Jeesus sanoi hänelle: 'Vaimo, mitä itket? Ketä etsit?' Tämä luuli häntä puutarhuriksi ja sanoi hänelle: 'Herra, jos sinä olet kantanut hänet pois, sano minulle, mihin olet hänet pannut, niin minä otan hänet.' Jeesus sanoi hänelle: 'Maria!' Tämä kääntyi ja sanoi hänelle hebreankielellä: 'Rabbuuni!' se on: opettaja." (20:14-16)

Katsoen nopeasti taakseen Maria näki ylösnousseen Herran, mutta ei tunnistanut Häntä. Sitten Herra sanoi Marialle: "Vaimo, mitä itket? Ketä etsit?" Surun ja murheen murtamana hän luuli Häntä puutarhuriksi ja vastasi: "Herra, jos sinä olet kantanut hänet pois, sano minulle, mihin olet hänet pannut, niin minä otan hänet." Niinpä kun Herra sanoi: "Maria!" vasta silloin Maria tunnisti Hänet. Hän sai kunnian olla ensimmäinen ihminen, joka kohtasi ylösnousseen Herran.

"Jeesus sanoi hänelle: 'Älä minuun koske, sillä en minä ole vielä mennyt ylös Isäni tykö; mutta mene minun veljieni tykö ja sano heille, että minä menen ylös minun Isäni tykö ja teidän Isänne tykö, ja minun Jumalani tykö ja teidän Jumalanne tykö.' Maria Magdaleena meni ja ilmoitti opetuslapsille, että hän oli nähnyt Herran ja että Herra oli hänelle näin sanonut." (20:17-18)

Maria Magdaleena ei vieläkään pystynyt uskomaan, että Herra oli noussut ylös. Miten hän pystyisi ilmaisemaan ilonsa tavattuaan taas kerran Herransa, jota hän rakasti enemmän kuin omaa elämäänsä? Hän ei voinut estää kyyneleitä valumasta poskiaan pitkin. Kun Maria ei pystynyt hallitsemaan iloaan ja yritti lähestyä Jeesusta, Hän esitti yhden pyynnön: "Älä minuun koske, sillä en minä ole vielä mennyt ylös Isäni tykö; mutta mene minun veljieni tykö ja sano heille, että minä menen ylös minun Isäni tykö ja teidän Isänne tykö, ja minun Jumalani tykö ja teidän Jumalanne tykö."

Täytettyään kutsumuksensa Vapahtajana Herran täytyi palata Jumalan luo. Koska Hän oli suorittanut loppuun kaiken, Hänen täytyi mennä Isän luo ja sitten saada kunnia, joka oli Hänelle valmistettu, mikä olikin oikea järjestys. Mutta koska Hän ei ollut vielä mennyt ylös Hänen luokseen, Hän sanoi tämän Marialle ja käski häntä kertomaan toisille opetuslapsille uutisen Hänen ylösnousemuksestaan.

Miksi sitten ylösnoussut Herra kohtasi Marian jopa ennen Isän tapaamista? Siksi, että Marian rakkaus Herraan ja hänen hyvä sydämensä olivat parempia kuin kaikkien muiden. Monet ihmiset kohtasivat Herran, seurasivat Häntä ja rakastivat Häntä, mutta kunkin sisäinen sydän ja toimet olivat erilaiset. Maria Magdaleena ei pelännyt edes oman henkensä menettämistä verrattuna opetuslapsiin, jotka piiloutuivat peloissaan, vaikkakin lyhyen aikaa. Jos hän olisi voinut ottaa ristin Herran sijaan, hän olisi luultavasti tehnyt sen. Niinpä ylösnousseen Herran ensimmäisenä kohtaamisen kunnian saaminen ei ollut pelkkä sattuma.

Apostoli Johannes tallensi tarkalleen, mitä Maria Magdaleena kertoi hänelle kohtaamisestaan ylösnousseen Herran kanssa. Hän ei kuitenkaan kertonut hänelle kaikkia Herran kanssa käydyn keskustelun yksityiskohtia. Asioista, joita Herra pyysi häneltä, hän kertoi vain hyvin tärkeät, jotka opetuslasten tarvitsi tietää.

Herra käski Maria Magdaleenaa kertomaan opetuslapsille, että Hän oli noussut ylös, ja Hän rohkaisi häntä elämään Hänen todistajanaan asetettuun aikaan asti. Ja Hän lupasi, että määräajan kuluttua he voisivat taas kohdata. Maria ei voinut salata intoaan ja kaikkialla, minne hän meni, hän huusi: "Minä näin Herran! Ja tämän Hän kertoi minulle!" Opetuslapset eivät kuitenkaan pystyneet uskomaan koko sydämestään edes silloin.

## Opetuslapset täyttyivät ilolla kohdattuaan ylösnousseen Herran

"Samana päivänä, viikon ensimmäisenä, myöhään illalla, kun opetuslapset olivat koolla lukittujen ovien takana, juutalaisten pelosta, tuli Jeesus ja seisoi heidän keskellään ja sanoi heille: 'Rauha teille!' Ja sen sanottuaan hän näytti heille kätensä ja kylkensä. Niin opetuslapset iloitsivat nähdessään Herran." (20:19-20)

Koska Jeesuksen ruumis oli kadonnut, opetuslapset pelkäsivät, kuinka juutalaiset reagoisivat. Ylipappi ja hänen seuraajajoukkonsa oli pyytänyt Pilatukselta sotilaita vartioimaan Jeesuksen hautaa, koska he olivat huolissaan, että opetuslapset varastaisivat Jeesuksen ruumiin. Ja ruumis katosi; tapahtui siis se, minkä he pelkäsivät tapahtuvan. Tämä oli tilanne, jossa kaikki nuolet osoittaisivat opetuslapsiin.

Illalla opetuslapset, jotka olivat huolissaan tästä tilanteesta, kokoontuivat yhteen. Ja varalta, jos juutalaiset löytäisivät heidät, he sulkivat kaikki ikkunat ja lukitsivat oven tiukasti. Sitten se tapahtui. Ovi oli varmasti lukittu, mutta Herra ilmestyi heidän keskelleen. Opetuslapset luulivat näkevänsä Herran hengen (Luuk. 24:37). Sitten Jeesus puhui opetuslapsille, jotka olivat yhä täynnä pelkoa ja vavistusta.: "Rauha teille!" Ja Hän jatkoi: *"Katsokaa minun käsiäni ja jalkojani ja nähkää, että minä itse tässä olen. Kosketelkaa minua ja katsokaa, sillä ei hengellä ole lihaa eikä luita, niinkuin te näette minulla olevan"* (Luuk. 24:39).

Opetuslapset tulivat takaisin järkiinsä ja lähestyivät Herraa. Nähdessään arvet naulan lävistyksistä Hänen käsissään ja jaloissaan ja arven kyljessä keihäästä opetuslapset tiesivät, että sen täytyi olla Herra. Vasta sitten he vahvistivat, että se oli Herra, ja iloitsivat. On olemassa syy siihen, että Raamattu tallentaa sen seikan, että ovet oli lukittu varmasti. Tämä oli opettaminen meille ylösnousseesta ruumiista tai ruumiin muuntumisesta ylösnousemuksen jälkeen.

1. Kor. 15:51-53:ssa todetaan: *"Katso, minä sanon teille salaisuuden: emme kaikki kuolemaan nuku, mutta kaikki me muutumme, yhtäkkiä, silmänräpäyksessä, viimeisen pasunan soidessa; sillä pasuna soi, ja kuolleet nousevat katoamattomina, ja me muutumme. Sillä tämän katoavaisen pitää pukeutuman katoamattomuuteen, ja tämän kuolevaisen pitää pukeutuman kuolemattomuuteen."*

Silmänräpäyksessä kaikki ihmiset, jotka uskoivat Herraan, muunnetaan ja nostetaan ilmaan Herran toisessa tulemisessa ilmassa. Silloin ruumiimme muuttuvat ylösnousemusruumiiksi, jotka eivät mätäne eivätkä katoa. Ja tällä ruumiilla me juhlimme seitsemänvuotista hääjuhlaa ilmassa ja seitsemän vuoden jälkeen me palaamme maan päälle ja vietämme täällä tuhat vuotta.

Ylösnousemusruumis on tila, jossa henki ja sielu on yhdistetty kuolemattomaan ruumiiseen, joten se on silmin nähtävissä ja käsin kosketeltavissa. Se on kuitenkin kokonaan erilainen kuin nykyinen ruumiimme. Ylösnousemusruumiilla voimme yhä hengittää ja syödä, mutta koska ruumis on kuolematon, meitä ei rajoita tämän maailman tila ja aineet; pystyisimme liikkumaan vapaasti mihin tahansa haluamme mennä ilman rajoitteita. Suljetut ovet tai betoniseinät eivät rajoita meitä.

Ihmisen sukupuolesta tai iästä huolimatta hänen ylösnousemusruumiinsa on 33 vuoden kauniissa iässä, mutta me pystymme tunnistamaan jokaisen henkilön. Vietettyämme tuhat vuotta maan päällä ja valkoisen valtaistuimen tuomion antamisen jälkeen me menemme jokainen meitä varten nimettyyn paikkaan taivaassa ja sitten me muutumme täydellisiksi taivaallisiksi ruumiiksi.

Ylösnousemusruumiin ja täydellisen taivaallisen ruumiin suurin ero on se, että taivaallinen ruumis näyttää tarkalleen, kuinka paljon kunniaa ja taivaallisia palkkioita henkilö sai Jumalalta, ja se näyttää myös, kuinka paljon henkilö oli pyhittynyt elämänsä aikana maan päällä. Tämä johtuu siitä, että valkoisen valtaistuimen tuomion aikana jokainen henkilö saa palkkioita, kunniaa ja valtaa sen mukaan, kuinka hän eli ja toimi täällä maan päällä. Joten vain katsomalla henkilön täydelliseen taivaalliseen ruumiiseen jokainen voi nähdä, kuinka paljon henkilö rakasti Jumalaa ja eli Hänen sanansa mukaan, mihin taivaalliseen asuinpaikkaan he kuuluvat ja kuinka suuria heidän palkkionsa ja kunniansa ovat.

### Herra antoi meille ylösnousemustoivon

"Niin Jeesus sanoi heille jälleen: 'Rauha teille!

Niinkuin Isä on lähettänyt minut, niin lähetän minäkin teidät.' Ja tämän sanottuaan hän puhalsi heidän päällensä ja sanoi heille: 'Ottakaa Pyhä Henki. Joiden synnit te anteeksi annatte, niille ne ovat anteeksi annetut; joiden synnit te pidätätte, niille ne ovat pidätetyt.'" (20:21-23)

Hän kylvi opetuslapsiin ylösnousemustoivon ilmestymällä heille ylösnousemusruumiissaan. Hän myös sanoi heille: "Ottakaa Pyhä Henki" ja antoi heille suuren voiman ja vallan. Ja tuo voima oli voima antaa synnit anteeksi: "Joiden synnit te anteeksi annatte, niille ne ovat anteeksi annetut; joiden synnit te pidätätte, niille ne ovat pidätetyt."

Pelastaakseen ihmiskunnan synnistä Jeesus roikkui ristillä ja vuodatti siellä pyhän verensä. Koska Hän koki kuoleman ilman yhtään syntiä, Hän tuhosi kuoleman vallan, nousi ylös ja tuli Vapahtajaksi. Niin ihmiset, jotka tulevat yhdeksi tämän Herran kanssa uskossa, siirtyvät kuolemasta elämään. Herra avasi pelastustien meille täysin. Siksi Herralla on voima ja valta antaa synnit anteeksi. Herran opetuslapsilla on kuitenkin myös voima ja valta antaa synnit anteeksi Jeesuksen Kristuksen nimessä

Tähän liittyy ehto. 1. Joh. 1:7 sanoo: *"Mutta jos me valkeudessa vaellamme, niinkuin hän on valkeudessa, niin meillä on yhteys keskenämme, ja Jeesuksen Kristuksen, hänen Poikansa, veri puhdistaa meidät kaikesta synnistä."* Jotta Jeesuksen veri puhdistaisi meidät synnistämme, meidän täytyy vaeltaa Valkeudessa, mikä tarkoittaa, että meidän tarvitsee elää Jumalan sanan mukaan.

# "Sentähden, että minut näit, sinä uskot"

Kohdattuaan ylösnousseen Herran monet Jeesuksen seuraajat alkoivat elää uutta elämää. Pelko, joka heillä kerran oli, katosi, ja heidät täytetään ylösnousemustoivolla. Opetuslapset ja naiset, jotka seurasivat Jeesusta, eivät voineet salata kiihtymystään ja puhuivat Herrasta minne tahansa he menivät. Valitettavasti oli yksi henkilö, joka ei ollut vielä tavannut ylösnnoussutta Herraa. Ja tämä henkilö oli Tuomas, jota sanottiin Didymukseksi.

## Tuomas epäilee Herran ylösnousemusta

"Mutta Tuomas, jota sanottiin Didymukseksi, yksi niistä kahdestatoista, ei ollut heidän kanssansa, kun

Jeesus tuli. Niin muut opetuslapset sanoivat hänelle: 'Me näimme Herran.' Mutta hän sanoi heille: 'Ellen näe hänen käsissään naulojen jälkiä ja pistä sormiani naulojen sijoihin ja pistä kättäni hänen kylkeensä, en minä usko.'" (20:24-25)

Eräänä päivänä Tuomas kohtasi opetuslapset ja kuuli heidän kiihtymyksensä sanoissa: "Me näimme Herran."

Vaikka ne, jotka olivat kohdanneet ylösnousseen Herran, jakoivat innokkaasti mitä he olivat nähneet, Tuomas ei vain voinut uskoa. Hän ennemminkin puhui kovalla äänellä: "Ellen näe hänen käsissään naulojen jälkiä ja pistä sormiani naulojen sijoihin ja pistä kättäni hänen kylkeensä, en minä usko."

Vaikkakin Tuomas näki Jeesuksen toimet ja Hän opetti häntä suoraan, hän hyväksyi opetukset vain pään tiedollaan. Hänellä ei ollut hengellistä uskoa. Hän ei olisi muutoin näyttänyt sellaista uskon puutetta niin rohkealla tavalla. Vaikkei hän olisi voinut todella uskoa muiden ihmisten sanoja, hän olisi luultavasti ainakin ilmaissut joitakin positiivisia sanoja toivoen, että se mitä he sanoivat, oli totta. Kun yrittää tällä tavalla ymmärtää hengellistä maailmaa lihallisin ajatuksin, on vain luonnollista, että on rajansa sillä, mitä voi hahmottaa, ja väärinkäsityksiä syntyy pakosti.

### Tuomaan katumus ja tunnustus

"Ja kahdeksan päivän perästä hänen opetuslapsensa taas olivat huoneessa. Ja Tuomas oli heidän kanssansa.

Niin Jeesus tuli, ovien ollessa lukittuina, ja seisoi heidän keskellään ja sanoi: 'Rauha teille!' Sitten hän sanoi Tuomaalle: 'Ojenna sormesi tänne ja katso minun käsiäni, ja ojenna kätesi ja pistä se minun kylkeeni, äläkä ole epäuskoinen, vaan uskovainen.' Tuomas vastasi ja sanoi hänelle: 'Minun Herrani ja minun Jumalani!' Jeesus sanoi hänelle: 'Sentähden, että minut näit, sinä uskot. Autuaat ne, jotka eivät näe ja kuitenkin uskovat!'" (20:26-29)

Kului kahdeksan päivää. Opetuslapset olivat taas kerran kerääntyneet yhteen paikkaan. Tällä kertaa Tuomas oli heidän kanssaan. Tällä kerralla Tuomas ei voinut uskoa silmiään. Vaikka ovi oli tiukasti suljettu, Herra ilmestyi. Oli aivan niin kuin muut opetuslapset olivat hänelle kertoneet muutamaa päivää aiemmin. "Rauha teille!"

Herra antoi Tuomaalle, jolla oli niin paljon epäilyksiä, tilaisuuden uskoa. "Ojenna sormesi tänne ja katso minun käsiäni, ja ojenna kätesi ja pistä se minun kylkeeni, äläkä ole epäuskoinen, vaan uskovainen."

Tässä voimme tuntea taas kerran Herran rakkauden. Ei väliä, kuinka paljon henkilö epäilee eikä usko lihallisten ajatustensa takia, Hän ei luovuta hänestä. Hän tekee mitä tahansa auttaakseen häntä saamaan tosi uskon. Tämä on Herran sydän ja Jumalan sydän. Siksi Tuomas heitti täysin pois menneisyyden lihalliset ajatuksensa ja tunnusti Herran edessä: "Minun Herrani ja minun Jumalani!"

Herra rohkaisi häntä saamaan suuremman uskon: "Sentähden, että minut näit, sinä uskot. Autuaat ne, jotka eivät näe ja kuitenkin uskovat!"

Kuten muista opetuslapsista, Tuomaasta tuli lopulta uusi ihminen ja Hän eli muuttunutta elämää. Tosi uskolla hän otti uskollisesti vastaan kutsumuksen apostolina. Pelkäämättä edes kuolemaa hän meni levittämään evankeliumia Intiaan, jossa hän myöhemmin kuoli marttyyrinä.

Mitähän Herra nyt sitten tarkoitti, kun Hän sanoi: "Autuaat ne, jotka eivät näe, mutta kuitenkin uskovat"? On kulunut noin 2000 vuotta siitä, kun Herra nousi ylös ja astui taivaaseen. Verrattuna ihmisten lukumäärään, jotka todistivat ylösnousemuksen, onhan lukematon määrä enemmän ihmisiä, jotka eivät ole todistaneet ylösnousemusta. On hyvin paljon ihmisiä, jotka elävät katsoen ylös taivaaseen ylösnousemuksen toivossa siitä huolimatta, etteivät he todistaneet ylösnousemusta omakohtaisesti!

Apostoli Paavali oli myös yksi niistä, jotka eivät todistaneet Herran ylösnousemusta omin silmin, ja silti kohdattuaan Herran hän eli evankeliumille ja palveli koko elämällään. Nämä ovat sellaisia ihmisiä, joista Herra puhui, kun Hän sanoi, että he olivat siunattuja, vaikka eivät nähneet.

### Johanneksen evankeliumin tallentamisen tarkoitus

"Paljon muitakin tunnustekoja, joita ei ole kirjoitettu tähän kirjaan, Jeesus teki opetuslastensa nähden; mutta nämä ovat kirjoitetut, että te uskoisitte, että Jeesus on Kristus, Jumalan Poika, ja että teillä uskon kautta olisi elämä hänen nimessänsä." (20:30-31)

Koska Jumala tuntee ihmisten sydämet ja ajatukset erittäin hyvin, Hän laittoi ihmisensä tallentamaan Raamattuun ne tapahtumat, jotka voivat rakentaa ihmisten hengellistä elämää. Jos Raamattu olisi kirjannut jokaisen yksityiskohdan siitä, mitä Jeesus teki, rajoittuneen inhimillisen ajattelutavan takia sen sijaan, että saisivat lisää uskoa, ihmiset rakentaisivat enemmän esteitä itselleen ja pikemminkin pysyttelisivät kaukana Raamatusta.

Jopa epäuskoisten joukossa on nykyään niitä, jotka ajattelevat Raamatun olevan vain eräänlainen myytti tai kirja keksittyjä tarinoita. Mutta jos Raamattuun olisi tallennettu jopa enemmän ihmekertomuksia, mitä tapahtuisi? Niinpä ihmisen sydämen tuntien Jumala laittoi ihmisensä tallentamaan Raamattuun vain perustapahtumat, jotka näyttävät Jeesuksen jumalallisen luonnon ja ihmisluonnon. Hän varmisti, että ihmiset voisivat ensin uskoa sen, että Jeesus on Jumalan Poika ja että Hän on Kristus.

Kun ihminen saa Pyhän Hengen, hän voi kuitenkin ymmärtää näitä asioita pidemmälle ja tutkia hengellistä maailmaa syvemmin. Hän voi jopa tulla ymmärtämään hengellisen maailman syvempiä asioita, joita ei ole tallennettu Raamattuun. Suuremmalla yhteydellä Pyhän Hengen kanssa, joka ymmärtää jopa Jumalan sydämen syvyydet, voi kuulla Hänen äänensä ja saada suurenmoisia opetuksia Häneltä. Siksi Herra käski yhä uudelleen ja uudelleen opetuslapsiaan ottamaan vastaan Pyhän Hengen.

*Luku* 21

# Herran rakkaus opetuslapsiinsa

1. Herra ilmestyy Gennesaretin järvellä
   (21:1-14)

2. "Rakastatko sinä minua?"
   (21:15-25)

# Herra ilmestyy Gennesaretin järvellä

Opetuslapset, jotka piileskelivät Jerusalemissa välttääkseen juutalaisia, saivat uutta voimaa kohdattuaan ylösnousseen Herran. Koska Herra kertoi heille menevänsä Galileaan (Mark. 16:7), he lähtivät nopeasti Galileaan, Tiberiaan alueelle. Koska monet opetuslapsista olivat kalastajia siltä alueelta, Galilea oli tuttu paikka, joka antoi heille lohdutusta.

"Sen jälkeen Jeesus taas ilmestyi opetuslapsilleen Tiberiaan järven rannalla; ja hän ilmestyi näin: Simon Pietari ja Tuomas, jota sanottiin Didymukseksi, ja Natanael, joka oli Galilean Kaanasta, ja Sebedeuksen pojat sekä kaksi muuta hänen opetuslapsistaan olivat yhdessä. Simon Pietari sanoi heille: 'Minä menen kalaan.' He sanoivat hänelle: 'Me lähdemme myös

sinun kanssasi.' Niin he lähtivät ja astuivat venheeseen;
mutta eivät sinä yönä saaneet mitään." (21:1-3)

Opetuslapset saapuivat Galileaan ja etsivät Herraa, mutta eivät löytäneet Häntä. He olivat kahdesti tavanneet ylösnousseen Herran Jerusalemissa, mutta eivät olleet siihen mennessä saaneet mitään erityiskutsumusta. Koska opetuslapset eivät tienneet tarkalleen minkälaista työtä heidän tarvitsi nyt tehdä, Pietari sanoi menevänsä kalaan. Tuomas, Natanael, Jaakob, Johannes ja kaksi muuta opetuslasta seurasivat häntä.

Opetuslapset viettivät koko yön veneessä eivätkä siltikään saaneet mitään. Pietari oli työskennellyt kalastajana pitkän aikaa ennen kutsuaan opetuslapseksi, joten hän oli ammattitaitoinen kalastaja. Ja Sebedeuksen pojat, Jaakob ja Johannes, olivat koko elämänsä auttaneet isäänsä veneessä, joten he luonnostaan tiesivät tarkalleen, milloin kalaa sai ja missä sitä sai parhaiten. Mutta kumma kyllä sinä yönä he eivät saaneet yhtään kalaa. Heidän tietonsa ja kokemuksensa olivat turhia.

## "Heittäkää verkko oikealle puolelle"

"Ja kun jo oli aamu, seisoi Jeesus rannalla. Opetuslapset eivät kuitenkaan tienneet, että se oli Jeesus. Niin Jeesus sanoi heille: 'Lapset, onko teillä mitään syötävää?' He vastasivat hänelle: 'Ei ole.' Hän sanoi heille: 'Heittäkää verkko oikealle puolelle venhettä, niin saatte.' He heittivät verkon, mutta eivät jaksaneet vetää sitä ylös kalojen paljouden tähden." (21:4-6)

Taivas kirkastui melko pian. Opetuslapset, jotka olivat viettäneet yön järvellä tuulta vastaan kamppaillen, olivat hyvin väsyneitä. Juuri silloin Herra ilmestyi heidän eteensä kolmannen kerran. Vaikka Hän seisoi rannalla, opetuslapset eivät tunnistaneet Häntä. Niin Hän huusi heille ja kysyi: "Lapset, onko teillä mitään syötävää?" "Ei ole", he vastasivat. Tunnistamatta Herran ääntä opetuslapset huusivat yksinkertaisen vastauksen.

"Heittäkää verkko oikealle puolelle venhettä, niin saatte." Vaikka opetuslapset eivät tunnistaneet Jeesuksen ääntä, he tottelivat helposti. Sitten odottamaton tapahtui. Vaikka he eivät olleet saaneet yhtään kalaa koko yönä, tällä kertaa kaloja oli niin paljon, että heiltä puuttui voimaa vetää kalat ylös veneeseen!

Mitä tahansa teemmekin, aivan samoin ei meidänkään pidä olla riippuvaisia omasta voimastamme ja viisaudestamme, vaan meidän pitää saada voimaa noudattamalla Herran sanoja. Ja kuten Jeesus kutsui Pietarin sanomalla: "Minä teen sinusta ihmisten kalastajan", mitä tulee sielujen pelastamistyöhön, tämä on erityisen totta. Ei väliä kuinka paljon tietoa ja viisautta ihmisellä onkaan, lihan tiedolla ja viisaudella on rajoituksensa.

Kun kyseessä on sielujen kalastaminen, meidän tarvitsee lisäksi heittää pois halu tehdä asioita omalla tiedollamme ja voimallamme. Meillä täytyy olla nöyrä asenne luottaaksemme ainoastaan Herraan, ja meidän tarvitsee pyytää Isä Jumalalta Hänen armoaan ja voimaansa.

### Pietari ja opetuslapset kohtaavat Jeesuksen

"Silloin se opetuslapsi, jota Jeesus rakasti, sanoi

Pietarille: 'Se on Herra.' Kun Simon Pietari kuuli, että se oli Herra, vyötti hän vaippansa ympärilleen, sillä hän oli ilman vaatteita, ja heittäytyi järveen. Mutta muut opetuslapset tulivat venheellä ja vetivät perässään verkkoa kaloineen, sillä he eivät olleet maasta kauempana kuin noin kahdensadan kyynärän päässä. Kun he astuivat maalle, näkivät he siellä hiilloksen ja kalan pantuna sen päälle, sekä leipää." (21:7-9)

Kaikkien käyttäessä koko voimansa täynnä kaloja olevan verkon vetämiseen Johannes, joka oli opetuslapsi, jota Jeesus rakasti, tunnisti Herran ensin ja sanoi Pietarille: "Se on Herra!"

Heti kun Pietari kuuli, mitä Johannes sanoi, hän vyötti vaippansa ja hyppäsi järveen. Tämä johtui osaksi hänen nopeasta spontaaniudestaan, mutta eniten se johtui hänen suuresta kaipauksestaan kohdata Herra. Hän jopa unohti, että he olivat vieneet veneen kauaksi järvelle saadakseen kalaa. Vene oli noin kahdensadan kyynärän päässä maasta.

Tämä on se sama Pietari, joka oli kieltänyt Jeesuksen kolme kertaa, koska hän vaipui lihallisiin ajatuksiinsa eikä pystynyt voittamaan pelkoaan. Mutta kaduttuaan koko sydämestään hän tuhosi omavanhurskautensa ja lihalliset ajatuksensa täysin. Joten se, että Pietari ei edes ajatellut kahdesti ennen veteen hyppäämistään seuratakseen Herraa, todistaa tämän muodonmuutoksen hänessä. Hänestä oli tullut ihminen, joka keskittyi vain Herraan olosuhteiden tai tilanteiden horjuttamatta häntä.

Muut opetuslapset kiirehtivät myös venheeseen täyden kalaverkon kanssa. Kun he pääsivät rannalle, he näkivät siellä hiilloksen ja kalan kypsentymässä sen päällä. Oli jopa leipää tyydyttämään heidän nälkänsä edellisen yön kovan työn jälkeen.

"Jeesus sanoi heille: 'Tuokaa tänne niitä kaloja, joita nyt saitte.' Niin Simon Pietari astui venheeseen ja veti maalle verkon, täynnä suuria kaloja, sata viisikymmentä kolme. Ja vaikka niitä oli niin paljon, ei verkko revennyt." (21:10-11)

Herra käski opetuslapsia tuomaan niitä tuoreita kaloja, joita he olivat juuri saaneet. Viipymättä Pietari veti verkon maalle ja toiset opetuslapset alkoivat auttaa häntä. Tässä voimme nähdä, kuinka paljon opetuslapset muuttuivat kohdattuaan ylösnousseen Herran.

Ollessaan Jeesuksen kanssa aiemmin he eivät tietenkään pelänneet mitään, koska Jeesuksella oli hämmästyttävä voima, mutta tämä ei johtunut heidän omasta uskostaan. Joten kun Jeesus lopulta kuoli ristillä, he eivät voineet ohittaa omaa rajallista voimaansa ja palasivat taas olemaan tavallisia keskivertoihmisiä.

He kuitenkin muuttuivat kohdattuaan ylösnousseen Herran. He vapautuivat mielensä puitteista ja saivat uskon ja kuuliaisuuden, joka tuli vilpittömästi heidän sydämestään. Tälläkin kertaa he näkivät, että kalaa ja leipää oli tarpeeksi kaikille heille syödä, mutta kun Herra käski heidän tuoda lisää kalaa, heillä oli uskoa siihen, että Herran sanoihin oli hyvä syy. Kun he laskivat Pietarin ylösvetämät kalat, he näkivät, että isoja kaloja oli sata viisikymmentä kolme. Jo se tosiasia, että verkko ei revennyt, oli itsessään hämmästyttävä.

Hengellinen merkitys on tässä siinä, että verkko ei revennyt, vaikkakin he vetivät kaikki saamansa kalat sillä. Mitä voimme oppia tästä, on se, että siunaus, joka tulee Herralta, on suurempi ja runsaslukuisempi kuin voimme ikinä kuvitella ja tällainen siunaus ei koskaan vuoda pois.

3. Joh. 1:2 sanoo: *"Rakkaani, minä toivotan sinulle, että kaikessa menestyt, niinkuin sielusikin menestyy"* ja monissa muissa kohdissa Raamatussa Jumala lupaa meille, että kun me elämme Jumalan sanan mukaan, Hän antaa meille kaikenlaisia siunauksia. Astia, jolla saada Hänen siunauksiaan, on valmistettu, kun me tottelemme Jumalan sanaa. Astian valmistaminen tarkoittaa Jumalan sanan täydellistä noudattamista sen sijaan, että tekisimme mitä tahansa meidän mielemme haluaa tehdä.

### Herra opettaa ylösnousemusruumiista

"Jeesus sanoi heille: 'Tulkaa einehtimään.' Mutta ei kukaan opetuslapsista uskaltanut kysyä häneltä: 'Kuka sinä olet?', koska he tiesivät, että se oli Herra. Niin Jeesus meni ja otti leivän ja antoi heille, ja samoin kalan. Tämä oli jo kolmas kerta, jolloin Jeesus noustuaan kuolleista ilmestyi opetuslapsillensa." (21:12-14)

Ennen saapumistaan Galileaan opetuslapset olivat kohdanneet ylösnousseen Herran kahdesti. Tätä on vaikea uskoa ihmismielellä, mutta kohdattuaan Herran he tulivat uskomaan ylösnousemukseen täysin. Siksi kun Herra ilmestyi heille uudelleen, he eivät kysyneet Häneltä, kuka Hän oli.

Herra antoi kalan ja leivän opetuslapsille, jotka olivat kärsineet koko yön. Voimme tuntea Herran hyväntahtoisen ja rakastavan sydämen tässä. Syy, miksi Hän teki tämän, oli sen näyttäminen opetuslapsille, millainen ylösnousemusruumis on. Sillä hetkellä, kun ihminen syö jotain ylösnousemusruumiilla, se hajoaa heti ja lähtee ruumiista henkäyksen kautta.

Tämä pätee myös silloin, kun valkoisen valtaistuimen tuomion jälkeen ylösnousemusruumiimme muutetaan täydellisiksi taivaallisiksi ruumiiksi ja me elämme taivaassa täydellisillä taivaallisilla ruumiilla. Taivaassa ihmiset juovat elämän vedestä, syövät kaikenlaisia eri hedelmiä, juovat tuoksuja ja ovat onnellisia. Tuoksujen juominen tarkoittaa ihanien tuoksujen haistamista. Tietysti taivaassa voi elää syömättä, mutta kun juo tuoksuja, kokee suurempaa iloa ja onnea ja henkemme tyydyttyy ja virkistyy. Aivan kuten ihmiset täällä tuntevat tyydytystä ja onnea, kun he syövät hyvää ruokaa, ihmiset taivaassa tuntevat myös samoin, kun he juovat kaikkien erilaisten kukkien ja hedelmien tuoksuja. Aivan kuin hajuvettä laittaessa, tuoksut pääsevät elimistöön ja leviävät koko kehoon niin, että tulee hyvin täyteen ja onnelliseksi.

Herra ei näyttänyt ylösnousemusruumista vain, jotta opetuslapsilla olisi uskoa, vaan Hän lisäsi heidän taivastoivoansa niin, että he voivat uskollisesti täyttää kutsumuksensa, joka heille oltiin antamassa. Ja näyttämällä sekä jumalallisen luontonsa että ihmisluontonsa Hän varmisti, että he tunsivat Hänen rakkautensa, Hänen armonsa ja Hänen lämpönsä niin, että he pystyivät nauttimaan Hänen syleilyssään olemisesta.

# "Rakastatko sinä minua?"

Opetuslapsille tuon aamun viettäminen Herran kanssa Tiberiaan järven rannalla antoi enemmän iloa kuin mikään muu kerta. Kohdattuaan Herran kolmen kerran kattaman ajanjakson aikana heidän uskonsa lisääntyi ja he kaikki saivat tosi uskon. Ja Pietarin kautta Herra antoi opetuslasten tietää, mitä heidän pitäisi tehdä tulevaisuudessa. Ja sen keskustelun kautta, jonka Hän kävi Pietarin kanssa, me voimme tuntea Herran sydämen

## "Ruoki minun karitsoitani"

"Kun he olivat einehtineet, sanoi Jeesus Simon Pietarille: 'Simon, Johanneksen poika, rakastatko sinä minua enemmän kuin nämä?' Hän vastasi hänelle: 'Rakastan, Herra; sinä tiedät, että olet minulle rakas.' Hän sanoi hänelle: 'Ruoki minun karitsoitani.'" (21:15)

Einehdittyään Herra kysyi Pietarilta: "Simon, Johanneksen poika, rakastatko sinä minua enemmän kuin nämä?" Vaikkakin oli ollut häpeällinen aika, jolloin hän kielsi Herran, nyt Pietarilla oli täydellinen tilaisuus tunnustaa, kuinka paljon hän todella rakasti Herraa. Pietari sanoi: "Rakastan, Herra; sinä tiedät, että olet minulle rakas." Kuultuaan Pietarin tunnustuksen, Herra sanoi hänelle: "Ruoki minun karitsoitani."

2. Moos. 12. luvussa on tapahtuma, jossa israelilaiset söivät karitsoita. Ennen viimeisen esikoisten kuolinvitsauksen lähettämistä egyptiläisille Jumalan sanaa vastaan toimimisen tähden, Jumala kertoi israelilaisille tavan, miten välttää vitsaus. Vitsauksen yönä heidän tuli teurastaa karitsa, syödä liha paistamalla se tulessa ja sivellä sen verta kotiensa ovenpieliin ja ovenpäälliseen. Tämä olisi merkki, että Jumala ei surmaisi ihmisiä tässä talossa.

Karitsa on tässä Jeesuksen Kristuksen vertauskuva (Joh. 1:29, Ilm. 5:6-8). Ja karitsan veri oli merkki, joka ennusti, että Jeesuksen Kristuksen pyhä veri antaisi anteeksi ihmiskunnan synnit niin, että ihminen voi välttää kuoleman. Mitä tämä tarkoittaa, on, että aivan kuin Vanhassa testamentissa maastapaon aikaan israelilaiset söivät karitsan lihaa ja sivelivät verta talojensa ovenpieliin, Uudessa testamentissa tarvitsee syödä Herran lihaa ja juoda Hänen vertaan saavuttaaksen pelastuksen ja saadakseen ikuisen elämän. Herran lihan syöminen ja Hänen verensä juominen tarkoittaa Jumalan sanan ottamista sydämen ruokana ja Hänen sanansa pitämistä elämällä sen mukaisesti (Joh. 6:53).

Niinpä kun Herra käski Pietaria: "Ruoki minun karitsoitani", Hän käski häntä opettamaan ja levittämään Herran sanaa, Herran, joka on Jumalan Karitsa, joka on tie, totuus ja elämä. Se tarkoittaa, että Herra käski häntä opettamaan ja levittämään Jumalan sanaa, joka johtaa meitä siunaukseen. Syy, miksi Jeesus ei sanonut: "Ravitse heitä Jumalan sanalla, jonka minä olen opettanut sinulle", vaan Ruoki minun karitsoitani, oli opettaa heille, mihin heidän tuli keskittyä levittäessään evankeliumia.

Kun levitämme evankeliumia, tärkein evankeliumin osa on Karitsan, Jeesuksen Kristuksen, pelastuksen risti. Meidän täytyy sisäistää se, että Jeesus, joka oli synnitön, vuodatti pyhän verensä pelastaakseen ihmiskunnan ja meidän täytyy myös sisäistää ristille piilotettu salaisuus eli "ristin sanoma."

Joten uskovat, jotka syövät Karitsaa hyvin, ymmärtävät, miksi Jeesus on Vapahtaja, ja saavat uskon ja tosi elämä tulee heidän sydämiinsä. Vaikka he sattuisivat kohtaamaan vaikeuksia, he eivät unohda Jumalan rakkautta tai jätä uskoaan. Siksi evankelioidessa ja monia sieluja ruokkiessa on tärkeintä ravita heitä Karitsalla ennen kaikkia muita maallisia opetuksia.

### "Kaitse minun lampaitani"

"Hän sanoi hänelle taas toistamiseen: 'Simon, Johanneksen poika, rakastatko minua?' Hän vastasi hänelle: 'Rakastan, Herra; sinä tiedät, että olet minulle

rakas.' Hän sanoi hänelle: 'Kaitse minun lampaitani.'"
(21:16)

Ylösnoussut Herra kysyi saman kysymyksen Pietarilta taas kerran.
"Simon, Johanneksen poika, rakastatko minua?"
"Rakastan, Herra; sinä tiedät, että olet minulle rakas."
"Kaitse minun lampaitani."

Raamattu vertaa Jumalan lapsia tai uskovia toistuvasti lampaisiin. Jes. 53:6 sanoo: *"Me vaelsimme kaikki eksyksissä kuin lampaat, kukin meistä poikkesi omalle tielleen. Mutta Herra heitti hänen päällensä kaikkien meidän syntivelkamme"* ja Mark. 6:34 toteaa: *"Ja astuessaan maihin hän näki paljon kansaa, ja hänen kävi heitä sääliksi, koska he olivat niin kuin lampaat, joilla ei ole paimenta, ja hän rupesi opettamaan heille moninaisia."*

Paimen ruokkii lampaitaan johtamalla heitä tyynten vetten ja vihreiden laitumien tykö. Hän suojelee heitä vaaroilta ja johtaa heidät oikealle tielle ja auttaa heitä kasvamaan ja kypsymään hyvin. Herran palvelijat tai taloudenhoitajat, jotka ovat saaneet kutsumuksen Herralta, joka on tärkein Paimen, ovat kuin pieniä paimenia. Näiden ihmisten tarvitsee ahkerasti ravita lampaitaan Jumalan sanalla, jotta heidän uskonsa kasvaa, ja heidän on suojattava lampaita rukouksella, jotta vaikka kiusauksia tulisi heidän tiellensä, lampaat voivat saada voiton uskon kautta.

Joten aivan kuin Herra sanoi ensin: "Ruoki minun karitsoitani", meidän täytyy opettaa ristin sanomaa selkeästi, ja kun he saavat pelastusvarmuuden, aivan kuin Herra sanoi: "Kaitse minun lampaitani", seuraava asia, mikä meidän on tehtävä, on johtaa uskovia kasvamaan uskossa niin, että heistä tulee valioluokan nisunjyviä.

## "Ruoki minun lampaitani"

"Hän sanoi hänelle kolmannen kerran: 'Simon, Johanneksen poika, olenko minä sinulle rakas?' Pietari tuli murheelliseksi siitä, että hän kolmannen kerran sanoi hänelle: 'Olenko minä sinulle rakas?' ja vastasi hänelle: 'Herra, sinä tiedät kaikki; sinä tiedät, että olet minulle rakas.' Jeesus sanoi hänelle: 'Ruoki minun lampaitani.'" (21:17)

Herra kysyi Pietarilta saman kysymyksen kolme kertaa. "Olenko minä sinulle rakas?" Tajuamatta Herran aikomusta ja Hänen kysymyksensä hengellistä merkitystä Pietari hämmentyi hieman. Hän ei tietenkään hämmentynyt pahan sydämen takia tai koska hän loukkaantui. Hän oli hämmentynyt, koska vaikka hän rakastikin Herraa sydämensä pohjasta, hän joutui tunnustamaan, että hänellä oli yhä paljon heikkouksia.

"Herra, sinä tiedät kaikki; sinä tiedät, että olet minulle rakas."
"Ruoki minun lampaitani."

Silloin tällöin on ihmisiä, jotka sanovat, että ehkä Herra

kysyi Pietarilta kolme kertaa, koska Pietari kerran kielsi Hänet kolme kertaa. Rakkauden Herra ei kuitenkaan lävistä sydäntä menneisyyden rikkomuksilla, kun on tehnyt parannuksen ja kääntynyt pois väärästä. Kuten on kirjoitettu Ps. 103:12:ssa: *"Niin kaukana kuin itä on lännestä, niin kauas Hän siirtää meistä rikkomuksemme"*, kunhan vain teemme parannuksen synneistämme, Hän ei edes muista niitä. Miksi Herra sitten pyytää Pietaria: "Ruoki minun lampaitani"?

Ihminen, joka on ottanut vastaan Jeesuksen Kristuksen, ei ala vain elämään uudistunutta elämää, vaan hänen uskonsa myös kypsyy ja kasvaa. Kaikki eivät kuitenkaan ole samanlaisia. On sieluja, jotka kasvavat oikein hyvin, ja sieluja, jotka muuttuvat hitaasti, lankeavat kiusaukseen, kuihtuvat tai loukkaantuvat ja näivettyvät. Herran viimeinen pyyntö oli Hänen tapansa kertoa Pietarille, ettei tämä menettäisi voimaa tai luovuttaisi, vaikka joutuisi tekemisiin tämäntyyppisten sielujen kanssa, ja jatkaisi ahkerasti niiden ravitsemista totuudella.

Herran toistuvien kysymysten ja voimakkaan rohkaisun kautta voimme löytää Herran ohjeet siitä, kuinka Hänen opetuslastensa tulisi ryhtyä kutsumukseensa. Ensinnäkin opetuslasten täytyy opettaa sieluille Jumalasta ja Jeesuksesta Kristuksesta ja johtaa heidät pelastukseen. Sitten heidän tarvitsee auttaa heitä kypsymään uskossaan, jotta heistä tulee valionisunjyviä. Ja vaikka jotkut sielut kuihtuvat tai lakastuvat, heidän ei pitäisi luovuttaa heistä, vaan edelleen johdattaa heitä ahkerasti. Herra halusi varmistaa, että monet ihmiset tulevat Jumalan lapsiksi. Siksi Hän pyysi Pietaria: "Ruoki minun lampaitani" kolme kertaa, että hän ymmärtäisi ja muistaisi sydämessään, kuinka tärkeä tämä kutsumus on.

Tämä hetki oli hyvin erityinen aika Pietarille, koska se oli hänen elämänsä käännekohta. Hän kirjasi sydämeensä keskustelun, jonka hän kävi Herran kanssa sinä päivänä, ja vaali sitä tulevina vuosina. Hän pystyi tämän seurauksena täyttämään kutsumuksensa voimallisesti. Ymmärrettyään Herran sydämen Pietari omisti elämänsä sielujen pelastamiseen ja päätti lopulta elämänsä marttyyrina.

Herra ei kysynyt Pietarilta samaa kysymystä kolmesti siksi, ettei Hän tuntenut Pietarin sydäntä. Hän tiesi, kuinka paljon Pietari rakasti Häntä, ja Hän tiesi, kuinka paljon intohimoa hänellä oli Hänen tehtäväänsä. Mutta saamalla hänet tunnustamaan suullaan, Hän sai Pietarin kaivertamaan kutsumuksena sydämeensä täydellisesti. Vaikka Jeesus kysyi tämän kysymyksen vain Pietarilta, sama kysymys koski kaikkia opetuslapsia. Lisäksi se koskee myös kaikkia Herran palvelijoita Herran takaisin tuloon asti ja kaikkia Jumalan lapsia, jotka saivat Hänen pelastuksen siunauksensa ensin.

## "Seuraa minua"

> "'Totisesti, totisesti minä sanon sinulle; kun olit nuori, niin sinä vyötit itsesi ja kuljit, minne tahdoit; mutta kun vanhenet, niin sinä ojennat kätesi, ja sinut vyöttää toinen ja vie sinut, minne et tahdo.' Mutta sen hän sanoi antaakseen tietää, minkäkaltisella kuolemalla Pietari oli kirkastava Jumalaa. Ja tämän sanottuaan hän lausui hänelle: 'Seuraa minua.'" (21:18-

19)

Herran opetus ei pääty tähän. Hän jopa kertoi Pietarille, mitä hänelle olisi tapahtuva tulevaisuudessa. Hän kertoi hänelle, että kun hän oli nuori, hän vyötti itsensä ja kulki, minne tahtoi, mutta kun hän vanhenisi, hän menisi muiden johdattamana sinne, minne hän ei haluaisi mennä.

Kun Herra tässä käytti sanoja nuori ja vanha, Hän ei viittaa pelkästään henkilön ikään. Hän havainnollisti, että päivät, jolloin Pietari voimallisesti toteuttaa kutsumustaan Herran todistajana, on aika, jolloin hän on nuori, kun taas päivät, jolloin Pietarin kutsumus päättyy, on aika, jolloin hän on vanha.

Vyö ei ole vain jotain, mikä laitetaan vyötärön ympärille, vaan se on symboli, joka edustaa valtaa. Kun Herra puhui siitä, miten Pietari vyötti itsensä, kun hän oli nuorempi, vyö symboloi tässä Jumalan sanan valtaa tai Jeesukseen Kristukseen uskomisen valtaa. Joten sanomalla, että Pietari vyötti itsensä, kun hän oli nuorempi ja kulki, minne hän halusi, tarkoittaa, että Pietari ottaa Jumalan vallan ja Jumalan sanan vallan ja menee sinne tänne todistamaan Herrasta. Ja kun Herra sanoi, että Pietarin vyöttäisi joku toinen ja veisi paikkaan, minne hän ei halua mennä, kun hän tulee vanhaksi, se tarkoittaa, että kun Pietarin kutsumus on täytetty, vyö, jonka joku muu laittaa Pietarille tai tämän maailman valta johtaisi Pietarin marttyyrikuolemaan.

Pietarin marttyyrikuolemaa eivät kuitenkaan aiheuttaneet pelkästään ihmiset, joilla on valta tässä maailmassa, vaan se tapahtuisi Jumalan kaitselmuksen keskellä. Koska Pietari tiesi tämän Jumalan tahdon, hän pystyi tottelemaan ilolla.

"Sinä ojennat kätesi" tarkoittaa myös, että Pietari ottaisi marttyyrikuolemansa vastaan ilman vastarintaa.

Kun Pietari levitti evankeliumia Roomassa myöhempinä vuosina, suullisen perimätiedon mukaan hän päätti lähteä siitä paikasta vähäksi aikaa välttääkseen keisari Neron ankarat vainot. Mutta kun hän oli lähellä Rooman rajoilta poistumista, hän kohtasi Herran. Pietari oli järkyttynyt ja kysyi: "Quo vadis, Domine (Herra, mihin Sinä menet)?"

Silloin Herra katsoi häneen ja sanoi: "Olen menossa Roomaan ristiinnaulittavaksi taas minun kansani puolesta." Pietari tuli nopeasti järkiinsä ja tajusi, että oli Herran tahto, että hänestä tulisi marttyyri Roomassa, joten hän kääntyi takaisin. Pietari vangittiin lopulta evankeliumia levittäessään, ja hänet ristiinnaulittiin marttyyrina. Ennen Herran kohtaamista Pietari eli luottaen omaan viisauteensa ja voimaansa. Mutta muututtuaan hän eli elämän, jota Herra halusi, elämän, joka kirkasti Jumalaa.

Kun Herra sanoi Pietarille: "Seuraa minua", Hän käski Pietarin jäljitellä elämää, jota Hän eli. Täyttääkseen Jumalan tahdon Herra jätti kaiken taivaan kunnian tullakseen tähän maailmaan, ja Hän nöyryytti itsensä ja alistui kuolemaan asti. Ja Herra pyysi Pietaria ja muita opetuslapsia seuraamaan Häntä ja myös kulkemaan polkua, jota Hän kulki.

Kuitenkin Herra sanoi: *"Jos joku tahtoo minun perässäni kulkea, hän kieltäköön itsensä ja ottakoon joka päivä ristinsä ja seuratkoon minua"* (Luuk. 9:23). Niin kuin Herra astui alas kunniapaikaltaan Jumalan Poikana ja otti köyhän ja nöyrän miehen lihan, kaikki, jotka haluavat seurata Herraa,

kieltäkööt itsensä. Pakanain apostolina apostoli Paavali johti monia ihmisiä pelastuksen tielle. Hänkin kielsi itsensä täysin tunnustaen: *"Joka päivä minä olen kuoleman kidassa"* (1. Kor. 15:31).
Käsittämätön kunnia on luvattu niille, jotka todella kieltävät itsensä ja seuraavat Herraa näin. Kuten on kirjoitettu Joh. 12:26:ssa: *"Jos joku minua palvelee, seuratkoon hän minua; ja missä minä olen, siellä on myös minun palvelijani oleva. Ja jos joku minua palvelee, Isä on kunnioittava häntä"*, vaikkakin ristin tie on kova ja vaikea, se on tie, jota pitkin pääsee kirkkauteen, jossa Herra on. Isä Jumala kunnioittaa ihmisiä, jotka valitsevat tämän tien.

> **"Niin Pietari kääntyi ja näki sen opetuslapsen seuraavan, jota Jeesus rakasti ja joka myös oli aterioitaessa nojannut hänen rintaansa vasten ja sanonut: 'Herra, kuka on sinun kavaltajasi?' Kun Pietari hänet näki, sanoi hän Jeesukselle: 'Herra, kuinka sitten tämän käy?'"** (21:20-21)

Kuultuaan oman kutsumuksensa hän huomasi sen opetuslapsen, jota Jeesus rakasti, seuraavan heitä. Se, että Johannes seurasi heitä, osoittaa, kuinka paljon hän rakasti Herraa ja oli riippuvainen Hänestä ja kuinka paljon hän halusi totella Hänen jokaista sanaansa.

Viimeisellä ehtoollisella Johannes nojasi Jeesuksen rintaan, ja kun Jeesusta oltiin ristiinnaulitsemassa, hän oli Hänen jalkojensa juuressa vastaanottamassa Jeesuksen pyynnön huolehtia neitsyt Mariasta. Näistä seikoista voimme nähdä,

:: Johannes saa ilmestyksen Patmoksen saarella

kuinka läheinen hän oli Jeesuksen kanssa. Yhtäkkiä Pietari tuli uteliaaksi Johanneksen kutsumuksesta. "Herra, kuinka sitten tämän käy?" Koska Pietari uskoi, että Herra tiesi kaiken, hän halusi tietää yksityiskohtaisesti myös Johanneksen kutsumuksesta.

"Jeesus sanoi hänelle: 'Jos minä tahtoisin, että hän jää tänne siihen asti, kunnes minä tulen, mitä se sinuun koskee? Seuraa sinä minua.' Niin semmoinen puhe levisi veljien keskuuteen, ettei se opetuslapsi kuole; mutta ei Jeesus sanonut hänelle, ettei hän kuole, vaan: 'Jos minä tahtoisin, että hän jää tänne siihen asti, kunnes minä tulen, mitä se sinuun koskee?'" (21:22-23)

Aivan kuin jokaisen kasvot ovat erilaiset, jokaisen rooli on erilainen, joten kunkin ihmisen kutsumus Jumalalta on erilainen. Jotkut saattavat kuolla marttyyrina kuten Pietari ja jotkut ihmiset eivät kuole marttyyrina kuten Johannes. Tämä ei kuitenkaan tarkoita, että joku on tärkeämpi kuin muut. Siksi Jeesus sanoi tästä: "Mitä se sinuun koskee?"

Kutsumusta Jumalalta ei voida myöskään luokitella suureksi eikä pieneksi. Jokainen kutsumus on tärkeä. Ei väliä mikä kutsumus on, tärkeintä on, että meidän jokaisen täytyy ottaa kutsumus Herran muuttumattomalla sydämellä. Tätä sydämen asennetta korostaakseen Herra sanoi uudelleen: "Seuraa sinä minua!"

Syy, miksi Herra sanoi Johanneksesta: "Jos minä tahtoisin, että hän jää tänne siihen asti, kunnes minä tulen", oli osoittaa, että hänellä on erilainen kutsumus kuin Pietarilla. Toisin kuin oli Herran aikomus, opetuslapset kuitenkin tulkitsivat nämä sanat virheellisesti, ettei "se opetuslapsi kuole."

Kyllä, apostoli Johannes on ainoa opetuslasten joukossa, joka ei kuollut marttyyrina. Tuolloin Jeesus ei kuitenkaan pelkästään puhunut siitä, kuolisiko hän marttyyrina vai ei, vaan että jokaisella ihmisellä on erilainen kutsumus. Mutta koska kuuntelija ei ymmärtänyt Hänen aikomustaan oikein, Hänen sanansa välittyivät viestien eri merkitystä.

Siksi kun luemme Raamattua, meidän tarvitsee olla hyvin varovaisia tällaisissa kohdissa. Jos tulkitsemme Raamattua omien ajatustemme mukaisesti, voimme rakentaa monia väärinkäsityksiä. Niinpä on hyvin tärkeää, ettemme ymmärrä

Raamattua perustuen sen sanojen ilmaisemaan kirjaimelliseen merkitykseen, vaan ymmärrämme Pyhän Hengen opastuksella Jumalan sydämen ja aikomuksen, joka on Raamatun sanoissa. Johannes tunnisti Herran aikomuksen, joten kun hän tallensi tämän osan, hän kirjoitti: "Mutta ei Jeesus sanonut hänelle, ettei hän kuole, vaan: 'Jos minä tahtoisin, että hän jää tänne siihen asti, kunnes minä tulen, mitä se sinuun koskee?'" Johannes ymmärsi Jeesuksen aikomuksen, kun Hän sanoi Pietarille: "Seuraa sinä minua." Hän ei halunnut Pietarin huolehtivan muiden ihmisten kutsumuksesta, vaan keskittyvän pelkästään seuraamaan Häntä.

### "On paljon muutakin, mitä Jeesus teki"

"Tämä on se opetuslapsi, joka todistaa näistä ja on nämä kirjoittanut; ja me tiedämme, että hänen todistuksensa on tosi. On paljon muutakin, mitä Jeesus teki; ja jos se kohta kohdalta kirjoitettaisiin, luulen, ettei koko maailmaan mahtuisi ne kirjat, jotka pitäisi kirjoittaa." (21:24-25)

Jumalan sanat, jotka on tallennettu Raamattuun, eivät ole ihmisten ajatuksista keksittyjä tarinoita. Raamattu tallentaa ihmisten kirjoitukset, ihmisten, jotka saivat sanat Jumalalta, koska Pyhä Henki ohjasi heitä. Siksi Raamatun jokainen sana on totuus. Johannes kirjoitti Johanneksen evankeliumin myös Pyhän Hengen täyteydessä. Se tallentaa tietoa tilanteista, jotka tapahtuivat tuolloin, juuri sillä tavalla kuin ne tapahtuivat.

Koska hän ei voinut kuitenkaan tallentaa jokaista yksityiskohtaa siitä, mitä Jeesus teki, hän otti vain perustiedot ja tallensi ne.

Jos Raamattu tallentaisi Jumalan tahdon ja kaitselmuksen jokaisen yksityiskohdan ja kaikki hengelliset salaisuudet, se ei pystyisi tallentamaan kaikkea edes, jos taivaat olisivat kirjoituskääröjä ja meret olisivat mustetta. Tämän lisäksi on monia muita salaisuuksia, joita ei voi ilmaista tai ymmärtää tämän maailman kielellä.

Siksi Hän valitsi kullakin aikakaudella Hänen sydäntään miellyttäviä ihmisiä antaakseen heille ilmestyksiä syvästä hengellisestä maailmasta. Ef. 1:17 sanoo: *"Että meidän Herramme Jeesuksen Kristuksen Jumala, kirkkauden Isä, antaisi teille viisauden ja ilmestyksen hengen hänen tuntemisessaan."* Ja Matt. 11:27 sanoo: *"Eikä kukaan muu tunne Poikaa kuin Isä, eikä Isää tunne kukaan muu kuin Poika ja se, kenelle Poika tahtoo hänet ilmoittaa."*

Olemme tutkineet Herran jalanjälkiä tähän asti. Herra, joka on yhtä Jumalan kanssa, tuli tähän maailmaan avaamaan pelastustien, ja Hän totteli aivan Jumalan tahtoa niin, että Hänen kaitselmuksena täyttyisi. Fil. 2:6-8 toteaa: *"Joka ei, vaikka hänellä olikin Jumalan muoto, katsonut saaliiksensa olla Jumalan kaltainen, vaan tyhjensi itsensä ja otti orjan muodon, tuli ihmisten kaltaiseksi, ja hänet havaittiin olennaltaan sellaiseksi kuin ihminen; hän nöyryytti itsensä ja oli kuuliainen kuolemaan asti, hamaan ristin kuolemaan asti."*

Herra on antanut meille pelastuksen ja iankaikkisen elämän voittamalla kuoleman ja nousemalla ylös. Yli 2000 vuotta myöhemmin Hänen ylistetty elämänsä muuttaa yhä lukemattomia elämiä tänään ja auttaa heitä saamaan tosi elämän. Minä rukoilen Jeesuksen Kristuksen nimessä, että sinä, lukija, seuraat Herran jalanjäljissä Hänen todistajanaan lopun aikana ja tulet arvokkaaksi palvelijaksi Hänen valtakunnassaan!

 **Jälkikirjoitus**

## *Taivaaseen astuminen ja toinen Puolustaja*

Öljymäellä, kuten nimestä voi päätellä, vuoren peittävät suuret öljypuut tarjoavat varjoa kaikkialla. Aivan kuin aika olisi jähmettynyt tai kuollut. Ja vihreät lehdet, jotka kohoavat puiden latvoista, luovat oudon jännityksen tunteen ihmisissä. Aivan kuin kuolema ja elämä olisivat olemassa yhdessä täällä. Ylösnousemuksensa jälkeen Herra vietti 40 päivää ilmestyen opetuslapsille ja opettaen heille Jumalan valtakunnan työstä. Kun oli Hänen taivaaseen astumisensa aika, Hän meni ylös Öljymäelle antamaan rakkaille opetuslapsilleen viimeisen käskyn.

Ap.t. 1:4-5:ssä Hän käski heitä: *"Ja kun hän oli yhdessä heidän kanssansa, käski hän heitä ja sanoi: 'Älkää lähtekö Jerusalemista, vaan odottakaa Isältä sen lupauksen täyttymistä, jonka te olette minulta kuulleet. Sillä Johannes kastoi vedellä, mutta teidät kastetaan Pyhällä Hengellä, ei kauan näitten päivien jälkeen.'"* Opetuslapset olivat saaneet omakohtaisesti nähdä Herran elämää enemmän kuin kukaan muu. He eivät nähneet ainoastaan tunnustekoja ja ihmeitä, joita vain Jumala voi tehdä, vaan he kokivat myös Herran kärsimyksen ristillä, kuoleman ja lopulta Hänen ylösnousemuksensa – kaiken välittöminä todistajina. Täytettyään tehtävänsä Vapahtajana Herra näki uskossa, että lukemattomat sielut tulisivat saamaan pelastuksen Hänen rakastavien opetuslapsestensa kautta.

*"Menkää kaikkeen maailmaan ja saarnatkaa evankeliumia kaikille luoduille. Joka uskoo ja kastetaan, se pelastuu, mutta joka ei usko, se tuomitaan kadotukseen. Ja nämä merkit seuraavat niitä, jotka uskovat; minun nimessäni he ajavat ulos riivaajia, puhuvat uusilla kielillä, nostavat käsin käärmeitä, ja jos he juovat jotakin kuolettavaa, ei se heitä vahingoita, he panevat kätensä sairasten päälle, ja ne tulevat terveiksi"* (Mark. 16:15-18).

*"Ja katso, minä lähetän teille sen, jonka minun Isäni on luvannut; mutta te pysykää tässä kaupungissa, kunnes teidän päällenne puetaan voima korkeudesta"* (Luuk. 24:49).

*"Vaan kun Pyhä Henki tulee teihin, niin te saatte voiman, ja te tulette olemaan minun todistajani sekä*

*Jerusalemissa että koko Juudeassa ja Samariassa ja aina maan ääriin saakka"* (Ap.t. 1:8).

Annettuaan viimeisen käskynsä Herra vei opetuslapset Betaniaan, nosti kätensä ja siunasi heidät. Sitten Hän jätti heidät ja astui taivaaseen (Luuk. 24:50-51). Kunnioituksen valtaamina suuren tapahtuman edessä opetuslapset eivät pystyneet sulkemaan suutaan. Pilvien peittämänä Herraa ei enää näkynyt. Kun opetuslapset katselivat tarkkaavaisesti taivaalle, kaksi enkeliä valkeissa vaatteissa tuli heidän eteensä: *"Galilean miehet, mitä te seisotte ja katsotte taivaalle? Tämä Jeesus, joka otettiin teiltä ylös taivaaseen, on tuleva samalla tavalla, kuin te näitte hänen taivaaseen menevän"* (Ap.t. 1:11).

Opetuslapset, jotka todistivat Herran ylösnousemusta, palasivat Jerusalemiin iloiten, ja heistä tuli yksimielisiä, he rukoilivat yhdessä ja odottivat luvattua Pyhää Henkeä. He kokoontuivat helluntaipäivänä rukoilemaan kuten ennen, ja vahva ja nopea tuuli tuli taivaasta ja tulen lailla Pyhä Henki asettui heidän jokaisen päälle. Heidän koko ruumiinsa tuli kuumaksi, ja he kokivat täyteyden, jota he eivät olleet koskaan ennen kokeneet. Pyhän Hengen täyteydessä he kaikki puhuivat eri kielillä Hengen avulla, ja opetuslapset, jotka saivat Pyhän Hengen voiman, menivät maan ääriin Herran todistajiksi.

Apostoli Pietari sai kolmetuhatta sielua tekemään parannuksen yhdellä saarnalla, ja kun hän käski Jeesuksen Kristuksen nimessä, mies, joka oli ollut rampa syntymästään saakka, nousi, käveli ja hyppeli. Ihmiset jopa kantoivat sairaita kaduille ja panivat heitä matoille ja olkivuoteille niin, että kun Pietari menisi ohitse, ainakin hänen varjonsa voisi osua yhteen heistä.

Vaikka apostoli Paavalin tapauksessa Paavali tapasi Herran myöhemmin, saatuaan Pyhän Hengen voiman hän oli vahingoittumaton, vaikka häntä oli purrut myrkkykäärme, ja hän jopa herätti ihmisen kuolleista. Kun ihmiset ottivat hänen pääliinansa ja esiliinansa ja laittoivat ne sairaiden päälle, he paranivat.

Tällaiset Pyhän Hengen työt jatkuvat edelleen nykyään Herran todistajien kautta, jotka ovat saaneet Pyhän Hengen voiman. Ja kun lopun aika lähestyy, tapahtuu enemmän ihmeellisiä tapahtumia. Yhdestä asiastahan meidän on oltava selkeitä, siitä tosiasiasta, että Herra, joka nousi taivaaseen, palaa jälleen samalla tavalla. Meidän on oltava hereillä ja elettävä Hänen todistajinaan lähetyskäskyn mukaisesti, ja meidän täytyy valmistautua ottamaan vastaan Herra seuraamalla Hänen jalanjälkiään säilyttäen itsemme puhtaana ja pyhänä.

*"Ei Herra viivytä lupauksensa täyttämistä, niinkuin muutamat pitävät sitä viivyttelemisenä, vaan hän on pitkämielinen teitä kohtaan, sillä hän ei tahdo, että kukaan hukkuu, vaan että kaikki tulevat parannukseen"* (2. Piet. 3:9).

*"Menkää siis ja tehkää kaikki kansat minun*

*opetuslapsikseni, kastamalla heitä Isän, Pojan ja Pyhän Hengen nimeen ja opettamalla heitä pitämään kaikki, mitä minä olen käskenyt teidän pitää. Ja katso, minä olen teidän kanssanne joka päivä maailman loppuun asti"* (Matt. 28:19-20).

*"'Totisesti, minä tulen pian.' Amen"* (Ilm. 22:20).

Kirjailija:
## Dr. Jaerock Lee

Dr. Jaerock Lee syntyi Muanissa, Jeonnamin maakunnassa, Korean tasavallassa vuonna 1943. Kaksikymppisenä Dr. Lee kärsi erilaisista parantumattomista sairauksista seitsemän vuoden ajan ja odotti kuolemaa ilman toivoa parantumisesta. Eräänä päivänä keväällä 1974 hänen siskonsa johdatti hänet kirkkoon, ja kun hän kumartui rukoilemaan, elävä Jumala paransi hänet välittömästi kaikista hänen sairauksistaan.

Siitä hetkestä lähtien, kun hän kohtasi elävän Jumalan tuon ihmeellisen tapahtuman kautta, Dr. Lee on rakastanut Jumalaa vilpittömästi koko sydämellään, ja vuonna 1978 hänet kutsuttiin Jumalan palvelijaksi. Hän noudatti Jumalan sanaa ja rukoili kuumeisesti saadakseen selvyyden Jumalan tahdosta voidakseen toteuttaa sitä. Vuonna 1982 hän perusti Manminin keskuskirkon Soulissa, Koreassa, ja siitä lähtien kirkossa on tapahtunut lukemattomia Jumalan töitä mukaan lukien parantumisia ja muita ihmeitä.

Vuonna 1986 Dr. Lee vihittiin papiksi Korean Jeesuksen Sungkyul-kirkon vuotuisessa kirkkokokouksessa ja neljä vuotta myöhemmin vuonna 1990 hänen saarnojansa alettiin lähettää Australiassa, Venäjällä, ja Filippiineillä ja useisiin muihin maihin Far East Broadcasting Companyn, Asia Broadcast Stationin ja Washington Christian Radio Systemin kautta.

Kolme vuotta myöhemmin vuonna 1993 *Christian World Magazine* (USA) valitsi Manminin keskuskirkon yhdeksi "maailman 50:stä huippukirkosta", ja hän vastaanotti kunniatohtorin arvonimen jumaluusopissa Christian Faith Collegesta Floridassa ja vuonna 1996 teologian tohtorin arvonimen Kingsway Theological Seminarysta Iowassa.

Vuodesta 1993 lähtien Dr. Lee on johtanut maailmanlaajuista missiota useiden kansainvälisten ristiretkien kautta, jotka ovat suuntautuneet Tansaniaan, Argentiinaan, Los Angelesiin, Baltimore Cityyn, Havaijille ja New Yorkiin Yhdysvalloissa, Ugandaan, Japaniin, Pakistaniin, Keniaan, Filippiineille, Hondurasiin, Intiaan, Venäjälle, Saksaan, Peruun, Kongon demokraattiseen tasavaltaan, Israeliin ja Viroon.

Vuonna 2002 Korean kristilliset sanomalehdet kutsuivat häntä "kansainväliseksi pastoriksi" hänen lukuisten ulkomaisten ristiretkien aikana tekemänsä työn johdosta. Varsinkin hänen maailmankuulussa

Madison Square Gardenissa järjestetty "New Yorkin Ristiretki 2006" lähetettiin yli 220 maahan. Jerusalemin kansainvälisessä kokouskeskuksessa järjestetyn vuoden 2009 "Israel United Ristiretken" aikana hän saarnasi rohkeasti siitä, kuinka Jeesus Kristus on Messias ja Pelastaja.

Hänen saarnojaan on lähetetty yli 176 maahan satelliittien välityksellä sekä GCN TV:n kautta. Vuosina 2009 ja 2010 suosittu venäläinen kristillinen lehti *In Victory* ja uutistoimisto *Christian Telegraphy* valitsi hänet yhdeksi maailman 10 vaikutusvaltaisimmasta kristillisestä johtajasta hänen voimallisten Tv-lähetystensä ja ulkomaille suuntautuneen työnsä tähden.

Lokakuussa 2017 Manminin keskuskirkko on seurakunta, joka muodostuu yli 120 000 jäsenestä sekä 11000 koti- ja ulkomaisesta jäsenkirkosta kautta maailman, mukaanlukien 56 kotimaista haarakirkkoa. Se on lähettänyt yli 102 lähetyssaarnaajaa 23 maahan, mukaan lukien Yhdysvaltoihin, Venäjälle, Saksaan, Kanadaan, Japaniin, Kiinaan, Ranskaan, Intiaan, Keniaan sekä useaan muuhun maahan.

Tähän päivään mennessä Dr. Lee on kirjoittanut 108 kirjaa, mukaan lukien bestsellerit *Ikuisen Elämän Maistaminen Ennen Kuolemaa, Elämäni ja Uskoni, Ristin Sanoma, Uskon Mitta, Henki Sielu ja Ruumis, Taivas I & II, Helvetti* sekä *Jumalan Voima*. Hänen teoksiaan on käännetty yli 76 kielelle.

Hän on kirjoittanut kristillisiä kolumneja useisiin sanomalehtiin, mukaanlukien *The Hankook Ilbo, The JoongAng Daily, The Dong-A Ilbo, The Chosun Ilbo, The Seoul Shinmun, The Kyunghyang Shinmun, The Hankyoreh Shinmun, The Korea Economic Daily, The Shisa New* ja *The Christian Press*.

Dr. Lee on tällä hetkellä usean lähetysorganisaation ja –seuran johdossa, mukaan lukien The United Holiness Church of Korea (presidentti), The World Christianity Revival Mission Association (pysyvä puheenjohtaja), Manmin TV (perustaja), Global Christian Network (GCN) (perustaja ja johtokunnan jäsen), The Worlds Christian Doctors Network (WCDN) (Perustaja ja puheenjohtaja), sekä Manmin International Seminary (MIS) (perustaja sekä johtokunnan jäsen).

## Muita saman tekijän voimakkaita kirjoja

### Taivas I & II

Yksityiskohtainen kuvaus siitä ihmeellisestä elinympäristöstä josta taivaalliset kansalaiset saavat nauttia sekä taivaallisen kuningaskunnan eri tasoista.

### Ristin Sanoma

Voimallinen herätysviesti kaikille niille jotka ovat hengellisesti nukuksissa. Tästä kirjasta sinä löydät Jumalan todellisen rakkauden ja syyn siihen että Jeesus on Pelastaja.

### Helvetti

Vilpitön viesti koko ihmiskunnalle Jumalalta, joka ei tahdo yhdenkään sielun joutuvan helvetin syvyyksiin! Sinä löydät koskaan aikaisemmin paljastamattoman kuvauksen Helvetin julmasta todellisuudesta.

### Henki, Sielu ja Keho I & II

Kirja selittää Jumalan alkuperän ja muodon, henkien tilat, ulottuvuudet sekä pimeyden ja kirkkauden, jakaen meille salaisuuksia joiden avulla me voimme tulla hengen täyteyden ihmisiksi jotka voivat ylittää ihmisten rajoituksia.

### *Uskon Mitta*

Minkälainen asuinsija sinulle on valmistettu taivaaseen ja minkälaiset palkkiot odottavat sinua siellä? Tämä kirja antaa sinulle viisautta ja ohjeistusta jotta sinä voisit mitata uskosi määrän ja kasvattaa uskostasi syvemmän ja kypsemmän.

### *Herää, Israel*

Miksi Jumala on pitänyt katseensa Israelissa aina aikojen alusta tähän päivään saakka? Minkälainen suunnitelma on laadittu Messiasta odottavan Israelin viimeisiä päiviä varten?

### *Elämäni ja Uskoni I & II*

Uskomaton hengellisyyden aromi elämästä joka puhkesi vertaistaan vailla olevaan rakkauteen Jumalaa kohtaan tummien aaltojen, kylmien ikeiden ja syvän epätoivon keskellä.

### *Jumalan Voima*

Välttämätön teos joka opastaa kuinka omata aitoa uskoa ja kuinka kokea Jumalan ihmeellinen voima.

www.urimbooks.com

www.ingramcontent.com/pod-product-compliance
Lightning Source LLC
LaVergne TN
LVHW041743060526
838201LV00046B/894